湖南省文艺创作扶助基金会

XIANQIN ZHEXUE
ZHUYAO GAINIAN LAILU CHUTAN

先秦哲学
主要概念来路初探

张劲松　文丽丽 ○ 著

团结出版社
AMITY PRESS

图书在版编目（CIP）数据

先秦哲学主要概念来路初探 / 张劲松，文丽丽著
. -- 北京：团结出版社，2023.12
ISBN 978-7-5234-0782-0

Ⅰ．①先… Ⅱ．①张… ②文… Ⅲ．①先秦哲学—研
究 Ⅳ．① B220.5

中国国家版本馆 CIP 数据核字（2024）第 017161 号

出　版：团结出版社
　　　　（北京市东城区东皇城根南街 84 号　邮编：100006）
电　话：（010）65228880　65244790
网　址：http://www.tjpress.com
E-mail：65244790@163.com
经　销：全国新华书店
印　装：长沙市井岗印刷厂

开　本：710mm×1000mm　　16 开
印　张：13.75
字　数：218 千字
版　次：2024 年 1 月第 1 版
印　次：2024 年 1 月第 1 次印刷

书　号：978-7-5234-0782-0
定　价：78.00 元

作者简介

张劲松，1950年11月出生，常宁市人。湖南省文学艺术界联合会研究员、原副主席，湖南省民间文艺家协会原主席，现为中国民间文艺家协会会员，湖南省文史研究馆特约研究员。其专著《蓝山县瑶族传统文化田野调查》《中国鬼信仰》分别荣获中国民间文艺山花奖·学术著作奖一等奖、三等奖。与人合著的《中国巫傩面具艺术》荣获国家图书奖提名奖（二等奖）。还出版有《中国史前符号与原始文化》《当代红白喜庆礼俗》《古今育儿习俗》《饮食习俗》《曹姓史话》等专著。在国内国外发表学术论文76篇，文艺作品14篇，其中11篇荣获省级以上奖项。《蓝山县瑶族传统文化田野调查》译成日文在日本出版。多次受国内和世界名校邀请前往讲学。

文丽丽，博士，1982年8月出生，湖南桃源人。长沙理工大学外国语学院党委书记，研究方向为文化建设。发表学术论文10余篇，参与国家级课题多项，主持省级课题4项，指导学生竞赛多次荣获国家级、省部级奖项。

序

王宪昭

很早以前就读过张劲松先生的文章与著作，受益匪浅，印象颇深。而真正与劲松先生谋面并且记忆犹新的一次则是10多年前在海南海口举办的中国民间文化山花奖颁奖会议上。我们被安排在同一个房间，几天时间内畅谈甚欢。劲松先生滔滔不绝地谈到自己对中华优秀传统文化的理解，谈到中国古代哲学思想中"阴阳""五行"，谈到民族民间文化发掘的重要意义及其在当今的价值，当时就被劲松先生的远见卓识所折服，许多独到见解至今记忆犹新。欣闻劲松先生长期积累的学术成果近期将以《先秦哲学主要概念来路初探》为名结集出版，更被这位资深学者的学术追求和文化担当所感动，因此也有了一些思考和感想，匆匆写出片言只语以表敬佩之情。

敬畏文化，尊重传统

中华优秀传统文化构成丰富、博大精深，而"古代哲学"可谓其中的精髓之一。中华传统文化是中国各民族共同创造的人类智慧的结晶，是中华民族文化自信的重要体现，也是中华文化话语权和文化影响力的重要来源和载体。劲松先生是中华传统文化的潜心研究者和忠实守护者，不仅具有长期从事中华传统文化研究的深厚学术积累，也有在湖南省民间文艺家协会工作期间深入民族地区到田间地头汲取民间文化营养的丰富实践经验。因此每篇成果的字里行间我们几乎都能感受到他对中国文化的敬畏与对古老文化传统的尊重。基于这一出发点，这些篇章在选择研究对象方面往往独具慧眼，在确立研究主题方面更加注重理论与实践相结合，在使用的研究方法方面也显得是信手拈来且灵活多样。许多作品将古老传统文化创造性转化和创新性发展暗寓其中。在给人侃侃而谈、妙笔天成感觉的同时，更多的是能引发读者细致入微的理论思考，这样一本书就有了明确的创作目的和引人入胜的灵魂。

学术无涯，注重创新

从众说纷纭或老生常谈的问题中有所发现、有所创新，是历来学术研究追求的一种境界。我对劲松先生有个很深的印象就是思考问题时咬住青山不放松，而不放松的目的则是在众人常谈的问题中寻找出创新点。记得有个学者谈"哲学"本质时，通俗地解释为"通过讲道理让人变聪明"。但究竟哲学为什么会成为哲学，中国有没有自身特色的哲学体系，哲学通过怎样的方式方法指导多学科发展等系列问题，则需要从问题的源头和自身的实际中去探讨。《先秦哲学主要概念来路初探》一书可以说就是从特定角度审视这一问题的很好案例。如《"太极"词义破解与其哲学概念的形成过程》一文中，通过准确解读《周易•系辞传》"易有太极"章的原意，认为"太极"之义有二，既指天地间万物运动和人事变化的圆道循环律，也指自然事物和人事的圆道循环周期显现的阴阳二分律。用马克思主义物质与意识的辩证原理，以出土的史前文物中能旋转的器具和与圆转意蕴相关的纹饰符号为主要材料，对其作符合原生义的破释，探究太极哲学概念的形成过程。进而对《周易》其他哲学理论形成过程作出探究。在《阴阳观念的萌生及"阴阳"一词成为抽象哲学概念的过程》一文中提出，新石器时代早期，人们因太阳崇拜而萌生源于太阳有无的阴阳观念，新石器时代晚期因指导农作生产的需要，引申出表山北与山南的阴阳，最迟在西周初年，阴阳已经成为人们认识自然和社会的基本哲学范畴，春秋战国时期的哲学家将"阴阳"一词更高地抽象为哲学概念。等等。从入选本书的许多研究成果中，我们可以明确感到作者对中国古代哲学的积极思考与学术创新，这些作品就像文化百花园的一枝枝鲜艳的花朵，在给人带来审美愉悦的同时，也能感觉到它扎根中华大地的泥土芳香。这些独具匠心的研究为我们进一步了解中华文化传统，了解中国的古老哲学，展现了一个文化工作者的良好风范与素养，提供了颇有意义的学术贡献。

格物致知，贵在实践

科学的阐释古老知识，并将其积极应用于当今社会文化发展实践，是科学研究本身的价值所在，也是人们继承和发展人类智慧的必由之路。正如本书作者在《自序》中所提出的"笔者素有敢为人先的勇气，不怕难的精神"，通过阅读书中的一些篇章不难发现，做学问最难之一就是达到"格物致知""学以致用"的境地。书中许多观点都主要是来源于考据，来源于生活，来源于探究古老文化传统的热爱，来源于对中华文明历史与当今文化实践的融合思考。党和国家明确提出，在当今中华民族文化振兴中，要加强多学科联合攻关，把中华文明研究引向深入；要把中华文明起源研究同中华文明特质和形态等重大问题研究紧密结合起来；要让更多文物和文化遗产活起来，营造传承中华文明的浓厚社会氛围。任何科学研究只有以服务当今社会发展为己任，才能更加彰显其价值。中国哲学是中华民族的重要文化成果和精神标识，既包括历史上各个时期形成的文化遗产，也包括当今的中国哲学新发展。毫无疑问，中国哲学的形成与发展是扎根于中华民族这块丰厚的土壤中，哲学的存在就是指导社会实践。

本书以先秦哲学为系统研究的主体，无论是探讨阴阳观念的萌生与"阴阳"一词成为抽象哲学概念的过程，还是解析先秦天、地、人关系的认识利用到形成"天人合一"思想的过程，以及论证中国新石器时代的方形文化与八卦，其最终目的都是为了古为今用，通过对中华民族古老传统文化的吸取精华与剔除糟粕，更好地服务于当今文化研究与文化实践的实际需要。这也正是构成本书可读之处的因素之一。

2024.01

（作者系中国社会科学院民族文学研究所研究员，博士生导师，研究方向为中华传统文化、中国神话学。）

自 序

我国春秋战国"轴心时代"出现了孔子、孟子、荀子、老子、庄子、韩非子、墨子等一批影响深远的哲学家，这批哲学家哲学概念的提出，哲学思想及哲学理论的形成，被西方和中国学者称为"哲学的突破"，这是我国哲学思想发展史上第一个辉煌的时代。

学界对先秦诸子的哲学已有不少研究，但对始于《周易》的先秦哲学概念之来路却缺乏探索。探索先秦哲学思想概念之来路，是探索上古先民在求生存发展的漫漫长途中，在悠久的农耕生产实践中，在区域间人口流动和文化交流中，在国家形成过程中及国家形成之后，因缘对太阳、天地等自然的持续科学认识与利用，形成过哪些文化观念？这些文化观念又是如何发展的？至轴心时代是如何冲破宗教巫术的牢笼转化为抽象哲学概念的历史过程？这样的探索成果，旨在追溯中华传统文化的渊源和优秀文化基因、文明基因的形成过程；这样的探索成果，有助于中国读者认知先秦的优秀文化已具有怎样突出的连续性和创新性，从生发上正确认知中国文化传统怎样的源远流长和独具特色，从心底增强民族自豪感和文化自信心，珍惜和建设当代更美好的新生活；这样的探索成果，有助他国读者认知久远中国的原始科学和优秀文化传统，进而理解今日的中国，营造良好国际舆论氛围；这样的探索成果，也可对当代及未来的哲学家提供一些研究方法的借鉴与参考，提供今日和未来中国哲学如何实现创造性转化和创新性发展的思考材料。此外，本书稿的研究也具有历史学、神话学、符号学、艺术学、民间文学、民俗学等多学科研究价值。

探索《周易》中的文化、哲学概念发生发展到形成的整个过程，首先是需要大量的史前考古材料，而我国几十年前的考古材料是不多的，故那时不见学术界有这样的研究是可以理解的。改革开放近几十年来史前考古遗址的发掘越来越多，考古资料越来越丰富,现在是可以做这项工作了。但是,仅凭考古材料是不够的,还需要借用符号学、古文字学、文献学、宗教学、神话学、人类学和民俗学等多学科材料与研究方法,做"多学科结合、多角度支持"的实证研究,才能得出较科学的令人可信的结论。诚然,这样的研究是费时多难度很大的。好在笔者素有敢为人先的勇气,不怕难的研究精神,从大量的纸上材料、田野调查中获取资料,最先写出的是《论中国远古的方形文化与八卦之起源》,发表于《东南文化》1996年第3期,被中国人民大学复印报刊资料1996年第6期全文转载,很快收到著名教授、专家和学者的来信,共识该文提出的中国新石器时代"方形文化"概念是中国史前文化研究的一个重要发现。此文后来被知网收录,读者多有下载与引用。形成对中国新石器时代方形文化及与之相关文化的持久研究,如《科技文汇》2014年11月(总第295期)发表了于星兰先生研究撰写的《方形文化与上古中国数学的起源》的论文,从数学的角度认识方形文化,印证方形文化的存在性。

由于探索先秦"八卦"来路的论文受到学界关注和好评,这就给了笔者继续探究史前原始科技及与之相关的思想文化发生发展过程的兴趣和力量。2001年北京燕山出版社出版鄙人的《中国史前符号与原始文化》一书,书中撰有《史前易符号探秘》专章,研究"天圆地方""阴阳""八卦""五方五行""九崇拜""三才"等符号并提出一些新的见解。拙作出版不久,笔者陆续收到更多知名教授和专家学者的来信,有的还发表书评推介拙著,鼓励继续深入探索,这让笔者感到学术需要对先秦文化源头阶段的文化特质和发展路径的研究,于是便开始做先秦哲学主要概念来路课题。此后笔者围绕此课题的资料搜集、田野调查和学术思考没有停止。2010年后加快了深入研究与撰写的速度,发表了《"太极"词义破解与其哲学概念的形成过程》(2015)、《五行的产生与发展过程》(2018)、《阴阳观念的萌生与"阴阳"一词成为抽象哲学概念的过程》(2020)、《先秦"天人合一"思想形成之路径》(2023)等每篇2万字以上的论文,其中3篇发表在大学学报的头条。2019年撰写了《八卦与五行结合探源》一文。本书稿主要是结集出版上述文章。结集后将《先秦"天人合一"思想形成之路径》改名为《先秦天、地、人关系的认识利用到形成"天人合一"思想的过程》。因《论中国远古的方形文化与八卦之起源》发表的时间至今已历26年，故增写较多，也改名为《新石器时代的方形文化与八卦》。为了增强论著的科学性和可读性，其他诸篇都有程度不同的增写和修改。

本著注重创新，涉及学科较多，对文中是非不敢自负，诚望读者多批评。本著名"初探"，名副其实，诚望专家学者针对"初探"作"再探"，让批评与争鸣促进先秦哲学诸概念来路的探索。系统、精细、科学研究先秦诸哲学概念之来路，需要不少学者做长时期的工作，可能一个概念之来路的研究成果就得出版一本或数本图书，笔者坚信伴随哲学社会科学前进的脚步，未来会有这样的现象出现。

为本书的出版，湖南省文艺创作基金会扶助了大部分经费，中国社会科学院博士生导师王宪昭先生百忙中为本书作序，今拙作付梓，深致谢忱！

作　者
2023.5.10.

目 录

· CONTENTS

"太极"词义破解与其哲学概念的形成过程

"太极"是先秦哲学的一个重要概念，对其内涵学界的解释众说纷纭，对其形成过程却不见有探讨文章。笔者首先通过准确解读《周易·系辞传》"易有太极"章的原意，认为"太极"之义有二，一是指天地间万物运动和人事变化的圆道循环律，二是指对自然事物和人事的圆道循环周期显现的相反而对二分律。既而依据物质存在及其运动规律是第一性的，而人们对于客观事物及其运动规律的认识是第二性的马克思主义哲学理论，以出土的史前文物中能旋转的器具和与圆转意蕴相关的纹饰符号为主要材料，并对其作符合原生义的破释，探究太极哲学概念的形成过程。对此问题的探究，不仅是破解太极词义的题中之义，也有助对《周易》其他哲学理论形成过程的探究提供方向和方法的启迪。

一、从"易有太极"章原意破解"太极"词义

古今易学家从《系辞上传》之"易有太极，是生两仪，两仪生四象，四象生八卦"这句话解释"太极"词义，有人认为"太极"是天地未分之前混沌状态叫做"元气"的物质；有人认为"太极"是"无"，是与包括人在内的世界物体运动总规律无关的"道"或"理"；有人认为"太极"是"最高准则"义等等。笔者认为，"太极"之义有二，一是指天地间万物运动和人事变化的圆道循环律，二是指对自然事物和人事的圆道循环周期显现的相反而对二分律。笔者对"太极"词义的这一破解，是从对"易有太极"章作符合原意的解读得出的，现将此章与"太极"相关的文字节录如下：

子曰："夫《易》何为者也？夫《易》开物成务，冒天下之道，如斯而已者也。"是故圣人以通天下之志，以定天下之业，以断天下之疑。是故蓍之德圆而神，卦之德方以知，六爻之义易以贡。

圣人以此洗心，退藏于密，吉凶与民同患。神以知来，知以藏往，其孰能与于此哉？古之聪明睿智，神武而不杀者夫！

是以明于天之道，而察于民之故，是兴神物以前民用。圣人以此斋戒，以神明其德夫！是故，阖户谓之坤，辟户谓之乾，一阖一辟谓之变，往来不穷谓之通。见乃谓之象；形乃谓之器；制而用之谓之法；利用出入，民咸用之谓之神。是故《易》有太极，是生两仪，两仪生四象，四象生八卦。八卦定吉凶，吉凶生大业。

前一段解说《易经》之用。说《易经》的哲理有涵盖天下之道，开发万物，成就世人功业的作用。因由如此之用，圣人用它来贯通天下人的心志，预测天下人的疑问。表现在筮法的作用是圆通而神妙，卦象的作用是方正而智慧，六爻的特性能彰显变易。接着说圣人用它来洗洁心思，退藏于隐密之处，运用这三者推演易卦而获得与民共同忧虑可能发生的吉凶。赞颂聪明睿智和神武而不嗜杀人者能从易卦获得知道未来的状况和吸取过去知识经验的能力。

后一段说了二层意思。第一层说天地间自然万物运动和人事变化是圆道循环律，简称太极圆道循环律；第二层说自然事物和人事的圆道周期循环呈现相反而对的二分律，简称太极圆道循环周期显现二分律。

先说天地间自然万物运动和人事变化是圆道循环律。孔子说德性为"圆而神"的为民所用的筮法，是从"明于天之道，察于民之故"而来。什么是"明于天之道，察于民之故"，此章未说，但从《周易》的其他文字可找到答案。《乾卦》彖辞曰："大明终始。"《恒卦》彖曰："日月得天，而能久照，四时变化，而能久成。"《系辞下传》曰："日往则月来，月往则日来，日月相推而明生焉。寒往则暑来，暑往则寒来，寒暑相推而岁生焉。"《乾卦》象辞说："终日乾乾，反复道也。"《泰卦》象辞说："无往不复，天地际也。"《复卦》彖辞说："复见其天地之心乎？"《蛊卦》彖辞曰："先甲三日，后甲三日，终则有始，天行也。"《恒卦》彖辞曰"天地之道"是"终则有始也"。《说卦传》曰："艮，东北之卦也，万物之所成终而所成始也。"这些话都是说日月运行、昼夜交替、寒暑相推、四季变更乃至天地间万物运动都是"不止息的圆道循环"。其中的关键字更能突出此思想认识，"复""反复"之义为物体在同一轨道上的重复运动。"终则有始"谓物体运动的终点就是始点，始点就是终点，首尾相接，重复循环。《周易》既说天地自然万物运动即"天之道"的圆道周期循环律，也将"民之故"即人事变化类比附天道圆转循环律，《系辞传》说："原始反终，故知死生之说。"意思是说，以天道圆转循环律为逻辑推理，所以知道包括人在内的生物从生长壮老死，而又再生……的死生圆道循环的说法。《序卦传》解释六十四种人间处境是对应六十四卦代表的六十四种宇宙情境，而六十四卦排列顺序的卦义之间有着循循相因的变化发展关系，尤如通行本六十四卦方位图中效法天道运转的圆环图。一卦六爻的"七日来复"是谓一爻的运行，从本位出发再回到本位，要经过一个周期，到第七位重新开始，尤如在六个时位上流转，以之比拟人事圆周转式演变过程。

第二层说自然事物和人事的周期圆道循环运动显现相反而对的二分律。作者先将易卦精蕴的坤、乾二卦比喻如门户在同一轴上一合一开似的转动，关门称为坤，打开门称为乾，一合一开称作变化，往来不穷的合与开称作感通。说人们用这种一合一开，显现出来就是"象"，赋予外形就称为器物，制定法则供人效法就称为法则，人们出出进进利用它就称之为"神"。这里将《易》卦基石的乾，坤比作门户的开与合，实意指太极周期循环显现的正反二分律，相合宇宙间的各种周期运动都是由正反两种运动组成的哲理。紧接着说"是故《易》有太极，是生两仪，两仪生四象，四象生八卦"。将这话翻译过来是：（太极）于是分为两仪，二仪分为四象，四象分为八卦。关于"两仪"之说，综合历代易学家计有八说，它们是阴阳、天地、奇偶，刚柔、玄黄、乾坤、春秋、不变与变等，这八说的内核指向"两仪"是相反而对的相成关系。太极"生两仪"，意味太极圆周期运动呈现相反而对的运动律，此义契合宇宙间的各种周期运动都是由正反两种运动组成的哲理。其后的"两仪生四象、四象生八卦"是相反而对律的递进相分。两仪、四象、八卦都在太极圆道周期循环上，与太极的关系相似于现象和本质是相互联系的统一体关系，是对太极圆周期运动之道相反而对的二分及相递进的二分。这种关系反映在《系辞传上》所载的筮法上，是大衍之数不用象征"太极"既是始也是全的"一"（即从五十根筹策中拿出不用的那一根筹策）。将四十九根筹策分而为二以象征相反相成关系的两仪，以四为单位去计算筹策象征四象，以占卜所成的八个三爻卦为八卦。因为筮法是用著数求圆之象理，属意识性的文化范畴，意识性的太极不能如学者所说是能生出别的实体的，故"生"之义不是作为母生子的出生之生，只能是"生起""分为"之义。

古今易学家之所以对"易有太极"章及"太极"未能做出如笔者的释义，是所有治易学者都囿於文字和文献的束缚，未探索"太极"哲学概念见于文字前的"源"与"流"。不知太极哲学概念形成所经由的漫长过程，焉识"易有太极"章的原意和"太极"一词的真义。笔者认为，依据物质存在及其运动规律是第一性的，而人们对于客观事物及其运动规律的认识是第二性的马克思主义哲学理论和唯物史观，太极哲学概念应是远古至上古的中国人在对旋转器物从原始利用到科技制造使用中，在对自然物圆转运动的俯观仰察中，以及在对人事变化规律的思考中萌生、发展，并经《系辞传》作者高度抽象化而形成的。因此，以出土史前文物中能旋转的器具及与圆转义蕴相关的纹饰符号为主要材料，并对其作符合原生义的解读，以深究太极哲学概念形成的认识过程，这不仅有助于更深入而准确地破解太极词义，也有助对《周易》其它哲学理论形成过程的探究提供方向和方法的启迪。

二、旧石器时代制造使用点旋转工具

据考古发掘材料，点钻和点旋转工具的制造和使用起自旧石器时代。约公元前2.8万年的山西峙峪遗址有石镞[1]。约公元前1.6万年的山顶洞遗址出土有孔骨针[2]。略早于山顶洞人遗址的辽宁海城小孤山出土三枚骨针的加工技术还高于山顶洞人的骨针，针孔圆滑，通体留有纵向刮痕，其制作是先将柄部磨薄，再由两面对钻而成[3]（图1）。旧石器时代晚期及向新石器时代过渡时期开始出现骨锥、石锥（钻）之类的器物。如约公元前1.2万～约前7000年的仙人洞遗址有大量的骨锥，其中又分为一端尖和两端

---

[1] 白云翔：《20世纪中国考古发现述评》，刘庆柱主编：《二十世纪中国百项考古大发现》，北京：中国社会科学出版社，2002年，第14页。

[2] 刘庆柱主编：《二十世纪中国百项考古大发现》，北京：中国社会科学出版社，2002年，第2—3页。

[3] 白云翔：《20世纪中国考古发现述评》，第14页。

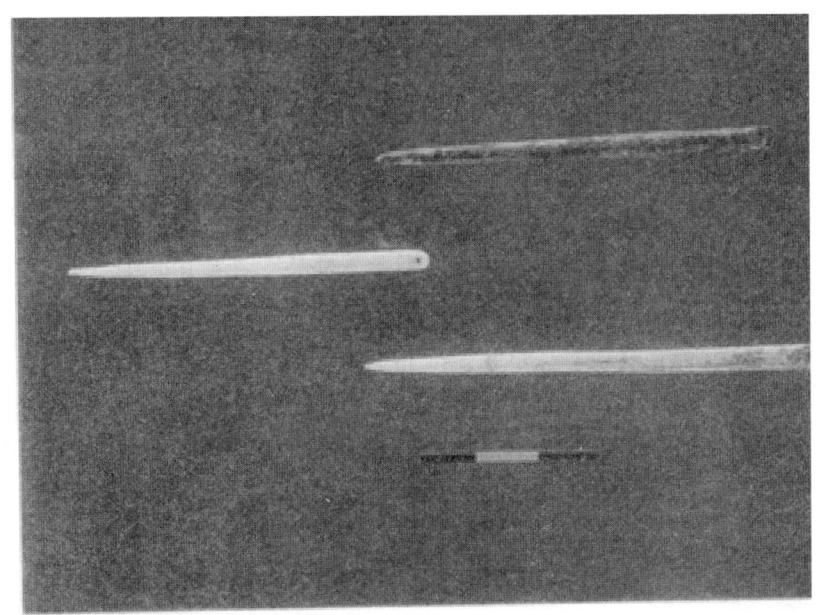

图1　早于山顶洞人遗址的海城小孤山出土的有孔骨针（采自刘庆柱主编：《二十世纪中国百项考古大发现》）

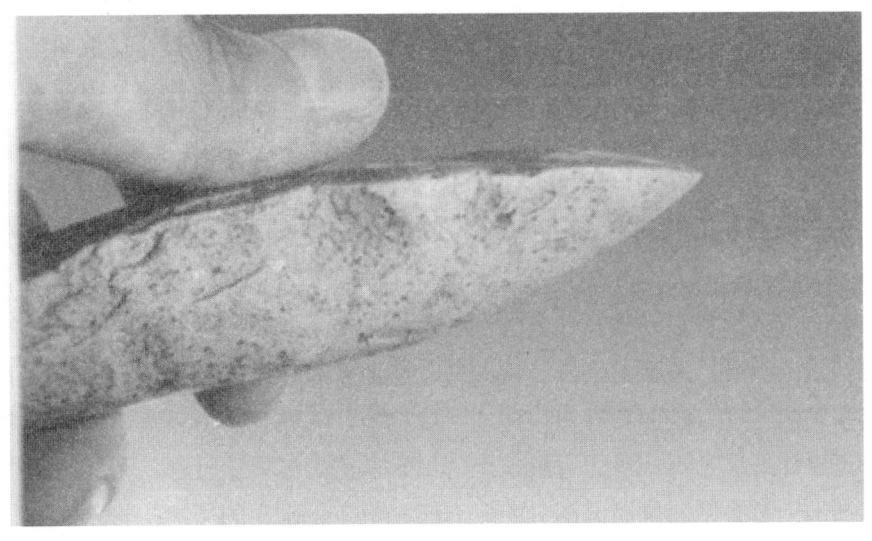

图2　吉林和龙大洞旧石器时代遗址出土的角锥状磨制石器（采自国家文物局主编：《2010中国重要考古发现》，文物出版社2011年版，第7页）

尖，按锥尖形状则可分为扁钝尖、圆钝尖、三棱尖、秀长尖四种[1]。湖南道

[1] 刘庆柱主编：《二十世纪中国百项考古大发现》，第30—31页。

县玉蟾岩遗址约公元前8000年以上，出土数量较少的骨锥[1]。约公元前10000年左右的许家窑出土有被称为"丁村尖状器"的三棱大尖状器[2]。属旧石器时代晚期的吉林和龙大洞遗址出土有角锥状磨制石器[3]（图2）。考古发掘也出土有旧石器时代用点旋转工具制作的生产工具、兽皮衣物和装饰工艺品等。如山西峙峪遗址有带孔的石墨装饰品[4]。约公元前1.8万年前的吉县柿子滩遗址有鸵鸟蛋壳穿孔装饰品。山顶洞人装饰品中有钻孔的小石砾、钻孔的石珠、钻孔的青鱼眼上骨等，所有的装饰品都相当精致，有的装饰品出土时五枚排列在一起呈半圆形，有的考古学家认为是佩戴在人项部的项链。小孤山和山顶洞遗址有用野兽牙齿或贝类穿孔制成的装饰品等等。再联想到远古人类的钻燧取火，可得知旧石器时代的点旋转工具是作多种用途的。

可以做这样的推想，由于旧石器时代的生产力还很低下，他们因出于当时生产生活所必须，起始是对自然物点穿孔、点旋转功能的偶然发现而加以利用，进而加工制造和使用点穿孔、点旋转工具。他们制做的骨针、骨锥、石钻等穿孔、钻孔工具，既利用了小圆角尖体有受力点小而压强大的属性，也利用了其在穿透另一物质时，点旋转中尖、角（顶端仍然是圆的）的磨钻功能。旧石器时代先民既然开始了加工制造和使用点旋转工具，这说明他们对物体的点旋转运动有了有意识、自觉的认识。我们可将之视为是史前人对事物圆道循环运动认识的起始。

三、新石器时代制造使用平面圆旋转工具和对自然圆旋转现象的观察认识

据考古发掘材料，较点锥钻大的圆平面旋转工具及使用技术始自新石器时代。我国新石器时代早期及之后的很多遗址，如河南舞阳贾湖遗址、河南陕县庙底沟遗址、陕西西安半坡遗址半坡类型、陕西乾县河里范遗址、甘肃广河齐家坪遗址、重庆巫山大溪遗址、山东泰安大汶口遗址、江苏江阴南楼遗址都出土有石制或陶制的圆形纺轮。屈家岭文化出土的彩陶纺轮已经有非

---

[1] 刘庆柱主编：《二十世纪中国百项考古大发现》，第34—35页。

[2] 白云翔：《20世纪中国考古发现述评》，第11页。

[3] 国家文物局主编：《2010中国重要考古发现》，北京：文物出版社，2011年，第5—7页。

[4] 安金槐主编：《中国考古》，长春市：上海：上海古籍出版社，1992年，第34页。

常丰富精美的纹饰。原始人是利用石、陶纺轮的旋转，纺织出细绳或麻线，用于缝制衣物或制作鱼网。石质的制陶器的转盘（或称石轮）和石轴出自秦安大地湾仰韶文化层内。陶质的"帽式"和"锣式"转盘出土于陕西、甘肃等西北地区约公元前4000～3000年的仰韶文化时期遗址。陶器轮制法是将泥料放在转动的转盘上制成陶器。参考我国部分民族仍传承的原始快轮制陶方法分析，半坡遗址出土的"帽式"陶转盘在使用时是放置另一木转盘上的，当陶工转动木转盘时，同时也带动了上面的陶盘转动。"帽式"转盘的小平底和圆面是朝上而并非向下，在转盘腹壁有孔，可安上木柄，便于陶工操作时转动或暂停（用足阻挡）。"锣式"陶转盘也是放置在木转盘上使用。"锣式"陶盘比"帽式"的简单，操作使用时更为方便，可能是在"帽式"陶转盘基础上制陶技术不断改进和发展的产物[1]。多数学者认为仰韶文化的陶器是慢轮手制陶，发展到仰韶文化晚期，其中的小型陶杯、陶碟等是快轮制作的。我国南方的快轮制陶出现在约公元前3330～3235年前后的大溪文化晚期。所谓快轮制陶，系指利用轮盘快速旋转所产生的离心力，将位于陶车盘中心的泥料提拉成所需形状的器坯的工艺而言[2]。可见陶器轮制工具经历了从帽式到锣式；轮制技术经历了从慢轮制作到快轮制作的改进和发展。关于制玉器的工具，学术界有一种观点认为：良渚文化的制玉材料是用圆盘形"轮锯"（砣轮），快速周转"轮锯"而切割制玉材料[3]。从这些考古材料可见，新石器时代对圆旋转工具的制造和使用是从低极走向高级的。新石器时代可能还制造别的平面圆旋转工具，但因在地下不易保存或未藏于地下，而不见于出土文物。

新石器时代的纹饰反映出时人对圆旋转自然现象观察的广泛性和极大兴趣。如约公元前3000年的屈家岭文化纺轮上绘画有"⊗"形太阳旋纹、水的漩涡纹、风的旋转纹、黑白太极图式旋纹、多圆圈重心圆纹等。其旋纹不仅表示其自身的旋转，也借以象征它物的旋转（图3）。甘肃省陇西吕家坪出土的马家窑类型旋纹尖底瓶是当时人们用来打水的器物，水的旋涡式纹样十分精美（图4）。再如甘肃临洮县出土的马家窑类型瓶上的旋涡纹，象征水一个接

---

[1]　详见李仰松：《仰韶文化慢轮制陶技术的研究》，《考古》1990年第12期。

[2]　详见李文杰：《试谈快轮所制陶器的识别——从大溪文化晚期轮制陶器谈起》，《文物》1988年第10期。

[3]　参见汪遵国：《良渚文化"玉敛葬"述略》，《文物》1984年第2期。

图3　湖北京山屈家岭遗址彩陶纺轮上的多样旋转纹（采自刘庆柱主编：《二十世纪中国百项考古大发现》，中国社会科学出版社2002年版，第93页）

图4　马家窑类型彩陶水的连续旋涡纹（采自张朋川：《中国彩陶画谱》，文物出版社1990年版，图谱篇图133）

一个的漩涡（图5）。陆思贤先生将凡表示旋转的纹饰，均概名之为"旋涡纹"，他图文并茂地列举了仰韶文化的旋风式旋涡纹，屈家岭文化太极图式旋涡纹，屈家岭文化和马家窑文化水的旋涡式纹，马家窑文化花形旋涡纹、马家窑文化星云式旋涡纹，马家窑文化卷浪式旋涡纹，等等[1]。新石器时代尤其是马家窑文化器物上刻画的众多且多样的旋转纹，说明新石器时代的原始人对自然圆旋转现象的观察是持久且日趋广泛的。旋转纹的画法有的简单有的复杂；在表现手法上，有的是写实，有的是写意。但无论何种绘样，多有一个中心圆或点。这是示意旋转物必须围绕一中心才能旋转。如纺轮是以轴为

[1] 参见陆思贤：《神话考古》，北京：文物出版社，1995年，第234—238页。

旋转中心，水以旋涡为旋动中心。旋转纹的转向有左旋式，也有右旋式。这是拟像旋转物在旋转时，有左旋和右旋两种。譬如用钻头钻孔，右旋为进，左旋则为出；中国位处北半球，漩涡是向左等。这说明原始人对事物的圆旋转观察是细致的。

图5 马家窑类型彩陶水的连续旋涡纹。（彩自张朋川：《中国彩陶画谱》，图谱篇图140）

新石器时代在旧石器时代制造点旋转工具的基础上，又创制出了用于纺织的纺轮，制陶器的转盘，切割玉材的砣具等较点锥钻大的平面圆旋转工具，且那时的先民们已是不断地探索圆旋转原理以改进其工具，追求操作圆旋转工具的技巧，提高其效益。仰韶文化、红山文化、大汶口文化、大溪文化等遗址器物上多见圆点纹、圆圈纹、圆圈纹圆点纹结合的纹饰，这些纹饰有的是圆状物的特写形式，有的则是表现点旋转、平面圆旋转、圆圈旋转意向的纹饰。图案纹饰又反映出新石器时代对诸多物的圆转现象观察及研究的极大兴趣。这些都足以说明，新石器时代对地球上事物的圆周运动既有了丰富的感性认识，也有了理性认识，且感性认识和理性认识已互相渗透。

四、新石器时代对日月圆道循环的认识

新石器时代与圆转义蕴相关的纹饰符号可证那时的农作先民已从视觉认识太阳的运动是圆圈转。如仰韶文化大司空类型的年代约为公元前

图6 河北磁县下潘汪遗址出土的仰韶文化彩陶太阳圆周行纹（彩自张朋川：《中国彩陶画谱》，文物出版社1990年版，图谱篇图1763）

图7 河姆渡文化象牙刻纹五重同心圆的内圆象征太阳圆圈转运行（采自孙国平：《远古江南：河姆渡遗址》，天津古籍出版社2008年版，第137页）

图8 仰韶文化彩陶残片象征太阳循环运行的圆圈纹（采自吴山编著：《中国纹样全集·新石器时代卷》，山东美术出版社2009年版，第7页）

图9 连运港将军崖岩画象征太阳循环运的圆圈纹（采自高伟：《东方古星象岩画研究》，南京出版社2009年版，第87页）

3600~前3000，该文化类型的河北磁县下潘汪遗址出土的一件陶钵，钵上绘有两个倒置的旭日半出的图像，半个旭日作光芒四射状，旭日下的黑三角代表黑夜，斜坡是指海水（图6）。两个旭日半出图的光线所示，是反映太阳在白昼与黑夜间周而复始的圆周循环运行。这幅图形反映出的想象是，太阳早上从一个方向升起，中午经由头顶，黄昏从对面的方向落下，晚上则看不见了，于是便以圆圈运行为依据，想象太阳夜晚潜行地底（即水中），第二日又回返先天升起的地方，在圆天中作新一天的圆周行。再如浙江河姆渡文化遗址出土的双凤朝阳纹牙雕（图7）：五重同心圆外刻如火的太阳光热；同心五圆圈的内圆表意圆圈转的太阳，其它圆圈表示在太阳周围形成彩色光环的日晕；两侧各刻相对引颈朝阳的凤鸟寓意太阳由鸟背负着作圆道飞行。再如河南郑州仰韶文化大河村遗址出土的彩陶残片上绘同心双圆圈纹（图8），连运港将军崖岩画在单圆圈或同心双圆圈外绘太阳光射线（图9），学者均解释这些纹饰象征圆形体太阳的圆圈转运行。笔者认为圆中心刻画的圆点是表意太阳圆圈转的中心—大地。同心的双圆圈可作两种解释：一是外圆圈象征圆天，内圆圈示意太阳在圆天中的圆道运行；二是双圆圈寓意太阳不停息的圆周循环。由于史前时期先民们关于太阳东升西落、昼夜循环的图像描绘，到了夏商周时期便有了相应的文字记录和概念术语。在甲骨卜辞里已有"出日"、"入日"的对举，如"丁巳卜，又出日；丁巳卜，又入日"（《佚》407），"……出入日，岁三牛"（《粹》17），说"日出""日入"意味太阳从东方升起，经过上空，落入西方，潜入地底，再回到东方，第二天在圆天中作新一天的圆周行。屈原《天问》问道："角宿未旦，曜灵安藏？"角宿，二十八宿之一，东方苍龙七星第一宿，有二星，旧称这二星之间为天门，日月五星在这里经过。曜灵指日。东方天门未亮的时候，日藏在什么地方呢？屈原《九歌·东君》以日为"东君"，说它"杳冥冥兮以东行"。"杳冥冥"是很幽暗的意思。这句话说日从幽暗的地方向东方运行，也就是从地下到东方去，开始第二天的运行。这样循环往复，周而复始。

新石器时代的原始人从太阳的圆圈循环运动，以及月圆月缺视运动的周期性变化现象，认识到月亮也是圆圈转的。如甘肃兰州出土马家窑类型彩陶壶腹鼓部花纹，由上下两层纹饰带组合。上层纹饰带绘四个饰网纹的圆形

图10 马家窑类型彩陶的日月圆圈转纹（采自张朋川：《中国彩陶画谱》，文物出版社1990年版，图谱篇图179）

图11 边家林遗址彩陶的日月圆圈转纹（采自张朋川：《中国彩陶画谱》，文物出版社1990年版，图谱篇图297）

纹样，表义实体的太阳，在每一饰有网纹的圆形图样外加饰一圆圈，表义太阳的四时圆周转；下层纹饰带连续四大漩涡纹，每大漩涡纹有一个圆圈带月牙的纹饰，其意象反映原始人认为月亮也是圆圈转的（图10）。甘肃榆中县关北出土的边家林遗址彩陶壶有表意相同的纹样，上层为太阳四时圆圈转纹，下层为月亮旋转纹（图11）。此类在马家窑文化的圆形彩陶上多见的由上日和下月两层纹饰带组成的纹样，都是表现日月圆圈转、昼夜相推意象的纹饰。古今有的易学家认为"易"的字源是上日下月的象形，《易经》讲的是日月圆圈运行律对地球和人的影响。[1]今从马家窑文化纹饰符号看，"易"字之原始意象在那时就已经存在了。

《系辞下传》："古者包牺氏之王天下也，仰则观象于天，俯则观法于地，观鸟兽之文与地之宜，近取诸身，远取诸物，于是始作八卦，以通神明之德，以类万物之情。"新石器时代对远离人类的日月圆道循环的认识，当是古人在对地球上事物的点旋转和圆圈旋转及其运动规律认识的基础上，经由推想而来的。对日月视运动的圆道循环认识是将对物的圆旋转认识从地上延伸到了遥远的星球，实现了对事物的圆转认识由"近取"到宇观的提升。人们会以之为前提，借助想象和推理进一步去认识其它星体乃至宇宙本体的圆道运动。依据人们对天地间极小事物直至日月及至宇宙本体的圆道循环认识，可释"太极"词义的"太"字是取义极大宇宙天象的圆道运动，"极"字是取义物体的"极点（极小全圆）"的旋转，《系辞传》作者用"太极"一词是概括指称天地间从极大的宇宙天象至最小点物体的"圆道循环律"。

五、利用太阳回归年晷影显现的相反而对律创制太阳历

新石器时代的原始人并未止步太阳是圆道循环的认识，他们的聪明才智更体现在利用太阳回归年圆道循环晷影显现的相反而对二分律编制太阳历。

按天动学说，由于太阳从极南到极北，又从极北走到极南，一年之间往返一周，太阳的南北往返移动形成相反而对的现象。这种现象在田合禄先生依据《周髀算经》在黄河流域测得的记载二十四节气日影数而绘制的"立杆测日影所得太极图"（图12）和"原始实测太极图"（图13）得到反映[2]。

---

[1] 参见南怀瑾、徐芹庭译注：《白话易经》，长沙：岳麓书社，1988年，第4页。

[2] 参见田合禄、田峰：《周易基础十五讲》，太原市：山西科学技术出版社，2009年，第44—62页。

太极图的外圈大圆是太阳周年视运动的轨迹线，称黄道。人们站在地球上看太阳是在作圆的运动，称为圆道。太极图阴阳鱼中间的连接曲线呈"S"结构，S曲线表示太阳周日视运动一年中在地面上投影长短移位的轨迹线，实质是地球自转和公转所得轨迹线，称为赤道。太极图黑色部分代表晷影。图12标示"十"形阳仪与阴仪和二分二至这四时。图13是根据晷影长短数绘制的含二十节气的太极图。史前先民还没有达到选用24个晷影数制定二十四节气的水平，但距今5500年后制定年八节历是可以肯定的，其八节历通常用"✳"字形符号表示。史前先民制定年八节历是长期观测太阳运动规律实践活动的结果，他们一是每天观察逐日移动的记录日出和日落的位置，再是立杆每日午时测日影记录长短数，是用这两种方法获得太阳运行的信息而制定太阳历的。考古家在年代为公元前2400～前2100年或公元前

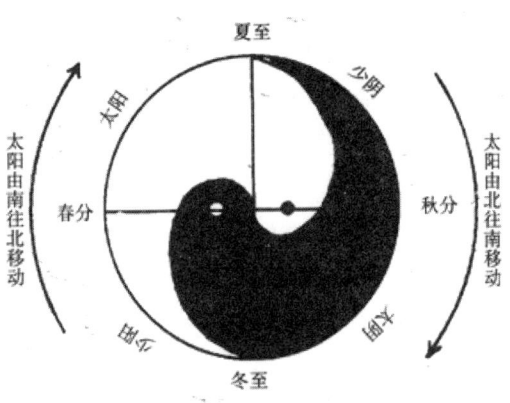

图12　立杆测日影所得太极图（采自田合禄：《周易基础十五讲》，山西科学技术出版社2009年版，第55页）

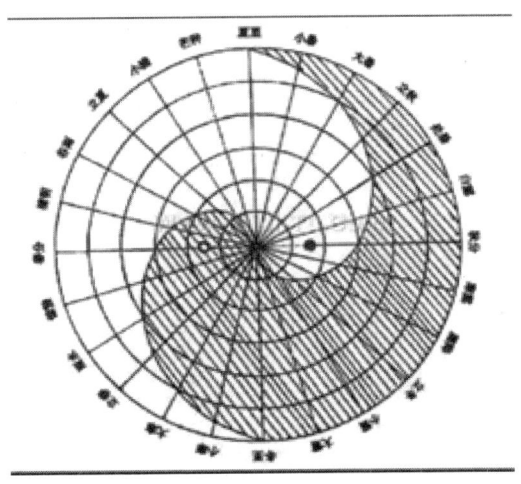

图13　原始实测太极图（采自田合禄：《周易基础十五讲》，山西科学技术出版社2009年版，第53页）

2300～前2000年的陶寺遗址，发掘出大型建筑ⅡFJTI基址，在属于统治阶级上层乃至邦国君主的22号墓（ⅡM22）室内发现一个"漆木圭尺'中'"。包括发掘者在内的专家们经研究和模拟观测实验，认为ⅡFJTI的功能是用于观日出方位定节气，"漆木圭尺"是用于正午测日影制定太阳历，或者是将二者相互验证，

图14-1

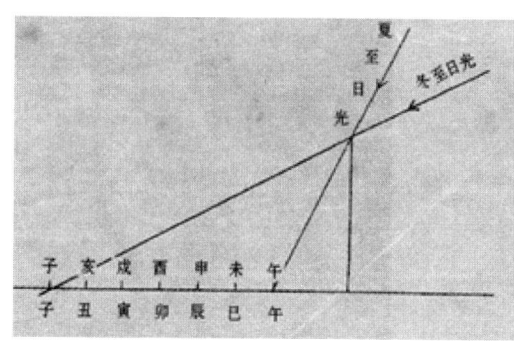

图14-2

图14 测日影定时节
图14-1 周春才绘制
图14-2 赵定理1986年绘制冬至、夏至日正午日影对比图（采自田合禄、田峰：《周易基础十五讲》，山西科学技术出版社2009年版，第47页）

配合使用[1]。太阳升起是在东偏北和东偏南之间移动，那么以太阳由南往北移动时段的投影为阳仪；太阳落下是在西偏北和西偏南之间移动，那么以太阳由北往南移动时段的投影为阴仪。这样，就可以用阳仪、阴仪上晷影显现的相反而对律创制太阳历了。据《周髀算经》记载的年四时八节气的日影数：夏至一尺六寸，冬至丈三尺五寸，春分七尺五寸五分，秋分七尺五寸五分，立夏四尺五寸七分小三分，立秋四尺五寸七分小三分，立春丈五寸二分小三分，立冬丈五寸二分小三分。从这些晷影数，可得年四时八节的制定过程是这样的：太阳回归年晷影最短数一尺六寸，晷影最长丈三尺五寸。将晷影最短处炎热季节对应阳仪正南方的那日定为夏至，将晷影最长处寒冷季节对应阴仪正北方的那日定为冬至（图14）。阳仪夏至（正南方）或冬至（正北方）相反而对。夏至晷影与冬至晷影总长的一半是七尺

五寸五分，这个数是两个日子的晷影，这两天的太阳都出自正东方，而入于

[1] 参见王震中：《中国古代国家的起源与王权的形成》，北京：中国社会科学出版社，2013年，第312—315页。

正西方，于是将该晷影对应阳仪正东方的那日定为春分日，对应阴仪正西方的那日定为秋分日，阳仪春分（正东方）与阴仪秋分（正西方）相反而对。至此的两至日两分日是古人说的"阴阳之大经"的"四时"[1]。意为四时是年节的基本主体架构。先民也是用晷影显现的相反而对法创制四立日的。夏至晷影与春分晷影相加数的一半是四尺五寸七分小三分，夏至晷影与秋分晷影相加数的一半也是四尺五寸七分小三分，这就将位于阳仪春分日与夏至日之正中间对应东南方的那天定为立夏日；将位于阴仪秋分日与夏至日之正中间对应西南方的那天定为立秋日，阳仪立夏（东南方）与阴仪立秋（西南方）相反而对。冬至晷影与春分晷影相加数的一半是丈五寸二分小分三，冬至晷影与秋分晷影相加数的一半也是丈五寸二分小分三，这就将位于阳仪春分日与冬至日正中间对应东北方的那日定为立春日，将位于阴仪秋分日与冬至日正中间对应西北方的那日定为立冬日，阳仪立春（东北方）与阴仪立冬（西北方）相反而对。至此有了图13中" ✳ "字形的二分二至加四立的八节，八节是挂在一年中的八种现象。因太阳运动表现的相反而对现象是阴与阳关系的原始义，先民利用太阳回归年圆道循环晷影显现的相反而对律编制年八节历，实质是给测得的太阳视运动晷影逐次分阴阳而创制太阳历，这在本书《阴阳观念萌生及"阴阳"一词成为抽象哲学概念的过程》一文中有详述。

《周髀算经》的完成时代在西周初期。因四时（季）八节历在农作生产中有着非常重要的作用，可以推断立杆测影的产生与发展过程是在西周前的漫长历史时期。原始人在年复一年的测影实践中，掌握到每日午时晷影的长短数，认知到晷影与太阳时空的关系，故利用晷影长短的相反而对律创制太阳历。陆思贤先生和田合禄先生，抓住古代神话创作这根主线，主要利用考古资料和文献记载，研究认为伏羲氏时代已有了立杆测日影的方法，史前已有四时八节历法[2]。冯时先生认为我国水、旱农作种植的孕育阶段是距今1万年前后，距今7000～前5000年是农业的形成期，发展农作生产需要太阳历的指导，他据考古材料研究距今6000年的濮阳西水坡仰韶先民用立杆测日影

---

[1] 《管子·四时》："四时者，阴阳之大经也。"

[2] 参见陆思贤：《神话考古》，第149—188页，第259—268页。田合禄：《论太极图是原始天文图》，《晋阳学刊》1992年第5期。

"已经认识了二分和二至"[1]。本书的《新石器时代的方形文化与八卦》一文的《以方为基形的空间方位》一节研究认为,原始人最早以日出日落为标准,将空间分为相反而对的东、西二方,既而以稳定有序的方形为模式将东西二方增加到东、西、南、北四方,南、北方也是相反而对;再以四方为模式,通过观测寒暑交替"回归年"(实为地球绕太阳公转一圈)太阳出入方位和太阳午时投影在地上的长短变化而确定与四方对应的春、夏、秋、冬四时。再由四时二分为年八节。这些研究可回答原始历法为什么是四时八节,而非别的什么的问题。

笔者研究距今6000年后表现年四时的符号主要有四种表现形式。

一是以四个直观太阳图像表示年四时。例如甘肃临夏出土的马家窑类型彩陶壶,以旋涡纹绕圆壶腹鼓部组成相连的纹饰带,连续四个光芒外射的太阳图像(图15)。甘肃出土的马厂类型彩陶壶腹鼓四周绘四个光芒外射的太阳纹,太阳图像外套旋动圈且四圈线相切(图16)。壶鼓腹拟像圆天;以旋涡纹连续四个太阳图像或四个直观太阳图像外套旋动圈线互切,都是表示年四时的太阳历法。

二是以四个"拟日圆"表示年四时。例如甘肃省景泰县马胡地沟口边家林遗址,在壶腹鼓部以太阳光色及太阳光芒旋线连续四个太阳色圆(图17)。甘肃省临洮县马家窑文化边家林遗址,在壶腹鼓部以太阳光色旋线连续四个太阳色圆(图18)。这类以旋线连续四个拟日圆是表现年四时历的纹饰。还有一类是在四大圆圈内再填充纹饰的纹样,多见于马家窑文化壶、盆、罐、碗、豆、钵等圆形器的鼓腹部,如青海省乐都县柳湾边家林遗址在壶腹鼓部的四大圆圈内填充网纹(图19)。四大圆圈纹之"四"的艺术构式是源自年四时历的意象。

三是以"⊕"形表示年四时。本书《新石器时代的方形文化与八卦》一文的《以四方为基形的空间方位》一节中论证了"十"形是四方的符号,而距今6000年后的"⊕"形是年四时的符号。马家窑文化多见以"⊕"形表示年四时的纹饰。例如甘肃省广河县地巴坪出土的半山类型陶罐,在罐腹鼓部绘四个对称的"+"形纹,每个"十"形的四端各绘一个"拟日圆",以表

---

[1] 冯时:《星汉流年——中国天文考古录》,成都市:四川教育出版社,1996年,第159页。

图15 马家窑类型彩陶四时太阳历纹
（采自蒋书庆编著：《彩陶艺术简史》，
上海人民美术出版社2007年版，第53页）

图16 马厂类型彩陶四时太阳历纹
（采自蓝深：《寻找伏羲的器具》，敦煌
文艺出版社2006年版，第177页）

图17 边家林遗址彩陶四时太阳历纹（采
自张朋川：《中国彩陶画谱》，文物出版社
1990年版，图谱篇图393）

图18 边家林遗址彩陶四时太阳纹
（采自张朋川：《中国彩陶画谱》，文
物出版社1990年版，图谱篇图292）

示二分二至点的位置（图20）。甘肃东乡族自治县林家出土的马家窑类型
盆，在陶圆盆底的太阳色圆上绘"十"形（图21）。甘肃康乐县张寨出土的
边家林遗址类型盆也是在圆盆底的太阳色圆上绘"十"形（图22）。这类图
像在圆内绘"十"形，且"十"形四端位绘圆、圆点或特别的符号，是较为
抽象地表示以四方为标准的二分两至点的位置。再如青海省乐都柳湾出土的
半山形四圆圈陶壶，按四方位绘四个相切的太阳圆，太阳圆为"⊕"形（图

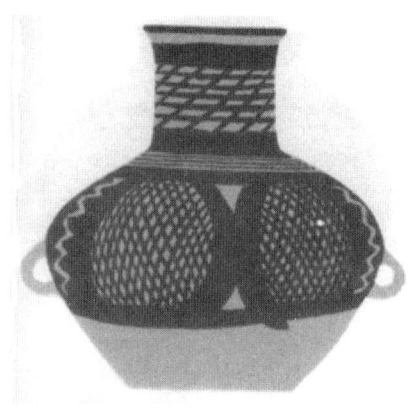

图19　边家林等遗址象征四时太阳历的四大圆圈纹（采自张朋川：《中国彩陶图谱》，文物出版社1990年版，图谱篇图453）

图20　半山类型彩陶的四时太阳历纹（采自张朋川：《中国彩陶画谱》，文物出版社1990年版，图谱篇图526）

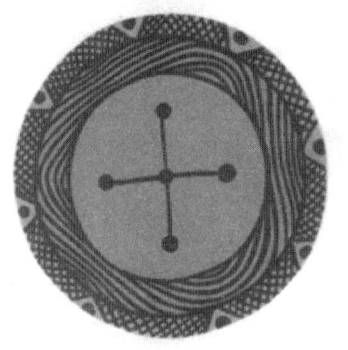

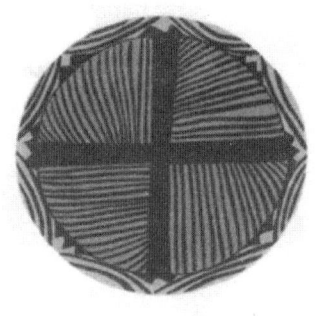

图21　马家窑类型陶盆底的四时太阳历纹（采自张朋川：《中国彩陶画谱》，文物出版社1990年版，图谱篇图179）

图22　边家林遗址陶盆底的四时太阳历纹（采自张朋川：《中国彩陶画谱》，文物出版社1990年版，图谱篇图344）

图23　半山类型壶太阳四时历纹（采自吴山：《中国纹样全集·新石器时代卷》，山东美术出版社2009年版，第147页）

23）。青海乐都出土的马厂类型彩陶壶腹鼓按
正四方位排列相切的四个表示太阳运行四方的
"⊕"形旋纹，又在壶下部绘单独"十"形，似
特意表示年四时是以四方为标准的（图24）。

　　四是以"卐"形表示年四时。就目前所知，
中国史前最早"卐"形表示太阳周年四时旋动的
纹饰，似乎见于辽宁省敖汉旗的小河沿文化层
中。在敖汉旗石棚山墓地出土的四件陶器上的肩
和腹部饰有卐形纹饰，大致上可分为三大类型。
第一种为"标准"的"卐""卍"形，亦即四臂
作直角右折或直角左折。第二种"卍"形的四臂
作数度直角左折。第三种"卍"形亦作直角左

图24　马厂类型壶太阳
四时历纹（采自吴山：《中
国纹样全集·新石器时代
卷》，山东美术出版社2009
年版，第168页）

折，但是弯折之臂以多短线表示（图25）。敖汉旗小河沿文化层约公元前
2500年左右，而最早出现"十"形纹饰的文化遗址在约公元前3000年或更
早，这说明中国的"卐""卍"较"十"形晚出，是为表时间四时运行由
"十"形演变而来的。"卐"因表现时间的功能而成为表示年四时的符号。
譬如，在我国古老的苗族和布依族，人们认为根据季节变化安排生产，一年
四季周而复始，因此苗族刺绣、布依族民居以卐形纹象征"四季花"，为吉
祥符号[1]。再看青海乐都柳湾出土的约公元前2090年的马家窑文化半山类型
彩陶壶，在壶的腹鼓绘四个对称的"卐"形符号，又在下部绘一个单独表四
方位的是"十"形，似是表示年四时历的制定是由太阳运行四方位决定的。
"卐"形绘在山形纹之间，可能是表示在山上测日影而定四时（图26）。青
海省民和县出土的马家窑文化马厂类型早期彩陶长颈壶，在壶的腹鼓部绘四
个对称的大拟日圆，每一圆内绘"卐"形纹，也是象征太阳四时运转的图像
符号（图27）。马厂类型有的陶壶、陶豆的"卐"形纹画成动物的肢爪状，
此类纹饰是象征太阳是由动物背负着的四时运转图像符号（图28）。"卐"
形作为与太阳关系的符号，在国外许多古老民族的古代器物上也可见到。如
印度最古老城市之一的乌贾因（Ujain）的一枚钱币，十字支干的四端各接

---

[1]　巴娄：《苗族的图谱文化》，吴正光：《马头寨的布依族民族》，分别载于《中国
　　文物报》2009年6月5日，第4版；2005年3月11日，第4版。

一个外圆互切的"拟日圆"，每个双圆圈内均有一个"卐"形，其意象是太阳运行四方（图29）。希腊克里特岛的一枚古钱币，图像整体呈"卍"形，中央图饰着放射光线的日盘，也是象征太阳运行四方（图30）。旋转纹有右折左折两样绘式，它的源出可能有二：一是太阳四季回归运动测日影显现的相反而对使然。二是可能出于因地域或国家不同，先民对方向的序分不同；或出于时代不同而对方向标示的不同，例如中国今日四方的标示与古代正好相反。这里特别指出，因"卐"形不仅表示太阳的圆周转，也能表示物的圆转，也能标示其向右或向左转的不同方向，使得这类符号的意象逐渐呈现多样性，也衍生出新的意象。有的学者认为这类符号也代表水的旋涡，雷、电或其他自然现象，有的认为是火的象征，有的认为是男女交媾象征生殖的标志，也象征月亮神之生育功能等等。民族学调查也证实"卐""卍"形的意象是多样的，如我国苗族和布依族这两种符号都出现，左转的比右转的更为常见。他们通常将"卍"称为"水车花"，视为用以提水灌田的农用水车的象征[1]。瑶族用双"卍"形符号表义其祖先盘王、先王和唐王，意为后人是先人交媾而来[2]。

如下材料则可证距今5500年后编制八节太阳历。

1. 距今5300年前的安徽含山凌家滩遗址87M4号墓出土一件最引人注目的玉龟以及在玉龟的背甲和腹甲之间夹的一块玉版。学人多认为玉版上琢刻的是表示"天圆地方""四极八方"宇宙观等的图案（图31）。笔者认为玉版上样式不同的二种八角刻纹的意涵并不相同。图案中心从方框的每一方引出两个角共八个角，明显是沿袭前述古老的表现将四方二分的图案。另一种是刻矢状圭形纹的八角，笔者今对其意涵作如后解析：第一，矢状圭形纹象征太阳射线，应是表示太阳时历的纹饰。第二，八个矢状圭形纹位内小圆圈与大圆圈之间，如果小圆圈是表示太阳的话，大圆圈则当是太阳圜道运行时空轨道的标示符号，那么八个矢状圭形纹是表示太阳周年圆运行的八节。这八节的位置点与立杆测日影所得太极图的八节位置点完全相同。第三，在外圆圈线与方玉四角间也有四个矢状圭形纹，这四个纹饰之所以是"×"形，除表示八方中的四维及八节中与四维认同的四立在八方八节中的重要意义，

[1] 参见巴娄：《苗族的图谱文化》，《中国文物报》2009年6月5日，第4版。
[2] 见潘涛：《桂东瑶族服饰图案花纹的宗教文化意义》，《民族艺术》1994年第4期。

也表示此时节的始点是前节期的终点，而前节期的终点也即此时节的始点的首尾相接无始无终的太阳圆周运行律。这三点分析可明玉版琢刻的是表四时八节历的图案。还有，年代为距今5300年的马家窑文化马家窑类型有些图像的基型是"✳"字形和"卐"形表现太阳周年四时八节圆转循环的符号[1]，有的从"✳"字形的四维线延伸出向右旋的鸟尾，又在其外围绘一圈左旋的鸟尾，这是神话想象鸟载太阳于四时八节飞行的艺术图像（图32）。

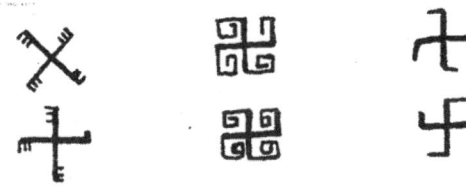

图25　辽宁省敖汉旗石棚山墓地中陶器上的卐、卍形纹饰（采自芮传明、余太山：《中西纹饰比较》，上海古籍出版社1995年版，第70页）

2. 距今约5000年的大河村遗址出土一件为夭亡孩童瓮棺盖的彩陶盆。该盆口沿斜面和腹部外表分别以红彩、白彩、黑彩组成的装饰纹带一周，口沿八组对称的阴阳鱼纹图案，腹部四组双核阴阳圆鱼纹图案（图33）。这两周图案既是两方连续的又是分区的，循环往复，周密无间，似乎反映了古人轮回不息的思想观念。之前这类回环连续的花纹出土不少，颇为诡秘，许多学者不得其

图26　半山类型陶壶以卐纹和十纹表现太阳运行之四时历（采自吴山：《中国纹样全集·新石器时代卷》，山东美术出版社2009年版，第161页）

解。索全星、刘彦峰研究认为，这类花纹"似乎蕴含了古人对大千世界认识的大智慧。口沿的图案显然就是阴阳八卦内容的写实。腹部的图案也是'两元一体'内涵，如果这样我国先人'太极'思想至迟在仰韶文化时期距今约5500年左右就已经形成"。甚是。彩陶盆腹部四组和口沿八组图案中的两圆也是相反而对，都蕴含四时八节中的阴阳共处一体内涵。索全星、刘彦峰还认为"从太极文化角度看，大河村文化遗址中彩陶上的'S''X'符号及其

---

[1] 参见张劲松：《中国史前符号与原始文化》，北京：北京燕山出版社，2001年，第76—81页。

图27 马厂类型陶壶以卍纹表示太阳运行之年四时历（采自李志钦：《黄河彩陶纹饰鉴赏》，安徽美术出版社2009年版，第95页）

图28 马厂类型陶豆肢爪状的卍纹表现鸟背负太阳运行之年四时历（采自李志钦：《黄河彩陶纹饰监赏》，安徽美术出版社2009年版，第95页）

图29 印度乌贾因古钱币以卍纹表现太阳运转四方（采自芮传明、余太山：《中西纹饰比较》，上海古籍出版社1995年版，第68页）

图30 希腊克里特岛古钱币以卐纹表现太阳运转四方（采自芮传明、余太山：《中西纹饰比较》，上海古籍出版社1995年版，第85页）

变体可以说都是'太极'的文化内涵"[1]。也甚是。"S"符号也出现在仰韶文化的后岗类型、秦王寨类型、大司空类型等的陶器上，还出现在屈家岭文化遗址的陶纺轮上（图34）。之所以说"S"符号是"太极"的文化内涵，

---

[1] 索全星、刘彦峰：《郑州大河村遗址出土仰韶时期的"太极阴阳"纹彩绘陶盆》，《中国文物报》2018年5月18日，第6版。

是因为"S"曲线纹是太极图的太极曲线，是太阳周日视运动在一年中长短及移位的轨迹线，它传达的是太阳周年回归运动、四时代谢、八节交替、昼夜阴阳消长、日光照时间长短与寒暑等规律。

3.《晋书·律历志中》说炎帝编制"八节"历："逮乎炎帝，分八节以始农功。轩辕纪三纲而阐书契，乃使羲和占日，常仪占月，臾区占星气，伶伦造律吕，大挠造甲子，隶首作算术，容成综斯六术，考定气象，建五行，察发敛，起消息，正闰馀，述而著焉，谓之调历。"[1] 黄帝在天文历法方面取得更大成绩，已将具有高度科学水平的天文巫师设置为负责天象历法的官员。《史记·五帝本记》载黄帝"迎日推策"[2]。所谓"迎日推策"，是利用立杆测日影的数据经过推算而预知未来的节气历数。《国语·周语上》载：周宣王即位的公元前827年，大臣虢文公劝谏宣王不要

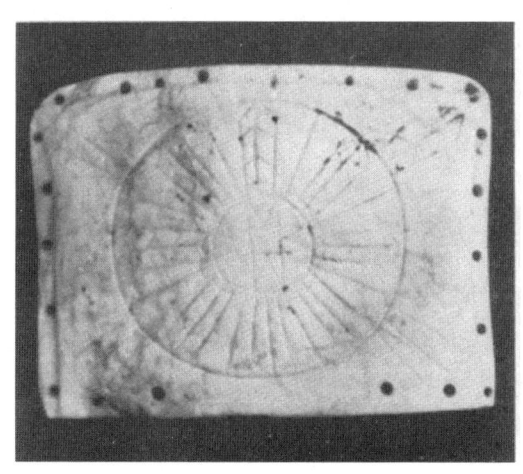

图31 凌家滩87M4号墓出土。玉版的四时八节图案（采自《文物》1989年第4期）

图32 马家窑类型陶盆俯视图四时八节图案（采自张朋川：《中国彩陶图谱》，文物出版社1990年版，图谱篇图221）

废弛籍田的仪节，说：每年春耕时令一到，稷官"遍诫百姓，纪农协功，曰

[1]《晋书》律历志，《二十五史》，上海：上海古籍出版社、上海书店，1986年影印本，第2册，第1299页。

[2]《史记》卷1《五帝本记》，北京：中华书局，1975年标点本，第6页。

图33 太河村遗址"太极阴阳"纹彩绘陶盆（采自中国文物信息网2018年5月21日）

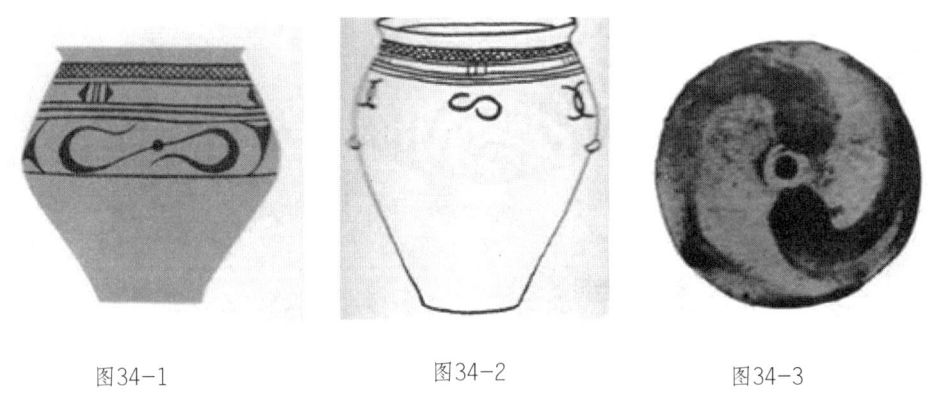

图34-1　　　　　　　图34-2　　　　　　　图34-3

图34 史前文化遗址器物上的S符号

图34-1 郑州市大河村彩陶罐（采自张朋川：《中国彩陶图谱》，文物出版社1990年版，图谱篇图1711）

图34-2 仰韶文化秦王寨型彩陶罐（采自吴山：《中国纹样全集》，山东美术出版社2009年版，第156页）

图34-3 屈家岭文化陶纺轮（采自蒋书庆编著：《彩陶艺术简史》，上海人民美术出版社2007年版，第86页）

'阴阳分布，震雷出滞，土不备垦，辟在司寇'"。此"阴阳"所言历法时间，当承自"周人的直接的祖先黄帝"[1]。我国知名考古学家整合考古材料

---

[1] 沈长云：《人文始祖——黄帝》，《光明日报》2018年11月24日，第11版。

和文献史料，认为黄帝时期是距今5500年至4500年左右[1]。那么将文献载完成创制八节太阳历的时间定在距今5500左右的炎黄相交时期是适当的。

这里也顺便指出。今学者依据史前"准文字意义"的图像符号，认为继四时八节太阳历之后，史前晚期人也创制出以月亮圆缺一周期为一月，12个月基本上为一个回归年的"阴历"。如青海省乐都县脑庄出土的马家窑类型彩陶盆，圆盆底绘同心四圆圈纹，圆圈纹中以三条横、直交叉线组成四方位对应的三个"十"形纹饰，所表示的历法

图35 马家窑类型陶盆的四时十二月纹饰图（采自张朋川：《中国彩陶画谱》，文物出版社1990年版，图谱篇图236）

意象是一季三个月，一年四季十二个月（图35）。因阴历年的天数少于阳历年的天数，古人又使用"积余置闰"的办法使阴历与阳历相协调，这便是仍为中国人现在所用的习称为"农历"的"阴阳合历"。如临洮辛店出土的马家窑类型彩陶盆。盆内底部中心是表现神话信仰的以蛙鼋形象为象征的宇宙之神，蛙鼋四足的小钩子形纹，为天的"四极"的意象象征。头部两眼的圆圈纹，是日月的象征。两眼之间，以两个上下连接对应的弧边三角纹相间隔，展示日月轮回、昼夜相推、寒热相分、往来交替的意象。陶盆唇部以圆圈点纹与三角纹相复合的单元纹饰，形成四正四隅对应划分的切割形式。陶盆外侧的下半部，八条带纹依次排列，与一年的八节周期划分相对应。彩陶盆六条并列短线纹的对应形式，是上下两半年的月份表示，也是一年12个月的周期之数。单元纹饰之间，夹绘有数目不等但却有规律变化的并列短线纹，包裹着"积余置闰"之数的文化内核[2]。这看似绘制繁琐的纹样，表现

---

[1] 严文明：《略论中国文明的起源》，《文物》1992年第1期。杨升南、朱玲玲：《远古中华》，上海：上海世纪出版股份有限公司、上海书店出版社、上海人民出版社，2015年，第135页。

[2] 参见蒋书庆：《彩陶艺术简史》，上海：上海人民美术出版社，2007年，第124页。

图36 马家窑类型陶盆表示太阳历、阴历、阴阳合历等的纹饰（采自蒋书庆编著：《彩陶艺术简史》，上海人民美术出版社2007年版，第124页）

的是史前马家窑人的宇宙观念和太阳历、阴历、阴阳合历的全部内容（图36）。史前人通过对月的循环周期与太阳回归年的基本相合创制"阴历"。通过"积余置闰"的方法编制阴历与阳历相合的"阴阳合历"。阴历和阴阳合历是较"太阳历"不断进步的历法。原始人利用日月圆道循环显象律而制定的由粗到细的历法，是原始人利用天象圆转认识为自身生产生活服务所取得的天文学成果。

六、对创制八节太阳历所用二分法的抽象

《系辞上传》说："易有太极，是生两仪，两仪生四象，四象生八卦。"学者为突出太极与阴阳或阴阳与八卦的关系，也称"太极阴阳"或"阴阳八卦"，视为宇宙生成论模式。但读者须知此说是因利用太阳回归年晷影显现的相反而对，采用二分法创制太阳历抽象而来的。这抽象是做如何做成的呢？因太阳的南北往返移动导致立杆测影制定太阳历的晷影显现相反而对现象（图13），故抽象为"易有太极，是生两仪"，"两仪"，义为相反相成的二分。笔者推断反映在太阳圆道周行上先民最先确定的相反而对的二时可能是夏至与冬至，因为夏至晷影最短一尺六寸，冬至晷影最长丈三尺五寸，最长与最短是明显突出的相反而对，故将最短处炎热季节晷影对应正南方为夏至，将最长处寒冷季节晷影对应正北方为冬至。夏至晷影与冬至晷影总长数的一半是七尺五寸五分，这个数的周年晷影中有二天，将晷影数对应阳仪正东方的那天定为春分日，将晷影数对应阴仪正西方的那天定为秋分日，这样又有了二分日。夏至、冬至、春分、秋分是古人说的"阴阳之大经"的"四时"，四时是太阳回归年的四种气象。因二分日是在二至日这两时的基础上再分而来，则抽象为"两仪生四象"。由四时又分出立夏与立秋，立春与立

冬，二分二至加四立为八节，八节是挂在天地间相关联的八种气象，因八节是从四象经二分而来，故抽象为"四象生八卦"。

《易传》为什么将创制太阳历的二分法抽象为宇宙生成论模式呢？这是因由哲学思维对科学的文化抽象。我国最迟从《易经》始，为了解释宇宙和生活世界的多种现象，便用八卦之象理，将宇宙间的大现象分类为互感互通的八种，也用八个卦象对当时生活世界的多种事物进行分类。又进一步将八经卦推演为六十四重卦，对应六十四种自然现象，太阳回归年圆道循环显现的二分律也体现在八经卦和六十四卦"两两反对"的排列原则中。至于三爻卦画和六爻卦画，因在史前文物符号中不见确凿证据，应是始自周文王或其后的易学家由商周的数字卦画演变而来的。三爻卦和六爻卦也都体现了阴阳相反相成的二分律。孔子将创制太阳历相反而对的二分法抽象为宇宙生成论模式的"是故《易》有太极，是生两仪，两仪生四象，四象生八卦"，表明他已将天道的运行普遍地应用于一般事物的认识和态度。

七、将人事归入圆道循环周期律的太极八卦系统

前文实证了古人对天地间极大至极小事物的圆道循环认识过程；依据对太阳圆道循环周期显现相反而对的二分律创制太阳历，以及将创制太阳历的方法抽象为宇宙生成论过程。然而，笔者认为"太极"作为哲学概念，不只是形成于这样的过程。"太极"哲学概念最终是形成于将人事也归入圆道循环周期律的太极八卦系统。因为一旦将人事变化也纳入太极八卦系统，这就由圆道之象自然科学认识的基础上升到更具普遍性的圆道哲学境界，圆道循环周期律的八卦蕴义也就成为关于自然运动和人事变化的总规律了。

将人事归入圆道循环周期律的太极八卦系统，反映在八卦的最大实用性是落实在"八卦定吉凶，吉凶生大业"上。也就是说八卦用于占卜也能判定以人为本的人事变化的是吉是凶，趋吉避凶可成就伟大的事业。依据商周甲文、金文、陶文中发现的重卦数字卦，可知上古人是用"圆而神"的太极筮法卜筮成卦以预测人事的吉凶的；也说明最晚是周代圣人周文王完成了将一套完整的人生密码对应代表六十四种自然现象如圆环运转的六十四卦；也用六爻寓意人事变易的圆周流转，并凭借对卦爻的解释对民众进行统治和教化。

　　将人事归入圆道循环周期律的太极八卦系统的思维方式不区别自然界和人类社会各自的特殊规律，是其时代起始的哲学思维同宗教思想相相联系的局限性使然。这种思维方式虽然是非科学的，但研究其肇始及发展过程，当是更深入研究"太极"理论形成过程的题中之义。原始时期有多种多样的占卜，但卜法与筮法各始于何时，经历了怎样的演变发展，何时将阴阳、四象、八卦等太极之象数引入卜法与筮法中，早期筮法又是如何过渡到晚期筮法（如《系辞传》的《大衍之数》章和朱熹《周易本义·筮仪》所说的筮法）等等？这些都是复杂且研究难度较大的问题，需要学者们的努力探索。

2014.11.22

（原载《地方文化研究》2015年第1期）

阴阳观念的萌生与"阴阳"一词
成为抽象哲学概念的过程

　　十九世纪末叶以来，随着现代考古学、人类学、神话学、民族学、民俗学等的传入和兴起，学界至今已积累了很多新的研究材料和高水平学术成果，已经有了实证探讨无文字史前社会阴阳观念的萌生，对阴阳的利用和阴阳思想发展、演变过程的条件。对这一问题的探讨，能使我们认知中国史前先民的原始科学与思维进步历程及特性。而将研究的视角延伸到春秋战国轴心时代思想家对阴阳一词的抽象哲学概念阐述，有助于认识理解先秦哲学与原始科学文化之关系。鉴于此，本文用多学科材料和多学科方法试探及梳理中国阴阳观念从萌生到"阴阳"一词成为抽象哲学概念的过程，以求得方家指正，引发对此课题的进一步研究。

一、新石器时代早期因崇拜太阳而萌生源于太阳有无的阴阳观念

　　据考古学家研究，更新世晚期的旧石器时代晚期中国先民的生计所用是"采食者策略"，过的是移动性的狩猎采集生活，以猎获中型高速奔跑动物为其主要食物来源，并以采集本地的植物类食物为补充[1]。在这种经常更换居住营地只为获取食物资源的生存方式下，自然界与人类关系最密切的是各种动物、野菜和野果，因为没有它们人类就不能生存。那时太阳虽然对人的影响非常显著，但因它对人的食物和生命安全不发生直接的影响，人们是以习以为常的心态对待而不可能产生对太阳的崇拜。考古学家研究至新石器时代早期，人们基本摆脱了无定居的游动性的狩猎采集生活，很多聚落已是长年居住村落，也有的是季节性营地。这时期的生业除了狩猎和采集，不同的地区已有了旱地农业、稻作农业或稻粟混作农业等的作物种植，也驯养家

---

[1] 详见刘莉、陈星灿：《中国考古学——旧石器时代晚期到早期青铜时代》，北京：生活•读书•新知 三联书店，2017年，第47-66页。

猪[1]。先民们在长时期定居一地的采集和动植物驯化中，逐步认知到太阳光热对自己采集食料的野菜野果以及猪食植物的长势、对驯化植物的生长和收成等都有很大的影响：如果光热适度就良好，如果过度就有严重危害。时人出于祈求太阳能如己愿地护佑植物生长的心理而产生了对太阳的崇拜。

　　史前考古材料可证公元前7000～前5000年的新石器时代早期崇拜太阳已经是盛行和浓重的。例如，约公元前7000～6500年的浙江义乌桥头遗址上山文化陶器表面装饰陶衣以红色为主，也有乳白衣，彩陶分乳白彩和红彩两

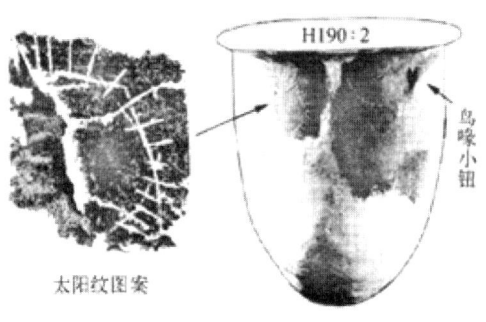

图1 贾湖遗址陶罐H190:2和太阳纹图案 (采自胡大军：《伏羲密码》——九千年中华文明源头新探》上海社会科学出版社2013年版，第13页)

图2 高庙文化早期陶器上的太阳图案 (采自贺刚：《湘西史前遗存与中国古史传说》，岳麓书社2013年版，第235页)

种，还有红烧土[2]。公元前6500～前5000年的河北磁山文化在一块彩陶片上绘红色彩纹[3]。公元前6000～前5000年的渭河北岸白家村遗址在圜底钵和三足钵的口沿外都有一圈宽带状红彩，连带器口内沿也有一圈窄条的红彩带。它的制法是在器表通体拍印绳纹后，然后把器口附近的绳纹刮去并抹光，再上红彩后焙烧而成。夹砂红陶三足钵的足部也饰满红彩[4]。公元

---

[1] 详见刘莉、陈星灿：《中国考古学——旧石器时代晚期到早期青铜时代》，第五章。

[2] 林森等：《浙江义乌桥头遗址发现距今9000年左右上山文化环壕—台地聚落》，《中国文物报》2019年8月13日，第1-2版。

[3] 吴山：《中国纹样全集》，济南市：山东美术出版社，2009年，第42页。

[4] 中国社会科学院考古研究所陕西六队：《陕西临潼白家村新石器时代遗址发掘简报》，《考古》1984年第11期。

前6500年前后的贾湖一期陶器表装饰以红衣磨光[1]。公元前6200～前5800年的澧县彭头山遗址陶胎呈黑色或深灰色，但内、外器表全部为红色，似涂陶衣层。支座的胎内外皆红色[2]。公元前5540～前5100年的澧县八十垱遗址，有的陶器表内外涂抹红、白陶衣[3]。陶衣可以有白、红和灰等颜色，很多文化遗址陶器表特意装饰红陶衣，也有在陶器上特意装饰白陶衣的，但却不见灰色陶衣。公元前5000年的大地湾仰韶文化早期I段聚落的F310中型房址的居住面上特意涂有红褐色颜料[4]。这众多考古材料反映新石器时代早期先人格外喜爱红、白二色的文化心理。笔者推断，这种文化心理应是出于对太阳红、白光色即太阳的崇拜。再如，约公元前7000～6500年的浙江义乌桥头遗址的上山文化陶器上出现太阳纹[5]。公元前6200年～前5800年的贾湖遗址晚期一个陶罐的口沿下方刻有光芒四射的太阳图案（图1）[6]。公元前5000年前的湘西高庙遗址早期有较多绘形多样的太阳纹图案（图2）。这些太阳图案是以太阳的形状光线为太阳神形象。还如，高庙遗址早期在夹砂红褐陶罐颈饰篦点组成的凤鸟载日图像，凤鸟长冠勾喙，两侧双翼各载一个光芒四射的太阳[7]。这是以日、鸟合一为太阳神形象，表意鸟载着太阳神在天空飞行。新石器时代早期的许多文化现象，都是导源于对功能强大的太阳的崇拜。这些新石器中期承袭早期的太阳神形象并发展演变，如日、鸟合一的太阳神形象在中原地区仰韶文化遗址出土的器物上多见，有的鸟身日首，有的鸟首日身，还有鸟与日互相衬托的图像[8]。公元前5000年的湖北秭归县东门头遗址出土一件在一个人的头顶刻有太阳的石画。该石刻长1.05米、宽0.2米、厚0.12米。

---

[1] 河南省文物研究所：《河南舞阳贾湖新石器时代遗址第二至六次发掘简报》《文物》1989年1期。

[2] 湖南省文物考古研究所、澧县文物管理所：《湖南澧县彭头山新石器时代早期遗址发掘报告》，《文物》1990年第8期。

[3] 湖南省文物考古研究所：《湖南澧县梦溪八十垱新石器时代早期遗址发掘简报》，《文物》1996年第12 期。

[4] 甘肃省文物考古研究所：《甘肃秦安县大地湾遗址仰韶文化早期聚落发掘简报》，《考古》2003年第6期。

[5] 林森等：《浙江义乌桥头遗址发现距今9000年左右上山文化环壕-台地聚落》《中国物报》2019年8月13日，第1-2版。

[6] 胡大军：《伏羲密码—九秆年中华文明源头新探》，上海：上海社会科学出版社，2013年，第13页。

[7] 湖南省文物考古研究所：《湖南黔阳高庙遗址发掘简报》，《文物》2000年第4期。

[8] 王守功：《考古所见中国古代的太阳崇拜》，《中原文物》2001年第6期。

它的表面上端琢刻一光芒四射的太阳，中部阴刻一细长简练的男性，其脸面清晰，表情凝重凝神崇敬，似乎充满对太阳的祈祷。报告者称该石刻为"太阳人"[1]，更准确说是"太阳神人"。文献载商民族已将对太阳的自然神崇拜发展为与宗祖神的合并崇拜。如《诗经·商颂》："天命玄鸟，降而生商。""玄鸟"被殷人视为太阳神，神话说商王是太阳神之子。商的第一任君主汤，与日出旸谷的旸字通用（古籍中多称日出汤谷）；汤以后的国君皆以日干为名，并且惯于在太阳照耀最强烈的日中之时决断大事；陈梦家先生

图3-1   图3-2

图3 彩陶的黑红两色对比
图3-1 大地湾仰韶文化早期陶钵(采自张朋川：《中国彩陶画谱》，文物出版社1990年版，图谱篇图14)
图3-2 半坡文化类型钵（采自蒋书庆编著：《彩陶艺术简史》，上海人民美术出版社2007年版，第17页）

推测，殷人祭日的仪式有宾、御、又、岁等类别，而这些也都是属于祭祀先祖的祭法[2]。从新石器时代中期太阳神形象的承袭、发展演变，再到殷商将太阳神与太阳的自然神崇拜演化为宗祖神崇拜等，也可反推新石器时代早期人们对太阳与太阳神崇拜的盛行和浓重。

在盛行太阳崇拜的新石器时代早期，时人出于对太阳的关注，因傍晚太阳落下后为昏黑夜，早晨火红的太阳出来为白天；无阳光的山洞黑暗，有阳光的外界明亮等而萌生阳光无有之象的黑与红、白相反而对的阴阳观念。其后（可能至新石器时代中期）又产生白天因太阳被云层遮挡光色暗弱，而云开见日则光照强烈的光色明暗比对阴阳观念。证据有二：

---

[1] 孟华平：《三峡库区东头门遗址考古获丰硕成果》，《中国文物报》1999年4月7日，第1版。

[2] 陈梦家：《殷墟卜辞综述》，北京：科学出版社，1956年，第573-574页。

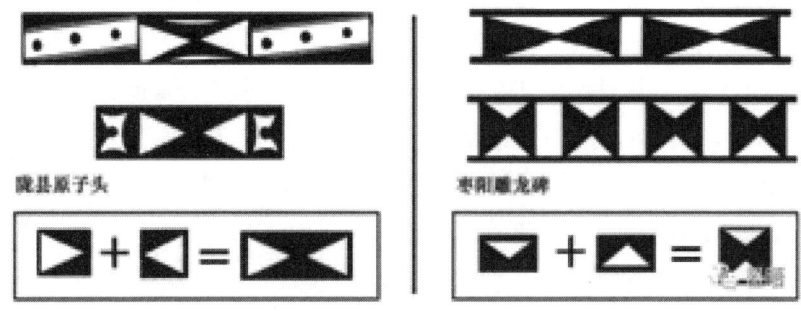

图4 陇县原子头、枣阳雕龙碑遗址的地纹三角纹（采自王仁湘：《正反相生·史前阴阳互生图像例说》，微信公众号《器晤》2018年4月10日推送）

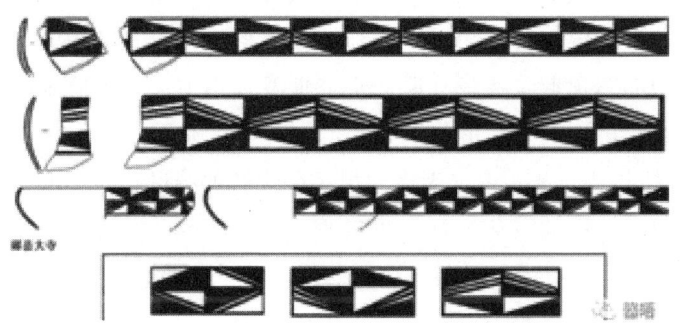

图5 郧县大寺遗址的菱形纹彩陶（采自王仁湘：《正反相生·史前阴阳互生图像例说》，微信公众号《器晤》2018年4月10日推送）

其一，学者说史前彩陶："以红彩为白天，为太阳光彩的寓意象征，以黑彩再现昏黑夜晚的意象；以红、黑彩对比形式，再现昼夜相对、寒热相分的意象"[1]。此说甚是。白色与黑色的对比也是缘出太阳有无的阴阳观念表达。公元前6200～前5800年的湖南澧县大坪乡孟坪村彭头山遗址一些陶器有内黑外红、内灰外红的区别[2]。不晚于公元前5000年的临潼白家村遗址有些陶器外表为红褐色，内壁则呈黑色[3]。二遗址陶器内外壁的黑、红二色对比鲜明。公元前5000年的大地湾仰韶文化早期I段彩陶风格在色彩上显示红、黑双色，最典型

[1] 蒋书庆：《彩陶艺术简史》，上海：上海人民美术出版社，2007年，第95页。

[2] 湖南省文物考古研究所、湖南省澧县博物馆：《湖南省澧县新石器时代早期遗址调查报告》，《考古》1989年第10期。

[3] 中国社会科学院考古研究所陕西六队：《陕西临潼白家村新石器时代遗址发掘简报》，《考古》1984年第11期。

的是泥质红陶钵、陶盆口沿有一圈黑色宽带纹[1]，黑、红两色对比强烈（图3-1）。这意味新石器时代早期先民已在彩陶用色上表现阳光有无的阴阳观念。此阴阳被新石器时代中期在彩陶着色和构图上承袭且普遍地运用。如约公元前4700年的西安半坡下层遗址的彩陶风格在色彩上也是显示红黑双色，泥质红陶口沿也绘一圈黑色宽带纹，黑红两色对比强烈。（图3-2）公元前4000～前3500年的庙底沟文化彩陶是黑与红、白三色的配合，红与白大多数的时候都是作为黑色的地色。主色调的红与黑、白与黑的组合，将双色对比效果提升到极致[2]。王仁湘先生考察新石器时代中期阴阳观念已成为支配影响艺术图案创作的程式化和概念化的形式，他举例说：地纹三角纹在半坡遗址、龙岗寺遗址、何家湾遗址都发现，这些三角纹都不大，完全包容在黑彩之内，而且黑彩的外形一般也是三角形，与地纹常常形成一正一倒的黑红对比，非常鲜明。典型的三角形纹在陇县原子头遗址发现不少，三角形纹都是等边形，也都是地纹，出现在较大的彩陶盆上，衬托它的是两个方向相反的黑三角，对比十分鲜明（图4）。王先生也列举一种规整的菱形几何图形，是用三角形纹组合而成，这样的三角都是直角三角，黑白颠倒。拼合出来的菱形，在外围还要用另外的黑白三角衬托，构图非常严密。如郧县大寺的3件菱形纹彩陶，都是紧密联结的菱形纹 (图5)。王先生认为，不论是三角纹还是菱形纹，其构图形式的对比鲜明和黑彩与红彩或黑彩与白彩的规整鲜明的对比，都蕴含了"阴阳共生"的"阴中阳与阳中阴"观念。此外，王先生还列举了新石器时代中期的大地湾四期文化、庙底沟文化、大汶口文化、汝州洪山庙遗址等有含 "阴阳互生"关系的"阳变阴与阴变阳"图案。红山文化、甘肃秦安大地湾四期文化、大汶口文化、庙底沟文化、大溪文化等有含 "正反相生"关系的"正对反与反依正"图案，等等[3]。

其二，甲骨文《屯南》4529："于南阳西（兕）。"《诗经·小雅·湛露》："湛湛露斯，匪阳不晞。" 《诗经·大雅·卷阿》："梧桐生矣，于

---

[1] 甘肃省文物考古研究所：《甘肃秦安县大地湾遗址仰韶文化早期聚落发掘简报》，《考古》2003年第6期，图版壹。

[2] 王仁湘：《中国史前的艺术浪潮——庙底沟文化彩陶艺术的解读》《文物》2010年第3期。

[3] 详见王仁湘：《正反相生·史前阴阳互生图像例说》，微信公众号《器晤》2018年4月10日推送。

彼朝阳。"《诗经·大雅·公刘》:"度其夕阳,幽居允荒。"4个阳字都直指太阳。《诗经·大雅·公刘》:"既景乃冈,相其阴阳。""相其阴阳"义为看哪儿没有阳光哪儿有阳光。《诗经·豳风·七月》:"三之日纳于凌阴。""凌阴"指无阳光的黑暗地方。《合集》20988:"戊戌卜,其阴乎?(翌)已启,不见云。"《诗经·邶风·终风》:"曀曀其阴,虺虺其雷。"《诗经·邶风·谷风》:"习习谷风,以阴以雨。"3个"阴"字指云遮太阳的阴暗天气。以上早期典籍的"阴""阳"字义当是承自新石器时代早期因太阳崇拜而萌生的源于阳光有无之象和光线被遮蔽的原生阴阳。

前人学者持阴阳观念源于男女性器崇拜说。范文澜先生说:"阴阳与五行不是一件事,阴阳发生在前。最野蛮社会里,人除了找些果实和野兽充腹,相等重要的就是男女之间那个事,他们看人有男女,类而推之,有天地、日月、昼夜、人鬼,等等,于是'阴阳'成为解释一切事物的原则[1]。"郭沫若先生说:"八卦的根柢我们很鲜明地可以看出是古代生殖器崇拜的孑遗,画一以象男根,分而为二以象女阴,所以由此而演出男女、父母、阴阳、刚柔、天地的观念。"[2]前辈学者钱玄同、周予同、稽文浦、吕思勉等也说过阴阳观念起源于性崇拜的话。此说虽都是只述未论,但其影响至今仍存,在此有必要费点笔墨略陈三点以辨其非:

第一,从因果逻辑关系可作出新石器时代早期阴阳观念萌生是源于太阳崇拜而非性器崇拜的判断:前证新石器早期萌生围绕太阳的阴阳观念是出于时人对太阳需要的认知和崇拜。而新石器时代早期群婚因男女性需要的习以为常是不会产生崇拜男女性器阴阳观念的。

第二,人类很长时期的男女交媾是如动物般的纯自然行为,并不认知这种行为于人类自身生产的意义,人类只有认知到女性怀孕生子是与男性性交所致,才会以之为重要条件之一,从群婚转变为对偶婚姻家庭并产生男女生殖器崇拜。20世纪80年代我国历史学教授利用国外对上古民族所作考古发掘而形成的阶段划分,借以对照其研究的对偶婚从夫居所经历的社会发展阶段,认为:"对偶婚从夫居在社会上居于主导地位的时间,相当于母系氏族

---

[1] 范文澜:《与颉刚论五行说的起源》,顾颉刚编著:《古史辨》第5册,上海:上海古籍出版社,1982年,第641-642页。

[2] 《郭沫若全集·历史编》第1卷,北京:人民出版社,1982年,第33页。

为父系氏族代替到国家出现的全部时间。以此对照古代埃及历史发展的进程，大体相当于考古发现的、父系的涅加达文化Ⅰ代替母系的巴大里文化到国家正式出现，亦即从公元前4500年到公元前3100年左右，当中经历了约1400年。以此对照古代两河流域的历史，上起刚进入父系制的埃利都·欧贝德文化，下迄城市国家产生，即从公元前4300年到公元前3100年，当中经历了约1200年。"[1]　我国绝对年代距今6100～5700年的王因遗址大汶口文化有"明确成年男女两人合葬"墓，发掘报告说该文化遗址发现早期墓葬899座，有单人葬789座，同性及性别不明合葬共96座，明确成年男女两人合葬3座，异性成年多人合葬5座，成年男女与儿童合葬5座，成年男性与儿童合葬1座[2]。大汶口文化早期年代约距今6100～5500年，这时期的刘林遗址早期发掘墓葬197座，其中单人葬189座，合葬墓8座，其中明确成年男女合葬3座[3]。湖南高庙上层遗址发现的两座并穴成年男女合葬墓M26.M27，墓地出土玉璜2件，玉玦1件，象（长）牙1件，玉钺和石刨形斧各1件。从其随葬品的质地和品位知其在该墓地处于显赫地位，"我们推测这两座可能属夫妻合葬，墓主应是当时的部落首领……这组墓葬的年代大致为距今5800年左右"[4]。从这数例可知我国在距今6000左右出现的男女双人合葬墓所占比例还很少，此现象反映的可能是对偶婚从夫居的开始。距今6000年往后出现较为固定的配偶关系，并制作男性性器模型或绘画男性器：如辽宁省凌源市三家子乡田家沟三个地点挖掘出红山文化遗址的男女双人并穴合葬墓，有的地点墓葬中的男性和女性都属于正常死亡的成年人，男性的死亡时间要早于女性，而入葬过程中有先后顺序。有的男女双人并穴合葬墓的北侧有一个合葬的祭祀台。有的地点的男女双人合葬墓中，取消了男女之间的隔离物，表明

[1]　李永列：《论对偶婚从夫居形态及在家庭史上的地位》，《历史研究》1989年第6期。

[2]　中国社会科学院考古研究所：《山东王因——新石器时代遗址发掘报告》，北京：科学出版社，2000年，第146-211页。本文统计的单人葬包含报告中的单人葬、单人二次葬和单人迁出葬，合葬墓包括报告中的合葬、二次葬和迁出葬。

[3]　江办省文物工作队：《江苏邳县刘林新石器时代遗址第一次发掘》，《考古学报》1962年第1期；南京博物院：《江苏邳县刘林新石器时代遗址第二次发掘》，《考古学报》1965年第2期。

[4]　湖南省文物考古研究所：《湖南洪江市高庙新石器时代遗址》，《考古》2006年第7期。

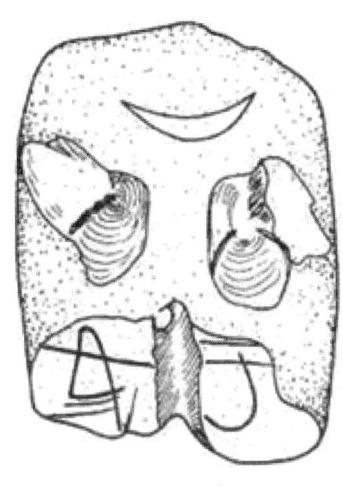

图6-1

图6-2

图6-3

图6 新石器时代中期早段新月图像
图6-1 高庙遗址下部地层出土（采自《文物》2000年第4期）
图6-2 甘肃省秦安县王家阴洼出土、图6-3 甘肃省秦安县邵县大地湾出土（均采自张朋川：《中国彩陶图谱》，文物出版社1990年版，图谱篇图31、图67）

墓葬中男女关系更为密切。报道说男女合葬墓的发现，"说明在红山文化晚期的家庭形态上存在着较为固定的配偶关系"[1]。大溪文化距今6400～5300年，长阳桅杆坪遗址大溪文化中晚期出土编号为T3③:5的石制男性器[2]。距今5900年的汝州洪山庙仰韶文化庙底沟一期的陶器葬具上绘男性器[3]。在距今约5500～4900年的大地湾四期晚段H819中发现陶制男性器。多学者对四期晚段房址F411的地画做了多方面的研究，认为该地画似一男子握有阴部的棒状物是夸大的男性生殖器[4]。京山屈家岭遗址屈家岭文化早期出土编号

[1] 刘勇：《6000年前或已有较为固定的配偶关系》《光明日报》2012年12月31,日第7版。

[2] 湖北省清江隔河岩考古队等：《清江考古》，北京：科学出版社，2004年，第63页。

[3] 袁广阔：《洪山庙一号墓男性生殖器图像试析》，《文物》1995年第4期。

[4] 刘俊男、王华东：《从地下遗存看秦安大地湾遗址男权社会的演进——恩格斯母系社会向父系社会转变理论实证研究之一》，《湖南社会科学》2017年第3期。

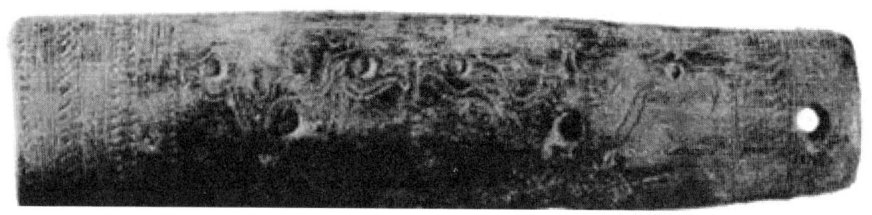

图7 连体双鸟载日、载月飞行的出土原件与线绘图(采自孙国平：《远古江南—河姆渡遗址》天津古籍出版社2008年版，第160页)

T117:5A(1)陶制男性器 [1]。石制、陶制和绘画的男性器都是对偶婚从夫居出现的对男性的祖先崇拜形式。我国既然是距今6000年左右出现男女配偶家庭，距今6900年偏后出现制作和绘画男性生殖神祖像，这意味源于双性生殖器崇拜的阴阳观念产生于这时期。而前文已实证我国在新石器时代早期就萌生了源于太阳的阴阳观念，那么无疑男女生殖崇拜之阴阳观只能是受太阳阴阳观念影响的后生义。

　　第三，持阴阳观念源于两性性器崇拜的学者,曾以《易经》的"－－""—"这阴、阳爻符号象征男根女阴为证据。然而，就"－－""—"而言，已是很抽象化的符号，除可解读为男根女阴的象征，也不能排除"—"为"乾"代表阳气，"－－"为"坤"代表阴气的解释；也不能排除"—"代表奇数阳数，"－－"代表偶数阴数的释义。再者，在"－－""—"符号之前，表达阴阳的符号是黑色与红色，黑色与白色；是太极图的黑、白阴阳鱼；是偶数黑圆点与奇数白圆圈等太阳运动导致的天象色。"－－""—"符号之前的符号阴阳证明阴阳观念的萌生是源于太阳现象而非生殖器崇拜。

---

[1] 中国社会科学院考古研究所：《京山屈家岭》，北京：科学出版社，图版13。

图8 河姆渡遗址陶钵日月眼神面图像（采自孙国平：《远古江南—河姆渡遗址》，天津古籍出版社2008年版，第128页）

二、"阴阳之义配日月"的发生与发展过程

《系辞上传》："广大配天地，变通配四时，阴阳之义配日月，易简之善配至德。"这里用"配"字，意味日、月阴阳不是阴阳本义，阴阳本义是太阳的有无。日月阴阳是光明程度有别的比对阴阳关系。"阴阳之义配日月"是新石器时代一个较普遍的具象阴阳事象，

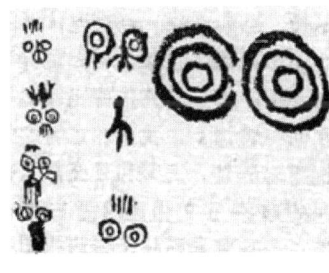

图9-1

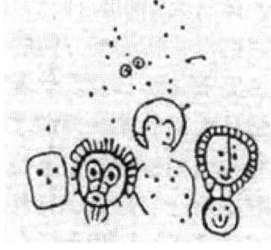

图9-2

图9-3

图9 表现创世神人两眼化为日月神话的岩画

图9-1 内蒙古阴山岩画、图9-2和图9-3 连云港将军崖岩画（均采自张劲松：《中国史前符号与原始文化》，北京燕山出版社2001年版，第27、66页）

据考古材料，其始自新石器时代中期早段，继后经由长期的发展变化。

1. 黔阳高庙遗址公元前5400年至前4800年的下部地层遗存发现新月图形，发掘报告说："人头像。1件。浅黄色砂岩，截面呈椭圆形。头像眼部深凿，两眼之间的隆起部分为鼻梁，额头刻有新月形符号。未雕刻人嘴，但在人面下部的斜坡上竖刻一道凹槽，凹槽两侧均有刻画符号。"[1]约公元前

---

[1] 湖南省文物考古研究所：《湖南黔阳高庙遗址发掘简报》，《文物》2000年第4期。

图10-1

图10-3

图10 红山文化旋目神面图像
图10-1 台北故宫博物院藏勾
云形玉佩、图10-2 蓝田山房藏勾
云形玉佩、图10-3 天津市艺术博
物馆藏勾云形玉佩（均采自王仁
湘：《凡世与神界》，上海古籍
出版社2018年版，第71页）

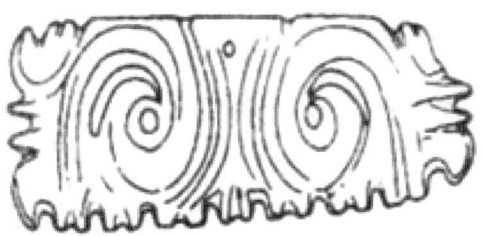

图10-2

5000年的甘肃秦安县大地湾仰韶早期彩陶有在两组新月图像之间绘圆圈内有一黑点的太阳图案（史前岩画也可见圆圈内有一黑点的太阳图案）。新月图案于大地湾仰韶中期彩陶更多见（图6）。上古人最初刻画月亮形状是因崇拜而生的月神形象。在石质人头像额头和彩陶上刻画月神像，说明至迟在新石器时代中期早段的人们已认知月亮与人的生活也有很密切的关系而产生了对月的崇拜。在一件彩陶上同绘日、月神像，也意味因日月的相互关系出现了"阴阳之义配日月"观念。

　　2. 浙江河姆渡约公元前5000年的遗址出土 "有柄骨匕"，骨饰上平雕两组背向连体双鸟及双鸟间雕日、月的图案（图7），右边的太阳刻烈焰纹象征太阳的火热，左边的月亮无火焰纹象征月的清冷，此图案既表现河姆渡先民神鸟载日、月在天空飞行东升西落的神话想象，也传达日、月寒热的对比阴阳观念。河南汝州洪山庙仰韶文化遗址瓮棺上的彩绘纹饰有红日和白月[1]，红日白月彩绘则蕴含时人对日月光色的对比阴阳观念。

　　3. 三国时徐整的《五运历年记》载："首生盘古，垂死化身。气成风云，声为雷霆，左眼为日，右眼为月……"文后又附录梁任昉《述异记》

---

[1] 王仁湘：《凡世与神界》，上海：上海古籍出版社，2018年，第472页。

"昔盘古氏之死也，头为四岳，目为日月，……"的神话[1]。白族至今仍口传盘古死后左眼变成太阳，右眼变成月亮的原始神话[2]。更古老的神话还有哈尼族说太阳、月亮是巨兽牛的左眼、右眼变的[3]。笔者田野调查湖南新宁县瑶族傩仪"跳古堂"的《座都头歌》唱盘古化身，其中有"两眼将来做日月"的句子。以考古图像求证两眼变日月神话的本源，约公元前5000年的河姆渡遗址出土一个陶盆，陶盆A面的人面图像省略口、鼻、眉，只突出地画出两个形如眼睛的同心双圆圈(图8)。笔者研究这是以两个同心双圆圈为日和满月符号表现创世巨人两眼化为日月的神话想象。在陶盆上绘此图案，是用在傩仪时祭祀日、月神，以祈求禾苗生长所需要的日光和月露[4]。李福顺先生注意到，属史前部落艺术的组成部分，更可能是某些民族的古代神话记忆在中国岩画中的表现，如内蒙古阴山岩画、连云港将军崖岩画等等"有一种类似人面的形象，长有一双大大的眼睛，头形外有芒状纹，个别形象眼睛上还放射出光芒"[5]（图9）。人面突出一双大眼睛，头形外有芒状纹，且"眼睛上还放射出光芒"的图像，是源自巨人"目为日月"神话。河姆渡遗址和史前多地区巨人"左眼为日、右眼为月"的神话意象图像无疑蕴含"阴阳之义配日月"观念。

4. 公元前4000年左右在陶器玉器上出现双旋目神面图案，被认为这是河姆渡"左眼为日、右眼为月"图案的演变。为何作出这样推断？笔者在本书《"太极"破解与其哲学概念的形成过程》一文中，论述了公元前4000年左右在彩陶上出现描绘意含太阳、月亮在圆天中圆周运行的图像，据之推测时人出于以自然物的圆转运动为根据，已想象太阳是早上从东方升起，中午经由头顶偏南，黄昏从对面的西方落下，夜晚潜行地底（即水中），第二天又返回先天升起的地方，在圆天中作新一天的圆周行。既然已认为日、月是圆

---

[1] 马骕：《绎史》卷一引《五运历年纪》，北京：中华书局，2002年，第2页。

[2] 杨国政讲述，李星华、杨亮才记录整理：《开天辟地》，中国民间文艺家协会编：《中国传统故事百篇》，北京：人民出版社，2015年，第7-11页。

[3] 后晓团、丁旭东：《哈尼族神话故事的文化意识综论》，《文学教育》2015年第6期。

[4] 张劲松：《七千年前的"禾魂祭"及其与傩源之关系》，《民间文学论坛》1994年第4期。

[5] 李福顺：《试谈中国岩画中的太阳神崇拜》，《民间文学论坛》1994年第1期。

图11 庙底沟文化旋目神面图像河南陕县庙底沟遗址出土（采自王仁湘：《凡世与神界》，上海古籍出版社2018年版，第70页）

旋转的，那么陶工将创世神两眼化生日月的之前的不旋转的双眼图像改成旋转的双眼就是很自然的了。考古学家王仁湘著籍中收集了新石器时代中期及其后多遗址器物上描绘的双旋目神面图像[1]：如红山文化玉器上众说纷纭的"勾云形玉佩"实为旋目神面繁简不一的造型，有的双目外以一单旋线构成；有的双目外既有下旋线，又有上旋线（图10）。河南陕县庙底沟遗址出土一件彩陶罐，上腹绘一周由四个双旋纹组成的图案，如果只观察其中的一个图形单元，那就是一个双旋纹旋目，两个对称的背向旋纹就

图12-1

图12-2

图12 大汶口文化旋目神面图像
图12-1 山东兖州王因墓地出土、图12-2 江苏邳县大墩子墓地出土（均采自王仁湘：《凡世与神界》，上海古籍出版社2018年版，第69页）

组成了一个典型的两旋目神面图形，四个旋纹正好构成两个双旋目神面（图11）。山东兖州王因大汶口文化墓地有一件彩陶，图案是向相反方向旋转的

---

[1] 王仁湘：《凡世与神界》，上海：上海古籍出版社，2018年，第63-72页。

图13 良渚文化玉饰的旋目神面刻像
（采自王仁湘：《凡世与神界》，上海古籍
出版社2018年版，第67页）

图14 山东龙山文化玉圭的两面神刻像
（采自王仁湘：《凡世与神界》，上海古
籍出版社2018年版，第65页）

两两相对的双旋纹，构成双旋目兽面模样（图12-1）。江苏邳县大墩子大汶口文化墓地有一件与王因墓地相类似的彩陶图案，上有由八对正背相向错落有致排列的人面或兽面双旋目神面（图12-2）。良渚文化以浙江余杭县瑶山墓地出土玉牌饰的人兽复合图像的两旋目最为显眼，为重圆圈形，外面环以椭圆形眼眶，眼眶并未封闭，为一条完整的旋线构成，始自两目下面靠鼻梁的部位，绕眼约一周，在鼻梁处连接在一起（图13）。王先生认为双旋目神面神最有可能是太阳神。笔者认为说它是天眼日月神才有"目为日月"的原始神话意象。细审红山文化、庙底沟文化、大汶口文化、良渚文化等绘天眼日月的神面旋目图像，其旋目、旋纹和旋向等都表达出两两相对的阴阳观念。

5.龙山文化时期的玉器上出现两面神图像，如山东日照县两城镇遗址出土的玉圭，正、背两面都雕刻神面，两面神像的旋目不同，表现为旋形眼线一为双线，一为单线；双线者的上旋向下收缩，单线者的上旋向上翘起；前者眼瞳较大，后者眼瞳较小[1]（图14）。湖北天门石家河文化出土多种雕刻玉石双面的两面神图像，有一种两面神像的主要区别是分长眼、圆眼，不同的眼神，不同的表情。雕

[1] 王仁湘：《凡世与神界》，第65页。

刻手法是神像的正面采用阳刻，而背面神像却是阴刻。王仁湘先生视两面神图像传达的是"阴背阳和阳对阴"的"阴阳一体"思想[1]（图15）。其是。殷商有称"东母""西母"的卜辞，陈梦家先生认为它们"大约指日月之神"[2]。

图15 石家河文化的玉雕两面神刻像（采自王仁湘《正反相生·史前阴阳互生图像例说》，微信公众号《器晤》2018年4月10日推送）

笔者据之认为也是殷商文化来源的龙山文化和石家河文化的两面神，其可能一面是太阳神一面是月亮神，两神被视为阴阳共处一体、相对而存的天眼。

阴阳之义配日月，也反映在大量的日月神话传说中。先看下列9类日月起源和关系原始神话。

(1)日姐月妹，日妹月姐的神话。这类神话在汉族、蒙古族、柯尔克孜族、黎族、壮族、哈尼族等传承[3]。蒙古神话说太阳和月亮是漂亮的姐妹，每天从东到西巡视羊群。哈尼族神话说太阳是妹妹，月亮是姐姐，日月是姐妹俩变的。妹妹害怕黑夜，害怕晚上走路，于是变作太阳。姐姐胆子较大，

---

[1] 王仁湘：《正反相生·史前阴阳互生图像例说》，微信公众号《器晤》2018年4月10日推送。

[2] 陈梦家：《殷墟卜辞综述》，北京：科学出版社，1956年，第574页。

[3] 本章节神话文本的"民族归属"采用或参考王宪昭先生的《中国神话母题W编目》一书，北京：中国社会科学出版社，2013年，第339-340页。

变作月亮，晚上出来[1]。

(2)日女性月男性的神话。这类神话在古蒙古人、古突厥人、鄂温克人、彝族、柯尔克孜族、独龙族、珞巴族、布郎族、纳西族、仡佬族、鄂伦春族等传承。如鄂伦春族称太阳为"鄂西"，认为它是女性，胆子很小，非常害羞，所以只敢白天出来，不敢晚上出来，由于怕人看它，因此放出强烈的光芒刺人的眼睛。他们称月亮为"别亚"，说它是男性，胆子很大，所以晚上敢出来[2]。

(3)日姐月弟、日妹月兄的神话。朝鲜族说太阳是姐姐，月亮是弟弟。布依族、汉族、苗族、羌族、土家族、彝族等说太阳是妹妹，月亮是哥哥。汉族说：有对兄妹相约，两人同时洗澡，先洗完的做太阳，后洗完的做月亮，妹妹想争先，随便洗了一下，还没穿衣服，就拿起绣花针和七色线上了天。但怕人看见，她就用针刺人的眼睛。她以为早晨人还没有起床，傍晚人已睡觉，就不用针刺，所以这个时候人能看她。哥哥洗完澡，穿好衣服出来，已经晚了，只好做了月亮，他不怕人看，光线就不晃人眼睛[3]。

(4)日妻月夫的神话。这类神话在布朗族、傣族、鄂温克族、珞巴族、怒族、赫哲族、瑶族等传承。如云南永宁纳西族说太阳是一位女人，月亮是男人。白天女子出来干活，晚上男子去拜访女子过阿注婚姻生活，天明后两人分开[4]。

(5)日月是同父异母关系的神话。《山海经·大荒东经》载："东海之外，甘水之间，有羲和之国，有女子名曰羲和，方浴日于甘渊。羲和者，帝俊之妻，是生十日。"[5]又《大荒西经》载："有女子方浴月。帝俊妻常羲，生月十有二，此始浴之。"[6]谓日、月分别是帝俊的妻子羲和与常羲所生。

(6)日夫月妻的神话。这类神话传承于汉族、高山族、壮族、布依族等。

(7)日男性月女性的神话。这类神话在汉族、壮族、高山族、布依族、瑶族、达斡尔族、哈萨克族、僜人等传承。达斡尔族说太阳是男性，所以光焰

---

[1] 何星亮：《中国自然神与自然崇拜》，上海：生活·读书·新知 三联书店上海分店，1992年，第201页。

[2] 何星亮：《中国自然神与自然崇拜》，第202页。

[3] 刘城淮：《中国上古神话通论》，昆明市：云南人民出版社，1992年，第302页。

[4] 宋兆麟：《中国原始社会史》，北京：文物出版社，1981年，第462页。

[5] 袁珂：《山海经校译》，上海：上海古籍出版社，1985年，第245页。

[6] 袁珂：《山海经校译》，第272页。

强烈，威力无比，它每天从东边升起，一天就能走到大地的尽头；而月亮是女性，所以文弱淡雅，走得也慢，一个月才走完太阳一天的路程[1]。

(8)日兄月妹的神话。这类神话在傣族、鄂伦春族、汉族、京族、苗族、壮族等传承。

(9)日兄月弟的神话。这类神话在布朗族、汉族传承。

前章已究阴阳观念是因日崇拜而萌生，反映在日月崇拜中是以日崇拜为主，以月崇拜为次。而原始家庭中的姊妹兄弟自始当有大小之分，男女关系在母系制时是以女性为主男性为次，在父系制时是以男性为主女性为次，进入阶级社会的一夫一妻制是男权社会。在神话创作中日月关系的主次与不同时期的男女主次关系及家庭姊妹兄弟的大小关系是相对应的（其对应合乎思维科学的逻辑），由上述9类日月起源与关系原始神话可推断其各自产生的大致时间:日男性月女性、日夫月妻、日哥月妹、日哥月弟等神话应出自较晚的以男性为主为尊的一夫一妻制社会。日月同父异母中"羲和之国"以"羲和"女性的名字命名，意味"羲和"原是女性太阳神而显示了母系制的痕迹，说明羲和所生十日很可能是后来才认上父亲的，又说帝俊的两个妻子分别生日、月，这类神话当是始出早于一夫一妻制的对偶婚从夫居确立了以男性为主为尊的时代。日妻月夫的神话当源出更前的母系制向父系制转型的对偶婚从妻居仍以母系为主时期。而日姐月妹、日妹月姐、日女性月男性、日姐月弟、日妹月兄等神话当源出女性地位高于男性的母系制时代。学界多认为母系制的繁荣时期是距今大约六七千年，前文已论阴阳之义配日月产生于这时期，这意味阴阳之义配日月产生新石器时代中期早段，这是其一。其二，前述日月起源或关系原始神话联想日月为女男、妻夫、夫妻、男女等关系是以前者为日后者为月，狭义家庭两性生活者地位的变换引起日月从妻夫到夫妻的变换，男女社会地位的变换引起日月从女男到男女的变换，这种日月主次与人物关系主次的因时而异的对应变换贯穿于母系社会到父系社会再到一夫一妻制社会的数千年中，由此可推断阴阳之义配日月传承数千年。

三、利用相反而对的阴阳关系建立平面空间方位

前文已引据考古学家的研究，认为新石器时代早期多地遗址的先民进入

---

[1] 何星亮：《中国自然神与自然崇拜》，第203-204页。

到长年固定居住在一个地点，人们除了狩猎，也开始驯化植物和动物[1]。人们定居下的农耕生产需要交流耕作经验和知识，开始在小范围内，可能是利用地形地貌或别的标志物指定做事地点。后来到范围逐渐变大变远的交往中，交往者为了在混沌的空间圆中识得空间方位，就在定居生活而习得的以村寨和个体位置为中心的基础上，以地方为模型，利用相反而对之阴阳关系建立平面空间方位。以这种定位法为基础上再辅以别的标志物，使彼此的相约相会变得并不困难。

日出日落现象是相反而对的阴阳关系中最典型的一对。先民最始是以日出日落现象建立东、西二方位。甲骨文之"东""西"二字[2]，东字与《说文》"東"字形同，《说文》："东，动也，从木，官溥说'从日在木中'"，此释义相合原始神话的太阳从扶桑树升起[3]，可从，这是以日出处为东方。甲骨文 "西"字像鸟巢形，古今一般释其为鸟栖巢时日落，借表日落处为西方。据之可认定殷商甲骨文时代坐标东、西方位是以日出和日落为标志的[4]。学者以民族学的资料为证据，认为先民以日出日落为标志确立东、西二方是最先确立的空间方位。如彝族经典《库西特衣》有"以日出方为东，日落方为西" [5]的唱词。对于东方，昆明近郊的傈僳叫 "日出地"，福贡的栗粟叫作"日出洞"。对于西方，昆明近郊的傈僳叫作"日落地"，福贡的栗粟叫作"日落洞"。生活在川滇之间泸沽湖地区的纳西族称东方为"尼迷突泽给"，意为太阳升起的地方，一般用日形符号表示东方；称西方为"尼迷经给"，意为太阳落下的地方[6]。郑文光先生说："人类社会的早期，是只粗浅的认识东、西两个方向，那就是日出和日落的方向。云南的佤族，也只认识东、西两个方向，东称为'里斯埃'，西称为'吉

[1] 详见刘莉、陈星灿：《中国考古学——旧石器时代晚期到早期青铜时代》，第五章。赵志军：《中国农业起源概述》，《遗产与保护研究》2019年第1期。

[2] 中国社会科学院考古研究所编辑：《甲骨文编》，北京：中化书局，1969年，第265——266页、第463——464页。

[3] 《山海经·海外东经》："汤谷上有扶桑，十日所浴，在黑齿北。"《山海经·大荒东经》："汤谷上有扶木，一日方至，一日方出，皆载于鸟。"

[4] 参见张劲松：《中国史前符号与原始文化》，北京：燕山出版社，2001年，第70页。

[5] 马学良：《彝族文化史》，上海：上海人民出版社，1989年，第656页。

[6] 陈凌：《由东尊西卑看尚右思想实质》，《襄樊学院学报》2009年第1 期。

里斯埃'——即'里斯埃'的反方向。"[1]笔者以考古的远古墓向、头向推测，则可证以日出日落为依据确定二方位始于新石器时代早期。我们检阅考古报告中国境内新石器时代早期的墓向和头向，向南和向北的不多。较普遍的是东、东南、东北、西、西南、西北等方向，例如：多次发掘公元前7000年～5000年的舞阳贾湖遗址，发现墓葬的头多西向或西南向，少数偏西北[2]。浙江义乌桥头遗址发现公元前7000～6500年上山文化两座墓葬，编号M44、M45，为竖穴土坑墓，侧身屈肢葬，头向东，面朝南或北[3]。公元前6000年～前5000年的临潼白家村遗址Ⅲ区两座侧身屈肢葬的头向东或东南。仰身直肢葬的头向基本朝西，西偏北或偏南的较多，一般在220°—330°之间，正西向的有三座，还有东向和偏东的二座[4]。公元前5800～前5300年的甘肃秦安大地湾遗址第一期文化11座墓葬头向东北，4座头向西北或北[5]。澧县彭头山遗址编号M37墓，一次葬，墓向285°（西偏北），M27墓，二次葬，东西向[6]。澧县八十垱遗址晚期围沟内的墓葬，方向为西南—东北向，接近东西向[7]。公元前5400年～前4800年的高庙遗址下部地层发掘墓葬1座，头向80°（东稍偏北），仰身屈肢[8]。东、东南、东北、西、西南、西北等方向是一年中不同时日的日出、日落方位。学者对贾湖335座墓葬的墓坑方向进行统计，"发现墓坑方向和死者头向完全一致，有329座墓葬的地平方位角位于西方240°—300°之间，正好与贾湖时期冬至到夏至的日入方位相对应，其中

---

[1] 郑文光：《中国古代的自然哲学与天文学思想》，中国哲学编辑部编：《中国哲学》第二辑，北京：生活•读书•新知 三联书店，1980年，第19页。

[2] 河南省文物研究所：《河南舞阳贾湖新石器时代遗址第二至六次发掘简报》，《文物》1989年第1第。

[3] 林森等：《浙江义乌桥头遗址发现距今9000年左右上山文化环壕-台地聚落》《中国文物报》2019年8月13日，第1-2版。

[4] 中国社会科学院考古研究所陕西六队：《陕西临潼白家村新石器时代遗址发掘简报》《考古》1984年第11期。

[5] 郎树德：《甘肃秦安县大地湾遗址聚落形态及其演变》，《考古》2003年第6期。

[6] 湖南省文物考古研究所、澧县文物管理所：《湖南澧县彭头山新石器时代早期遗址发掘报告》《文物》1990年第8期。

[7] 湖南省文物考古研究所：《湖南澧县梦溪八十垱新石器时代早期遗址发掘简报》《文物》1996年第12期。

[8] 湖南省文物考古研究所：《湖南黔阳高庙遗址发掘简报》，《文物》2000年第4期。

112座墓葬为270°，正好与春秋分的日入方位完全相同[1]。"墓葬人头特意朝向日出方的礼仪行为可能已赋予祈祷人死后灵魂像日出般再生。而特意朝向日落方可能出自日落方为亡魂归宿处即俗说"人死归西"的神话思维联想。（新石器时代早期很多遗址的墓葬已与生活区分开，当也体现了时人视活人如日出归阳，逝者如日落归阴的阴阳二分思想）。既然新石器时代早期墓向头向已因神话信仰而选择日出方或日落方，那么认为新石器早期因日常生活需要产生以日出为一方、日落为另一方的空间标识是完全符合逻辑的。以日出、日落为标志确定东、西二方位，是原始先人使用分阴分阳二分法以确定空间方位的开始。以这种方法定东西方位，因太阳的升降点是逐日移动的，故东西方位也是有变动不固定的。

至迟在新石器时代早期晚段的先人再用相反而对的二分法确定南、北方位，即人们以方形（四方）为模式，面对太阳站立，以前面为东方，背后为西方，并向两边直伸两手，以左手边为北方，右手边为南方。这样就有了如"十"形的四个方向，如距今约8500年的河南贾湖第一期遗址、距今约7800～7300年湖南洪江高庙遗址有十"形图案；距今约7800～7300年的大地湾文化在彩陶内绘红色"十"形符号；距今7000年的的蚌埠双墩遗址许多陶器上刻画 "十"形 符号（图16），约公元前5000年的陕西西安半坡遗址彩陶宽带纹上有"十"形[2] 等标示四方的符号。但因一年中日出是在东面的偏北偏南方移动，故"十"形所指的四方是不固定的。为了确立天地准确的方位，原始先民也利用一天中"杆影扫过平坦地形的图形是对称的"这一特性确定四方，《周髀算经》卷下载坐标"十"形四方的方法是："以日始出立表而识其晷，日入复识其晷，晷之两端相直者，正东西也。中折之指表者，正南北也"。 这种方法的具体做法如天文学家冯时先生说："先将地面整理水平，并将表垂直地立于地面，然后以表为圆心画出一个圆圈，将日出和日落时表影与圆圈相交的两点记录下来，这样，连接两点的直线就是正东西的方向，而直线的中心与表的垂直连线方向则是正南北的方向。"[3] 将表立于平整的地面上测影定四方已是日趋精密的辨方正位

---

[1] 胡大军：《伏羲密码—九千年中华文明源头新探》，第53页。

[2] 江林昌：《考古发现与文史新证》，北京：中华书局，2011年，第39页。

[3] 冯时：《文明以止——上古的天文、思想与制度》，北京：中国社会科学出版社，2018年，第47 页。

图16-1

图16-2

图16-3

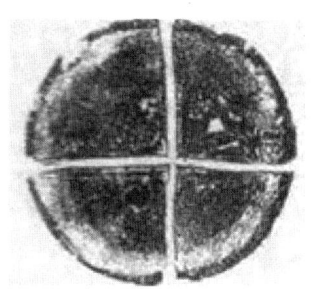

图16-4

图16　新石器时代早期晚段"十"字形符号
图16-1 河南省贾湖遗址（采自袁广阔等：《河南早期刻画符号研究》，科学出版社2012年版，第24页）
图16-2 湖南省高庙遗址早期（采自贺刚：《湘西史前遗存与中国古史传说》，岳麓书社2013年版，第235-236页）
图16-3 甘肃省大地湾遗址（采自李志钦：《黄河彩陶纹饰鉴赏》，安徽美术出版社2009年版，第5页）
图16-4 安徽省蚌埠双墩遗址（采自安徽省文物考古研究所、蚌埠市博物馆：《蚌埠双墩—新石器遗址发掘报告》，科学出版社2008年版）

的方法。

四方的再二分是将四正方向相邻的二方平分出东南、东北、西南和西北等四维方而成八方位。四维方是如何确定的呢？周年太阳日升起点是在太阳运行的圆道（古人称"圜道"）上东偏北与东偏南之间的方位移动，而西偏北和西偏南是日落之方，这样，以正东方与正南方之中位为东南方，以正西方与正南方之中位为西南方，以正东方与正北方之中位为东北方，以正西方与正北方之中位为西北方等就是很自然的划分。东南与西南，东北与西北是

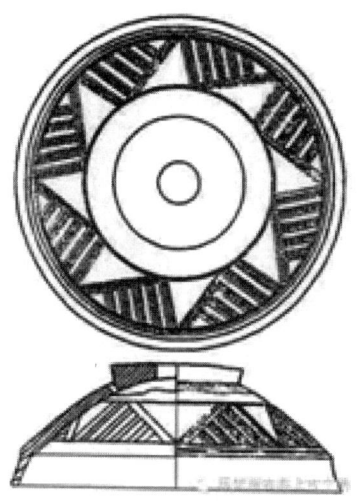

图17-1

图17-2

图17-3

图17　正指日常八方的八角纹图

　　图17-1 坟山堡遗址器盖（采自湖南省文物考古研究所、湖南省考古学会主编：《湖南考古辑刊》1994年第6集，第31页，图16）

　　图17-2 松溪口遗址白陶盘（采自《文物》2001年第6期，图10）

　　图17-3 凌家滩遗址玉器（采自尤仁德：《古代玉器通论》，紫禁城出版社2002年版，第38页）

图17-4

图17-5

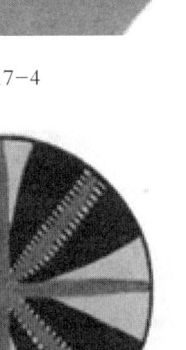

图17-6

图17-4 庙底沟类型罐
图17-5 马家窑文化半山类型壶
图17-6 马家窑文化半山类型钵俯视（均采自张朋川：《中国彩陶图谱》，文物出版社1990年版，图谱篇图1591、图660、图589）

相反而对的阴阳关系。约公元前5700～5300年（未校正的碳十四年代）的岳阳坟山堡遗址[1]，约公元前4000年的辰溪县松溪口贝丘遗址[2]，约公元前3300年的凌家滩遗址等有正指日常八方位的八角图形（图17-1至图17-3），这些八角图形是表示八方位的图形。约公元前4000年的仰韶文化庙底沟类型和公元前约3000年的马家窑文化的器物上多见正指四正方加四维方的"米""※"图形（图17-4至

图18 贵州岑巩县傩坛八方八卦图
（张劲松1993年摄）

[1] 岳阳市文物工作队、钱粮湖农场文管会：《钱粮湖坟山堡新石器时代遗址试掘报告》《湖南考古辑刊》1994年第6集，第31页，图16。

[2] 湖南省文物考古研究所：《湖南辰溪县松溪口贝丘遗址发掘简报》，《文物》2001年第6期，图10。

图19-1

图19-2

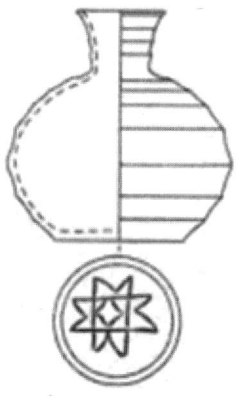

图19-3

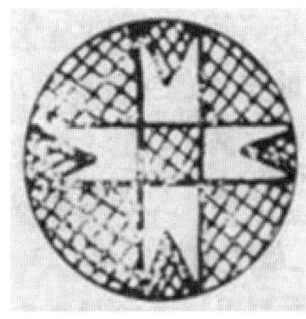

图19-4

图19-5

图19　四面的每一面分为二个角的八角
星图像

图19-1　高庙遗址早期陶器图像拓片。
图19-2　汤家岗遗址陶盘外底部、图9-3　崧
泽文化彩陶、图19-4　乐都柳湾遗址陶器图
像陶壶底部、图19-5　泰安市大汶口文化彩
陶豆（均采自贺刚：《湘西史前遗存与中
国古史传说》，岳麓书社2013年版，分别于
242、243、410、412页）

图19-6　靖安郑家坳遗址陶纺轮（采自
《东南文化》，1989年第4-5期合刊，第4
页，图五，17）

图19-6

图17-6），这些是正指日常八方位八角图形的简化。此种标示八方的图形在民间仍有遗存，笔者上世纪调查贵州省岑巩县古傩仪，见在八卦图的左边有由"＋"和"×"组合而成的"＊"形八方图形，但在正四方线的每条线上再加两横线或两竖线，巫师说是表示八方是由正四方再分阴阳而来（图18），这显然是无文字时代民间用图像标示八方建立法来由的遗存。至此，可知上古建立天地平面空间最先是利用日出日落对称现象建立相反而对的东、西二方，再用相反而对的阴阳关系建立四方位以及八方位。

史前还有另一种八角图形，它虽有八角，却并不正指八方，而是从四方的每一方平行地伸出两个角，因而八角实际只是指向东、南、西、北四方。这类八角图形自新石器时代早期晚段出现后，在长江流域、黄河流域、辽河流域等广大地区的史前遗址都有出现，如公元前5800年的湘西高庙遗址早期，约公元前4500年的湖南汤家岗遗址，约公元前5300～4500年的上海崧泽文化和青浦崧泽文化，约公元前3900年的泰安市大汶口文化，约公元前2000年的青海乐都柳湾遗址，约公元前3500～前3000年的江西靖安郑家坳遗址等等的器物上都有出现 (图19)。因这类图像的八个角不正指八方而不能释读为八方符号，故不少学者对它的解读常常是针锋相对的，有人说它是具有四时八节含义的原八卦图形，有人说它是"洛书"，有人说那八角是古人用于观察太阳时辰的，有人说那八角纹是原始织机的一个象征等等。它究竟是什么至今仍是一个谜。笔者在《中国新石器方时代的方形文化与八卦》一文中论证：旧石器时代只有圆形用器，方体方形起始是新石器时代早期被发现和运用的。在远古具象思维时代因方形的发现和运用而产生"地方"观念，又派生出四方模式。笔者今认为由"囗"的每一方生出两个角而八角图案，直观表示的是二分法。这种二分法的涵义可能有二，一是太阳的升起固定在东偏北与东偏南之间移动，日落是在西面的偏北偏南方向移动，这会导致有的聚落将东面和西面各分为二方，进而将南面和北面也各分为二方而致八方位。另一种可能因为大自然中的二元现象很普遍，新石器时代的原始人已用此二分法图像表现认为是最大科学发现的二元现象，究竟谁是谁非或两者都是尚待研究。

四、给测得的太阳视运行晷影逐次分阴阳创制太阳历

从阴阳角度研究，先民是用测得的太阳回归年运动晷影长短逐次分阴阳

而创制太阳历的。

按天动学说，由于太阳从极南到极北，又从极北走到极南，一年之间往返一周，太阳的南北往返移动形成相反而对的现象。这种现象在田合禄先生依据《周髀算经》记载的二十四节气所测日影数而绘制的"立杆测日影所得太极图"（见本书第13页图12）和"原始实测太极图"（见本书第13页图13）得到实证 [1]。笔者认为史前先民还没有达到选用24个晷影数制定二十四节气的水平，但距今5500年后制定年八节历是可以肯定的，那时的八节是用"✳"符号表示的。史前先民制定年八节历是长期观测太阳运动规律实践活动的结果，他们一是每天观察逐日移动的日出和日落的位置，再是立杆每日午时测日影记录长短数。太阳升起是在东偏北和东偏南之间移动，则以太阳由南往北移动时段的投影为阳仪；太阳落下是在西偏北和西偏南之间移动，则以太阳由北往南移动的时段投影为阴仪。这样，就可以通过对阳仪、阴仪上晷影显现的相反而对律逐次分阴阳创制太阳历。其过程是：先将晷影最短（一尺六寸）处炎热季节对应正南方定的那日定为夏至，将晷影最长（丈三尺五寸）处寒冷季节对应正北方的那日定为冬至。夏至居阳仪之盛为阳中之至阳，冬至则相反居阴仪之盛为阴中之至阴。第二次是因由夏至晷影与冬至晷影总长的一半是七尺五寸五分，这个数是二个日子的晷影，这两天的太阳出自正东方，而入于正西方，于是将该晷影对应阳仪正东方的那日定为春分日，对应阴仪正西方的那日定为秋分日，阳仪春分（正东方）与阴仪秋分（正西方）相反而对。春分居阳仪之中位为阳，秋分居阴仪之中位为阴。两至两分是古人说的"阴阳之大经"的"四时" [2]，意为四时是年节的基本构架。第三次是在四时的基础上再二分确定四立节，夏至晷影与春分晷影相加数的一半是四尺五寸七分小三分，夏至晷影与秋分晷影相加数的一半也是四尺五寸七分小三分，这就将位于阳仪春分日与夏至日之正中间对应东南方的那天定为立夏日；将位于阴仪秋分日与夏至日之正中间对应西南方的那天定为立秋日，阳仪立夏（东南方）与阴仪立秋（西南方）相反而对。立夏居阳仪之中上为阳中之阳；立秋居阴仪之中上为阴中之阳。冬至晷影与春分晷影相加数的一半是丈五寸二分小分三，冬至晷影与

---

[1] 参见田合禄、田峰：《周易基础十五讲》，太原市：山西科学技术出版社，2009年，第44—62页。

[2] 《管子·四时》："阴阳者，天地之大理也。四时者，阴阳之大经也。"

秋分晷影相加数的一半也是丈五寸二分小分三，这就将该晷影数位于阳仪春分日与冬至日正中间对应东北方的那日定为立春日，将位于阴仪秋分日与冬至日正中间对应西北方的那日定为立冬日。阳仪立春（东北方）与阴仪立冬（西北方）相反而对。立春居阳仪之中下为阳中之阴；立冬居阴仪之中下为阴中之阴。至此可知二分二至加四立的八节历是名副其实的时空对应的阴阳历。

大量考古资料已经证明，我国水、旱农作种植的孕育阶段是距今1万年前后。公元前5000～前3000年的新石器时代中期是农业形成期，因指导农作生产的需要，这时期建立从二分二至到八节的太阳历是符合逻辑发展的。笔者在《太极词义破解与其哲学概念的形成过程》一文中实证了距今6000年后创制了四时历。冯时先生据考古材料研究距今6000年前的濮阳西水坡仰韶先民已经学会了立表测影。并根据对日影及星象的共同观测认识了春分、秋分、夏至和冬至，进而建立了原始历法[1]，看来关于四时历编制的时间，学界渐趋于一致。其后编制的八节是节气形成过程中的重要环节，但学界对之的创制时间尚无一致意见，笔者认为距今5500年左右已编制出八节太阳历，实证如下：

1. 大河村遗址出土一件为夭亡孩童瓮棺盖的彩陶盆。该盆口沿斜面和腹部外表分别以红彩、白彩、黑彩组成的装饰纹带一周，口沿八组对称的阴阳鱼纹图案，腹部四组双核阴阳圆鱼纹图案（见本书第24页图33）。这两周图案既是两方连续的又是分区的，循环往复，周密无间，似乎反映了古人轮回不息的思想观念。之前这类回环连续的花纹出土不少，颇为诡秘，许多学者不得其解。索全星、刘彦峰研究认为，这类花纹"似乎蕴含了古人对大千世界认识的大智慧。口沿的图案显然就是阴阳八卦内容的写实。腹部的图案也是'两元一体'内涵，如果这样我国先人'太极'思想至迟在仰韶文化时期距今约5500年左右就已经形成"。甚是。彩陶盆腹部四组和口沿八组图案都蕴含四时八节中的阴阳共处一体内涵。索全星、刘彦峰还认为"从太极文化角度看，大河村文化遗址中彩陶上的'S''X'符号及其变体可以说都是'太极'的文化内涵"[2]。也甚是。"S"符号也出现在仰韶文化的后岗类型、秦王寨类型、大司空类型等的陶器上，还出现在屈家岭文化遗址的陶纺轮上

---

[1] 详见冯时：《文明以止——上古的天文、思想与制度》，第13—45页。

[2] 索全星、刘彦峰：《郑州大河村遗址出土仰韶时期的"太极阴阳"纹彩绘陶盆》，《中国文物报》2018年5月18日，第6版。

（见本书第24页图34）。之所以说"S"符号是"太极"的文化内涵，是因为"S"曲线纹是太极图的太极曲线，是太阳周日视运动在一年中晷影长短及移位的轨迹线，它传达的是太阳周年回归运动、四时代谢、八节交替、昼夜阴阳消长、日光照时间长短与寒暑等规律。年代为距今5300年的马家窑文化马家窑类型有图像的基型是"✳"字形，从"✳"形的四维线延伸出向右旋的鸟尾，又在其外围绘一圈左旋的鸟尾，这是神话想象鸟载太阳右旋左旋于八方八时的艺术图像（见本书23页图32）。

2. 距今5300年前的安徽含山凌家滩遗址87M4号墓出土一件最引人注目的玉龟以及在玉龟的背甲和腹甲之间夹的一块玉版。学人多认为玉版上琢刻的是表示"天圆地方""四极八方"宇宙观等的图案（见本书第23页图31）。笔者认为玉版上样式不同的二种八角刻纹的意涵并不相同。图案中心从方框的每一方引出两个角共八个角，明显是沿袭前述古老的表现四方之二分图案。另一种是刻矢状圭形纹的八角，笔者今对其意涵作如后分析：第一，矢状圭形纹象征太阳射线，应是表示太阳时历的纹饰。第二，八个矢状圭形纹位内小圆圈与大圆圈之间，如果小圆圈是表示太阳的话，大圆圈则当是表太阳圆道运行的时空位置，那么八个矢状圭形纹是表示太阳回归年圆运行的八节。这八节的位置点与立杆测日影所得太极图的八节位置点完全相同。第三，在外圆圈线与方玉四角间也有四个矢状圭形纹，这四个纹饰之所以是"×"形，除表示八方中的四维及八节中与四维认同的四立在八方八节中的重要意义，也表示此时节的始点是前节期的终点，而前节期的终点也即此时节的始点的首尾相接无始无终的太阳圆周运行律。这三点分析可明玉版琢刻的是表四时八节历的图案。

3. 《晋书·律历志中》："逮乎炎帝，分八节以始农功。轩辕纪三纲而阐书契，乃使羲和占日，常仪占月，臾区占星气，伶伦造律吕，大挠造甲子，隶首作算术，容成综斯六术，考定气象，建五行，察发敛，起消息，正闰馀，述而著焉，谓之调历。"[1]说炎帝编制"八节"历。黄帝在天文历法方面取得更大成绩，已将具有高度科学水平的天文巫师设置为负责天象历法的官员。《史记·五帝本记》载黄帝"迎日推策"[2]。所谓"迎日推策"，

---

[1] 《晋书》律历志，《二十五史》，上海：上海古籍出版社、上海书店，1986年影印本，第2册，第1299页。

[2] 《史记》卷1《五帝本记》，北京：中华书局，1975年标点本，第6页。

是利用立杆测日影的数据经过推算而编制历数。《国语·周语上》载：周宣王即位的公元前827年，大臣虢文公劝谏宣王不要废弛籍田的仪节，说：每年春耕时令一到，稷官"遍诫百姓，纪农协功，曰'阴阳分布，震雷出滞，土不备垦，辟在司寇'"。此"阴阳"所言历法时间，当承自"周人的直接的祖先黄帝"[1]。我国知名考古学家整合考古材料和文献史料，认为黄帝时期是距今5500~4500年左右[2]。那么将文献载完成创制八节太阳历的时间定在距今5500左右的炎黄相交时期是合史实的。

五、因日照的背与向引申出表山南山北的"阴"与"阳"

"阴""阳"二字是从"陰""陽"简化而来。《汉典》收录的甲骨文阳字作 形；金文阴多作 形，右边的形义极可能与"云覆日"不见阳光相关。甲骨文、金文"陽"字的右边均有日或与日义相关的符号，左边都是阜部。阜的本义是土山，如《诗·小雅·天保》："如山如阜，如冈如陵。"陰、陽两字都从阜，说明二字义都与山丘有关，究竟是怎样的关系，仅从字形上很难详悉。但从早期典籍可知是以天象向日光的山南为"阳"字义，如 "岷山之阳，至于衡山""至于岳阳""华阳、黑水惟梁州"（《尚书·禹贡》），"居歧之阳"（《诗·大雅·皇矣》）等。《春秋谷梁传·僖公二十八年》："山南为阳"范宁注"日之所照曰阳"。[3]从早期典籍也可知以天象背日光的山北为"阴"字义，如"南至于华阴"（《尚书·禹贡》），"华阴"即华山的北面；《春秋公羊传·桓公十六年》："越在岱阴齐"何休注"山北曰阴"[4]。许慎《说文解字》："陰，暗也。水之南。山之北也。从阜。侌声。"将水的两岸与"阴""阳"义相连是山之两面为阴阳的衍生义。不管太阳的升起降落点如何移动，正午时刻的太阳总是准确地指向正南方，可见古人以地理方位的山南为"阳"、

---

[1] 沈长云：《人文始祖——黄帝》，《光明日报》2018年11月24日，第11版。

[2] 严文明：《略论中国文明的起源》，《文物》1992年第1期。杨升南、朱玲玲：《远古中华》，上海：上海世纪出版股份有限公司、上海书店出版社、上海人民出版社，2015年，第135页。

[3] 清·阮元校刻：《十三经注疏·春秋谷梁传注疏》，扬州市：江苏广陵古籍刻印社，1995年，下册第2402页。

[4] 清·阮元校刻：《十三经注疏·春秋公羊传注疏》，下册第2222页。

以山北为"阴"，是因山南山北太阳光明暗不同的比对阴阳。古人重视以山南为"阳"、山北为"阴"的阴阳关系，诚然是因出日照的背与向对农作物的影响。如《诗经·豳风·七月》："同我妇子，馌彼南亩，田畯至喜。"《诗·小雅·大田》："俶载南亩，播厥百谷。""南亩"，是处山南的田地。《诗经·小雅·信南山》："我疆我理，南东其亩。""南东其亩"，是使其田亩面向山南边或山东边。可见古人是以山南面(或山东面)为种植地是出于山南面向阳而农作收成较好的选择，由此选择而特指称山南为"阳"。《诗经》中不见"北亩"，可知田土富有的上古人不在山北面辟田土种植，其原因是山北面的土地背日致农作歉收甚或无收，由之特指称山北为"阴"。

《淮南子·说林训》说："黄帝生阴阳"[1]。此"阴阳"当是因日光直照与否对农作物生长的影响而引申出表地理方位的"山北""山南"语义。距今5000年左右的黄帝时代已积累了日照与种植物丰歉关系的丰富经验，已是上古部族酋长或是建立了"早期国家"的黄帝，为了农作收成较好推行在阳光直照的山南面而不在背阳的山北面种植作物的经验，由之叫向日光的山南为"阳"，叫背日光的山北为"阴"，这应是合乎史实的。此阴阳语义往后则成甲骨文、金文、石文等"阴""阳"字的本义。

综前证，新石器时代早期的中华先人因太阳崇拜而萌生源于太阳有无的阴阳观念。新石器时代中期早段生发"阴阳之义配日月"的观念。这时期因定居和生业的需要利用相反而对之阴阳关系建立平面空间方位。新石器时代中期因指导农作生产的需要，给测得的太阳视运动晷影逐次分阴阳创制太阳历。因日照的背与向于农作的影响，到了距今5000年左右的农业社会引申出表山北山南的比对阴阳。这意味至新石器时代晚期，因由太阳的阴阳已经十分丰富了。

六、春秋战国时期"阴阳"一词被抽象为哲学概念

《诗经》《尚书》《易经》中多西周前和西周史料。《易经·中孚九二》："鸣鹤在阴，其子和之"，"阴"为"暗处"；《诗经·秦风·小

---

[1] 《诸子集成》卷6《淮南子·说林训》，北京：中华书局，1986年重印本，第7册，第292页。

戎》："阴靷鋈续"，"阴"为"下"；《诗经·大雅·桑柔》："既之阴女，反予来赫"，"阴"为"庇护"；《尚书·洪范》："惟天阴骘下民"，"阴"为"庇荫"；《尚书·无逸》："乃或亮阴，三年不言"，"阴"为"沉默"；《尚书·禹贡》："阳鸟攸居"，"阳"为"南方"；《诗经·小雅·采薇》："曰归曰归，岁亦阳止"，"阳"为"十月"；《诗经·周颂·载见》："龙旂阳阳"，"阳"为"鲜亮"；《诗经·豳风·七月》："载玄载黄，我朱孔阳"，"阳"为"鲜明"；《诗经·小雅·杕杜》："日月阳止，女心伤止，征夫遑止"，"阳"为"运行"；《诗经·王风·君子阳阳》："君子阳阳，左执簧，右招我由房"，"阳"为"欢快"。以上"阴""阳"字的含义已不是直接或间接的关于阳光义，而是包含了很广阔的两两相对含义：方位上的南北，时间上的阴阳，空间上的上下，运动中的动与静，生活中的外现与沉默，精神上的欢快与低迷，现象中的隐与现、强与弱，社会中的是与非，等等。成书于西周初年的《易经》，组卦是用非语言文字的阴爻（－ －）符号和阳爻（—）符号，三爻的八经卦和六爻的六十四重卦都是用阴爻和阳爻组成。重卦内部六位的阴阳相对关系是：初、三、五爻奇数位为阳，二、四、上爻偶数位为阴。"爻也者，效天下之动者也。"（《系辞下传》）《易经》是以阴爻（－ －）阳爻（—）符号的增减、变动形成的卦象变化来推衍物象和人事变化的。从《易经》的组卦形式与卦变内容可见其内涵的阴阳思想理论体系已经很完整。这些可证阴阳思维经数千年拓展与深化，至迟在西周初年，阴、阳已经成为人们认识自然和社会的基本哲学范畴。

春秋战国时期的哲学家将阴阳一词更高地抽象为哲学概念。《道德经》基本上都是对天地、高下、长短、前后、有无、白黑、进退、重轻、善恶、雌雄、难易、荣辱、静躁、弱强、废兴、损益、等等两两相对因素的比较分析和论述，例如："天下皆知美之为美，斯恶矣；皆知善之为善，斯不善矣。有无相生，难易相成，长短相较，高下相倾，音声相和，前后相随，恒也"（《二章》）；"知其雄，守其雌，为天下谿。为天下谿，常德不离，复归于婴儿。知其白，守其黑，为天下式。为天下式，常德不忒，复归于无极。知其荣，守其辱，为天下谷……"（《二十八章》）；"将欲歙之，必固张之；将欲弱之，必固强之；将欲废之，必固兴之；将欲夺之，必固予之。是谓微明""柔弱胜刚强"(《三十六章》); "故物或损之而益,或益之而损"(《四十二章》)等等。《易传》中也有天地、昼夜、刚柔、内外、上下、大小、尊卑、卑高、寒暑、动静、阖辟、往来、贵贱、安危、存亡、治乱等等两两相对因素的比较分析和论述,如 "天尊地卑,乾坤定矣。卑高以陈,贵贱位矣。动静有常,刚柔断矣""刚柔者,昼夜之象也""阖户谓之坤,辟户谓之乾。一阖一辟谓之变,往来不穷谓之通"(《系辞上传》); "是故君子安而不忘危,存而不忘亡,治而不忘乱,是以身安而国家可保也""刚柔相推,变在其中矣"(《系辞下传》)等等。春秋战国时期的典籍已将两对应因素的阴阳二字并联成词解释自然和社会现象。如《尚书·周书·周官》载:周代设立太师、太保、太傅这"三公",其职责是"论道经邦,燮理阴阳"[1],这"阴阳"指相对立的人事关系。《左传·僖公十六年》(前644)载:周内史叔兴解释这年春天宋国发生的陨石和六鸟倒飞的奇特现象,说"是阴阳之事,非吉凶所在也,吉凶由人",这"阴阳" 是指对立的自然现象,从叔兴的话可见当时社会上已存在着阴阳生吉凶的观点。《道德经》和《易传》也开始对"阴阳"概念作简单的陈述,《道德经·四十二章》:"万物负阴而抱阳。"《系辞上传》:"一阴一阳之谓道,继之者善也,成之者性也。""阴阳不测谓之神。"《系辞下传》: "乾,阳物也;坤,阴物也。阴阳合德,而刚柔有体,以体天地之撰,以通神明之德。"从儒道两家对两两相对因素的比较分析和论述与 对"阴阳"概念陈述的关系看,可明是用"阴阳"词义归纳和总结一切两两对应的二元关系,从而将"阴阳"一词上升为具有普遍意义的抽象哲学概念,其含义是视"阴阳"为万事万物存在和变化的基本要素。

视阴阳是天地万物变化的基本要素思想来由二条意义渠道。一是认为太阳运行的阴阳变化是宇宙世界发展变化的本源。《系辞上传》说:"易有太极,是生两仪,两仪生四象,四象生八卦。"这话因出给测得的太阳视运动暑影逐次分阴阳也即二分法创制太阳历的抽象,抽象为宇宙生成论模式。学者为突出太极与阴阳或阴阳与八卦关系,也称"太极阴阳"或"阴阳八卦"。将《系辞上传》"法象莫大乎天地,变通莫大乎四时"; "刚柔相推

---

[1] 江灏、钱宗武译注,周秉钧审校:《今古文尚书全译》,贵州:贵州人民出版社,1990年,第385页。

而生变化"; "范围天地之化而不过，曲成万物而不遗，通乎昼夜之道而知"等语与太阳四时八节回归视运转相联系，其义是太阳视运行的阴阳变化"范围"天地之象和时节的变化，这种变化又"曲成"万物的生长过程，能彻底了解昼夜（阴阳）的道理而展现智慧。另一条意义渠道是认为天地万物自身固有的阴阳二气的运动变化是世界发展变化的要素。这种思想最早见载《国语·周语上》：周幽王二年（前780），"西周三川皆震"。关于地震的原因，周太史伯阳父解释说："阳伏而不能出，阴迫而不能烝，于是有地震。今三川实震，是阳失其所而镇阴也。"认为地震发生的原因，是属性下沉的阴气与属性上升的阳气位置颠倒，阴阳二气为恢复固有秩序的作用力所致。以实物本体自有的阴阳二气为其变化之因的思想在道家文献中体现得很明显，如"道生一，一生二，二生三，三生万物。万物负阴而抱阳，冲气以为和"（《道德经·四十二章》），"至阴肃肃，至阳赫赫；肃肃出乎天，赫赫发乎地；两者交通成和而物生焉"（《庄子·田子方》），所陈述的"生万物""物生焉"的内在动力之源是"冲气为和""交通成和"的天地万物自身固有的阴阳二气。瑶民族今仍传承气本源的阴阳思想。如《瑶

族过山榜》说："阴阳相合，乾坤正生。"[1]这话出自认为宇宙本初是混沌状态的元气说，元气长期分化以后，清的部分和浊的部分分开成为阴阳之气，清轻的阳气上升形成天，重浊的阴气下沉凝结成地，阴阳相反互根而生乾（天）坤（地）。《评皇券牒》说："阴阳合方有瑶人与万民。"[2]

图20 蓝山县过山瑶的"定阴阳"占卜（张劲松1992年摄）

[1] 《瑶族过山榜选编》，湖南人民出版社，1984年，第37页.

[2] 《广西瑶族社会历史调查》第7册，广西人民出版社，1985年，第438页。

是阴阳二气相合而生人的思想。这种 "阴阳和而万物得"（《礼记·郊特性》）的思想也在瑶族俗信中传承。如瑶族巫师用竹根蔸制作卦，在仪式中掷卦占卜法是：两页卦面同在上，称"阳卦"；两页卦面同在下，称"阴卦"；两页卦面一上一下，称"胜卦"。巫师根据法事的需要，在不同的场合，求不同名称的卦。但如要求平安，巫师则要给求者求一个"胜卦"，"胜"与"顺"同音，谓求得"胜卦"，万事顺遂，故"胜卦"又叫"保（宝）卦"。以一上（阳）一下（阴）为胜卦，反映了他们认为阳有多少阴就有多少的保持阴阳之间平衡才是平安吉祥的思想。然而，瑶族阴阳气哲理思想也遗存有古老独特的内容与特色，如过山瑶有祈家庭吉祥富裕的"还家愿"祭仪，此仪礼的"挂家灯"用七枚硬币（旧时用铜钱）"定阴阳"以占卜吉凶（图20）。所谓"定阴阳"，是以硬币的正面为阳，以反面为阴。定阴阳卜法是：巫师将七枚硬币（或铜钱）放入铜铃里，在念咒语时猛然将硬币倾倒地上，查看硬币的阴阳面，以四阳三阴（即四枚的正面朝上，三枚的背面朝下）为吉祥，这象征人身阳气充足，家里充满阳光，吉祥如意，否则为不吉。如果硬币未呈四阳三阴则继续行上法，直到四阳三阴为止。 这里以"四阳三阴"为吉，传递的是阳气盛于阴气为吉的观念，也传递了在瑶族的阴阳观念中，认为阳动所反映的是积极、主动、光明、进取、热烈、坚强、宏大、高尚……等正能量，阴静所反映的则是消极、被动、阴暗、退让、否定、软弱、微小、低劣、虚无……等负能量的阴阳性质。瑶族强调阴阳关系要以阳为主要方面，人的阳气要盛于阴气，来自该民族历史上在恶劣的自然与社会环境中也要持阳刚之气，以充足的阳刚正气去努力争取光明前景的民族精神。以物质自有的阴阳二气的"动力"之因为天地万物变化之果的因果关系思想，较以太阳视运行阴阳转化之因是天地之象和四时物生变化之果的因果联系思想更具哲学意涵。因为太阳周年回归视运行阴阳虽能使天地表象和四时物生变化，但太阳视运行阴阳并不是事物运动变化的内在本源，如地震的原因就不能用太阳运行之阴阳去解释。而以"阴阳二气"为宇宙万物（含人）的构成要素，那么阴阳二气的消长变化则成为宇宙万物变化的某种内在"动力"因素了。

2019.05.

（原载《地方文化研究》2020年第5期）

新石器时代的方形文化与八卦

方体方形，是新石器时代早期才被原始人发现和运用的，由之产生方形观念，发展成为新石器时代重要文化基因之一的方形文化。如新石器时代早期原始人为了分别紧密相连的天与地，产生了神话思维"天圆地方"的天地形状模式。新石器早期开始了农作物驯化而定居的人们，为了便于交流农耕经验和知识，将地方模式转化为空间四方位模式。始于距今5500年的黄帝及之后出于社会权力形成和生产生活（含精神生活）的需要，又以四方为基形增加多种空间方位。约距今6000年的农业形成阶段晚期，出于农时指导农耕种植的需要，创制以四方空间模式决定时间的年四时历模式。从新石器时代早期开始产生多样浓重的方形符号的象征及崇拜。新石器时代许多聚落遗址的陶器上刻画不少构形为"方"的纹饰符号，殷商则将表意之"文"与语言相结合产生甲骨文独立的方块字。春秋战国的思想家将方形转化为做人之本的哲学文化，等等。原始八卦是从宇宙四方模式的母腹中脱胎而生的，其产生发展经历三个阶段，西周至战国赋予八卦关于宇宙天地人的系统整体哲理。本文对上述中国新石器时代方形文化及其与八卦之关系提供以考古资料为主的"多学科结合、多角度支持"的实证研究。

一、新石器时代方形的发现与运用

圆是自然界中最常见的一种几何图案，旧石器时代的原始人是依靠自然物而生存的纯狩猎采集者，他们所见和所接触的自然物是以圆形为主，如太阳，天空中的星星，夜间仰望的是圆月的变化，采集的野果、野生谷粒、鸟类的卵等是圆形或基本是圆形。旧石器时代的原始人为了因应狩猎生活，打制圆形或半圆形的石球以便于投掷和击中野兽，打制圆形石砍砸器以开采石料或加工工具，搭建圆形或半圆形供居住的窝棚。石球，在我国旧石器时代早、中、晚期都有发现，如广东曲江马坝人可能是我国早期智人中较晚的类型，铀系法年代测定约12.9万年，其遗址发掘出土圆形石砍砸器[1]。山西丁村旧石器时代遗址距今12万年～10万年，可归入早期智人阶段，出土的石球最为丰富[2]。河北许家窑旧石器遗址距今12500～10400年，出土石球是这里有特色的一种石器类型[3]。作为一种狩猎工具，石球的使用方法多种多样，包括用手投掷、绊兽索和飞石索。黑龙江省哈尔滨市阎家岗遗址距今2.2万年，这里发现有2处用动物骨骼垒砌筑成的营房遗迹。一处用200多块骨骼垒成椭圆圈，东西长4米，南北宽3米，所用兽骨至少属于6只野驴、5头野牛、2头披毛犀、1只鹿和1只狼。另一处营房系用300多块兽骨垒成的半圆圈，所用兽骨至少属于5头披毛犀、5只野驴、3头野牛、4只鹿、2只羚羊、1只鬣狗和1只狼。兽骨上多有人工砸击痕，排列有序，圈内还发现有炭屑，说明它是当时的猎人把吃剩下的兽骨作支架搭成窝棚住宿留下的遗迹[4]。旧石器时代的原始人为了制作服装遮体和做装饰品美化生活等，也加工制作半圆形刮削器或圆头刮削器以制作缝衣服的有孔骨针和装饰品，如距今2.8万年前的山西峙峪遗址出土了带穿孔的石墨装饰品[5]。山顶洞人大约距今1.8万年以前，属于晚期智人，在山顶洞的上室出土了骨针，装饰品的石珠，制作时使用了钻孔技术[6]。河北虎头梁旧石器遗址群，距今1.1万年，出土13件用贝壳、鸵鸟蛋皮、鸟的管状骨和石块制成的穿孔饰物。这些制品都采用了穿孔和磨制技术[7]。江西万年仙人洞与吊桶环上层均属新石器时代早期，距今12500年左右，出土打制的盘状石器，磨制的穿孔石器、两端尖的菱形器、锥形器以及个别的石凿。还发现许多针、锥、凿等，还出土了圈底陶罐[8]。湖南道县玉蟾岩新石器时代遗址距今1万年以上，出土数量较少的穿孔蚌器，骨锥、圆形

[1] 考古杂志社编著：《二十世纪中国百项考古大发现》，北京：中国社会科学出版社，2002年。第18—20页。

[2] 考古杂志社编著：《二十世纪中国百项考古大发现》，第28页。

[3] 中国国家博物馆编：《文物史前史》，北京：中华书局，2009年。第40-41页。

[4] 苏秉琦主编、张忠培、严文明撰：《中国远古时代》，上海：上海人民出版社，2020年，第28-29页。

[5] 安金槐主编：《中国考古》，上海：上海古籍出版社，1992年，第34页。

[6] 考古杂志社编著：《二十世纪中国百项考古大发现》，第3页。

[7] 考古杂志社编著：《二十世纪中国百项考古大发现》，第25页。

[8] 考古杂志社编著：《二十世纪中国百项考古大发现》，第33页。

陶釜等圆形制品[1]。笔者检阅考古发掘资料，在旧石器时代遗址中没有发现人工方形器物与符号。

根据中国社会科学院考古研究所编著，文物出版社1984年出版的《新中国的考古发现和研究》一书及其他史前考古材料，在新石器时代早期及之后的各地区遗址中发现了很多的方形运用和方形纹饰符号。方形的运用有房屋、烧火灶、生产工具，方形纹饰是刻画在陶器或石器上，有正方形、长方形、方菱形等。这里分地区略做介绍，长江中游和汉水流域：距今9000～8000年的湖南彭头山遗址出土的小型穿孔石棒上面刻有"×"纹。距今8500～7500年的湖南八十垱遗址发掘房址多为单间，平面多圆形，也有方形，陶器上有菱形纹。距今7800年的湖南高庙遗址有方形房址。高庙遗址和距今7400年的湖南长沙大塘遗址陶器上多见"＋""×"纹饰。距今6400～5300年的大溪文化有方形或长方形地面式房屋，有长方形双肩石锄，陶器上有方格纹、长方格纹、菱形纹等。距今4875～4635年的屈家岭文化有方形、长方形地面式房屋，有长方形穿孔石刀，陶器上有方格纹、菱形方格纹等。太湖平原和杭州湾地区：距今7000年的河姆渡遗址有相互平行的四排桩木，应为长方形房屋；第一层第二层的鼎支脚为方柱形，应为方形灶坑所用；有长方形双孔石刀，骨耜横凿方孔，陶器上有长方形纹、方形纹、菱形纹等。距今5300～4200年的良渚文化有长方形浅坑小型墓，有长方形石刀，有长方形水槽，竹编物有"十"字菱格纹。黄河中游：距今7000～5000年的仰韶文化有方形半地穴式和地面式、方形地面连间式房屋，室中央为长方形灶或方形烧土台，有长方形穿孔石刀，陶器上有方格纹、菱形纹等。黄河上游：距今5400年的马家窑文化有长方形或正方形半地穴式房屋；马厂类型陶窑的平面呈方形，有长方形石刀，陶器上有"十"形纹、菱形纹等。距今4000年的齐家文化多是方形或长方形半地穴式房屋，陶器上有方格纹、菱形纹等。北方地区：距今8200～7200年的兴隆洼遗址出土神面的眉宇间有◇形。距今5500～5000年的红山文化有方形半地穴式房屋，陶器上有菱形纹。距今5200年的富河文化大多为方形房址，房中央有方形灶址。多地考古发掘的水井也多为方形，如年代为距今4500～4100年的河南汤阴县白营村龙山文化村落遗址发掘出的水井深11米，方形，四壁用4根木棍作井字形支撑。山西夏县东

---

[1] 考古杂志社编著：《二十世纪中国百项考古大发现》，第34-35页。

下冯二里头文化遗址501号井为长方形，南北长2.5米，东西宽0.1～1.1米，现深3.9米。距今5000年前后，方形成为城市建设的定式。中原地区史前城址群的时代为约公元前3500～前1800年，大部分为公元前2000年，城基本呈方形或长方形。郑州市古荥镇西山遗址发现的仰韶文化晚期城址，平面形状略呈方形，直径180米。建于距今4500年前的淮阳平粮台古城，城址平面呈方形，面积约5万平方米，南、北城墙各有一门。四川新津县宝墩古城，建于4500年前，平面略呈方形。海岱地区已发现10余座史前城址，时间跨度在公元前3000多年至公元前2000年。城址形状大都略成（长）方形。内蒙古凉城县老虎山古城建于距今4500年前后的石城，大城最高处的山顶平台上建有一座40米见方的小石城[1]。

始自新石器时代早期的原始人在生产生活的诸多方面为什么采用方形呢？人类学研究表明，原始人除了宗教的态度之外，自始也是以利己实用为原则，凭直觉和经验去认识世界。正因为如此，原始人才得以获得原始的科学知识而争取在同大自然的斗争中得以生存、进步和发展。新石器时代早期人们生业的最大进步是发明了稻、粟、稷等农作种植，开始了半定居或全定居生活。人们在农耕活动中发现圆形石器不便开垦土地，而制作方形石锄、方形石铲、方形石刀、方形石斧等工具却具有开垦土地的效用。距今7000年的古河姆渡人的高木栏建筑的主要构件地龙骨采用方桩，在主要的农业工具上横凿方孔等，均是基于方形的稳定不变性而作出的选择[2]。新石器时代早期的房子和烧火灶以圆形的居多，也有方形建构，也有方圆相结合的构建，但是至新石器时代晚期，方形房子和方形烧火灶较圆形的显著增多，而至夏商周三代，从古遗址中就基本上找不到圆形的房子和烧火灶了。房子和烧火灶以方形构建逐渐取代圆形构建的事实，反映了人类经过长期的使用比较，逐步认识到方形房子较圆形房子具有稳定性，便于利用性，能给人以秩序感和静态完美之意象等，方形房子和烧火灶的适用性成为人们使用的最佳选择。

问题是新石器时代的原始人并未停留在对方形简单的运用上，而是在当时就以方形为地方模式，将地方模式转化为地理空间四方模式，其后伴随科

[1] 材料还转引自张劲松：《中国史前符号与原始文化》，北京：北京燕山出版社，2001年，第63页，此页为《新石器时代方形运用简表》。

[2] 参见孙国平：《远古江南—河姆渡遗址》，天津：天津古籍出版社，2008年，第90—91页。

技文化的发展进步，赋予方形多种文化内涵，使之成为中国上古最重要的文化基因，至今仍影响着人民的生产生活以至思维和行为方式。

二、以方形为模式的地方观念

甲骨文的旦写作 ☐ ☐ ☐ 等形,上部是太阳符号,下部是作为地的方形符号，谓日出方形大地的东方为旦。甲骨文的 ☐ 字，上方下圆， 金文中亦有类似的上方下圆的 ☐ 字，这两个指事字的本义很明显，是象征太阳落到了方形大地之下，实应为"昏"字的初形[1]。中国古代认为天、地的形状是"天圆地方"，这在古籍上的记载是一致的。西汉人编《大戴礼记·曾子天圆》记曾子的弟子单居离问曾子："天圆而地方，诚有之乎?"曾子回答说此问是来自老师孔子。成书于西汉的《周髀算经》仍载有"方属地，圆属天，天圆地方"的说法。

图1 湖南高庙遗址陶釜上的纹样拓片（采自贺刚：《湘西史前遗存与中国古史传说》，岳麓书社2013年版，第242页）

据考古发现，中国距今8000年左右已有了地方观念，往后传续了数千年。距今约8200年的河南贾湖遗址墓多随葬较圆圈的乌龟的背甲，较方平的腹甲，大多数背甲和腹甲相扣合。学者认为这是以自然物的龟表现"天圆地方"的盖天宇宙观[2]。距今约7800年的湖南高庙遗址有一陶器图像，似用一根横线将人形的头部与身躯分隔开。似是以人头拟天，视天为盖在地和人之上的一个巨大的圆形空间。头部还绘多重圆圈，表现出对

---

[1] 参见叶舒宪：《中国神话哲学》，北京：中国社会科学出版社，1992，第31—32页。

[2] 胡大军：《伏羲密码—九千年中华文明源头新探》，上海：上海社会科学出版社，2013年，第127页。韩建业：《从史前遗存中寻找文化上的早期中国》，《光明日报》2020年10月3日，第7版。

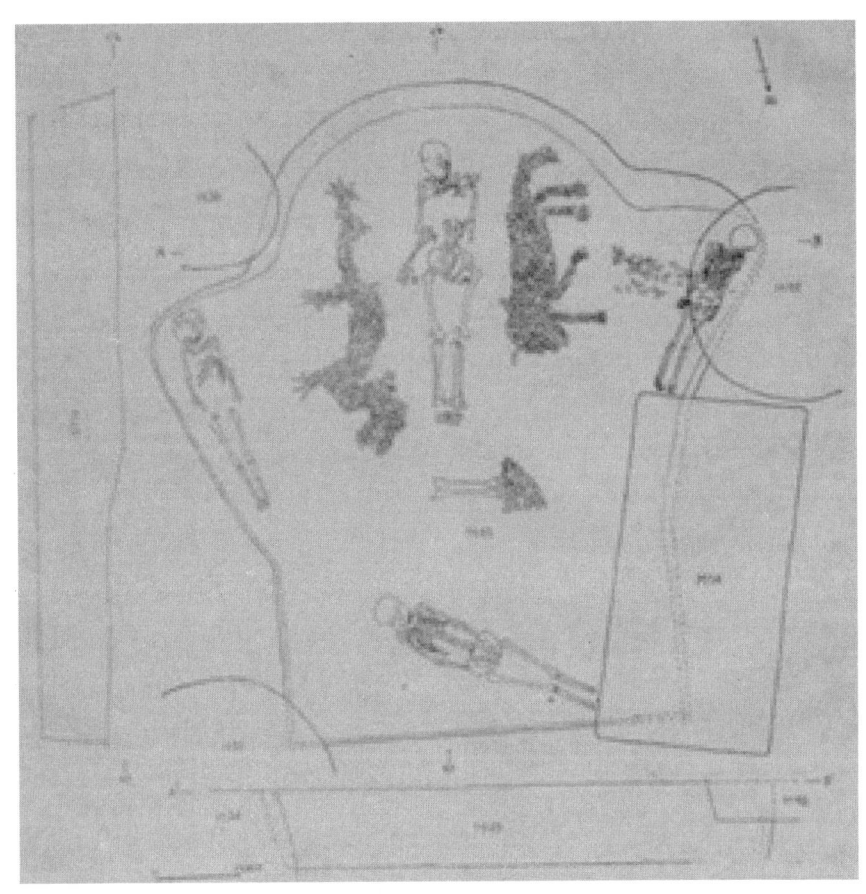

图2　西水坡遗址45号墓平面图（采自《文物》1988年第3期）

圆的极大兴趣。此圆图的中心是以圆套方的图案，很多学者认为其是时人表现"天圆地方"的观念（图1）。距今6500年的河南濮阳西水坡遗址挖掘一座编号为M45的古墓葬，墓穴南部边缘呈圆曲形，东西两侧呈凸出的弧形，北部边缘方正（图2）。冯时先生依据M45墓主人脚端有由蚌塑三角和两根人的胫骨组成的图像和《周髀算经》卷上"周髀，长八尺。髀者，股也。髀者，表也"的记载，认为西水坡遗址先民已用人体或立杆（表）测度日影，记录下夏至、冬至、春分和秋分等日因日升落的视运动而形成的三个同心圆，该墓穴南边圆曲弧形边是取春分和秋分的夜空日道，东西两侧呈突出的弧形代表冬至日道和阳光照射界线。墓葬的特殊形制是表现最原始的盖天理论的盖

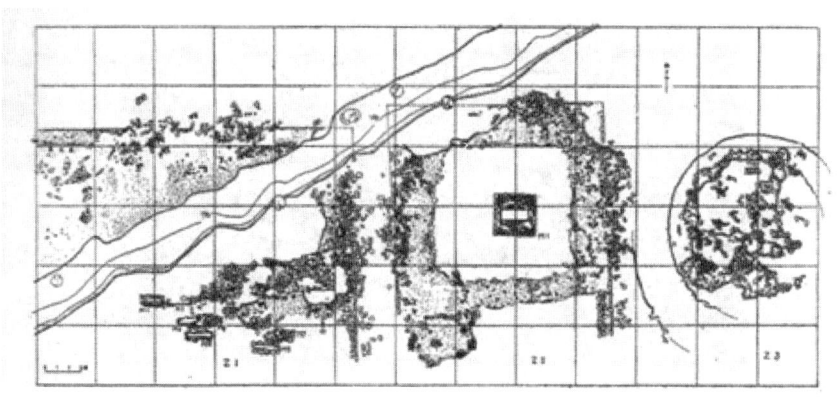

图3　牛河梁红山文化圜丘与方丘（采自辽宁省文物考古研究所编：《牛河梁红山文化遗址与玉器精粹》，文物出版社1997年版，第20页）

图，即南方的圆弧形表示以上为天的形状是圆形，与天相对的北方的方正形表现地的形状是方形，其刻意表现天象圆盖扣在方形平坦的大地上的天圆地方宇宙思想已相当清楚[1]。甚是。距今约5000年的牛河梁红山文化遗址有一座编号为Z3的圜丘和一座编号为Z2的方丘。Z3整体由规整的淡红色圭状石柱组成三个迭起的同心圆圈，剖面呈拱形。Z2是一个由正中为石筑方台，四周有一重（或许是二重）墙墙组成的方坛（图3）。冯时先生认为Z3的圜丘象征天为祭天坛，Z2的方丘象征地为祭地坛，Z3圆坛与Z2方坛比邻分布是出于天圆地方观念[2]。红山文化遗址还发掘出外廓近方形，象征祭祀土地神的玉礼器（图4）。以圆套方的图案在马家窑文化彩陶上多见（图5），距今约5300～4000年盛行以圆套方的图案内涵如不是表现天圆地方观念，那还能是什么呢？良渚古城外围的瑶山顶部有良渚文化时期象征祭祀土地神的方坛，方坛以挖沟填筑的方式，做出规则的回字形灰土框，由内而外形成红土台、灰土框和砾石台面三重结构（图6）。汇观山与瑶山相距不远，也有一座形制与瑶山祭坛十分相似的方形祭坛。发掘者认为这两座方坛既是祭土地神之

---

[1]　详见冯时：《文明以止——上古的天文、思想与制度》，北京：中国社会科学出版社，2018年，第13—18页，第24—28页。

[2]　详见冯时：《中国天文考古学》，北京：社会科学文献出版社，2001年，第352—255页。

图4 牛河梁红山文化外廓近方形玉器 （采自辽宁省文物考古研究所编：《牛河梁红山文化遗址与玉器精粹》，文物出版社1997年版，第72页）

图5-1

图5-2

图5-3

图5-4

图5-5

图5 马家窑文化彩陶外圆内方图
图5-1甘肃省永登县蒋家坪陶钵俯视、图5-2甘肃省广河县地巴坪陶罐、图5-3.甘肃省陶四耳钵俯视、图5-4青海省乐都县柳湾陶瓶、图5-5甘肃省永昌县鸳鸯池盆俯视（均采自张朋川：《中国彩陶图谱》，文物出版社1990年版，图谱篇图141、540、882、965、1196）

坛，也是时人通过观测太阳测年的观象台[1]。据陈剩勇研究，夏商周三代是聚土为坛、露天而筑以祭土地神，社坛以五色土筑成、一般呈方形[2]。土神社坛为方形，这意味夏代仍遗存与天相对的地为方形的观念。

地是被圆形的"大锅"盖着的，理应也是圆形，怎么会是方形呢？我们推测认为，新石器时代早期已是农业起源阶段，农作物生长于地，需要适宜的土壤与地力，也需要适合的光热和水分。失去其中一种，就会影响农作物的收成。农耕先民凭直觉经验必然会感觉到农作收成与天与地的关系都十分紧密，由此，他们比之前任何时候都关注和崇拜天和地，错误地认为天地是

[1] 高江涛、李平编：《考古队长现场说—中华何以五千年》，太原市：三晋出版社，2021年，第402—403页。
[2] 陈剩勇：《中国第一王朝的崛起》，长沙：湖南出版社，1994年，第418页。

图6 瑶山祭坛及墓地 （采自高江涛、李平编：《考古队长现场说——中华何以五千年》，三晋出版社2021年版，第405页）

有生命和灵魂的神灵，是凭着喜怒哀乐控制农作物的生长。天地神高兴时，就会护佑作物丰收，否则就为害。于是原始人为了农作收成便将天和地合祭。关于天的形象，原始人凭直观认定是圆形的，故建圆坛为天的神像以祭天。而土地神的形象却不能凭直观获得，而要祭祀土地神，必有其形象，以何为土地神形象呢？依据考古资料，圆形和方形是原始人运用的最基本最普遍的几何形。如果以圆形为土地神形象，岂不同天的形象重合了吗，这显然是原始人所不愿意的，于是便选取方形作为土地神形象。这种选取不是无根据的，方形的墓穴、房基、灶坑、翻耕土地的方形工具等都与土地相关，那么在原始人看来，以方形为土地神和土地的形象是十分恰当和合理的。当然这只是一种文化心理上的认同，而不是科学。问题是原始人不单为了祭祀的需要想象大地的形状为方形，更是因为以地为方型可为无序混沌的天地分割有序的空间方位，让人们在地面上获得活动的自由。

三、以方为基形的空间方位

人类生业在漫长的旧石器时代是完全的狩猎采集，类似动物小型"游群"的原始人的觅食生活是在无定居的飘浮中度过，游群的自然式觅食当无需生产生活之需的交流，当无分割地理空间方位作为方便相互交往标识的需要。后人认为天地空间在远古原始人的世界里，是如鸡子那整体浑圆未分的原初状态，是混沌的"一"，这混沌的"一"被春秋战国轴心时代的哲学家贯以宇宙至大至极范畴意义的 "太一""太乙" 等称谓。逐渐的半定居始于距今1万年前后的驯化稻、粟、黍等作物时期。距今8000年前后农业起源进入关键阶段，很多聚落已是长年定居的村落。[1]人们在定居的农耕生产生活方式下逐渐有了对地理空间定位的需要，开始时可能是利用地形地貌或别的什么标志物确定交往的地点。后来在远距离和交流增多的交往中，发现以地方为模型，以太阳运行为参照的地理空间定位法是普遍可行的，在这种定位法的基础上再辅以别的标志物，彼此间的交往交流会变得很方便。

（一）地方观念与东、南、西、北平面四方。《易经·系辞传》说："《易》有太极，是生两仪。"最原始的"两仪"当是从原初混沌中生出东、西二方位。《汉典》收录的甲骨文东字字形多为"🔆"，与《说文》"🔆"字形同。《说文》："东，动也，从木，官溥说'从日在木中'。"此释义相合原始神话的太阳从扶桑树升起[2]，"杲杲日出"的杲也是日出扶桑树神话的象形字，这道出了旭日初升的太阳方位为东方。《汉典》收录的甲骨文"🔆"字像鸟巢形，古今一般释其为鸟棲巢时日落，借表日落处为西方。以太阳的升起与落下为标志是中国先民最始的地理空间方位。这有民族学的资料证据，如景颇族称东方为"背脱"，即日出的方向；称西方为"背岗"，即日落的方向。川西南大渡河南北两岸的耳苏人以〇为东方符号，〇代表日出处；以●为西方符号，●代表日落处。彝族经典《库西特衣》有"以日出

---

[1] 详见刘莉、陈星灿：《中国考古学——旧石器时代晚期到早期青铜时代》，北京：生活·读书·新知三联书店，2017年，第三章，第四章、第五章。赵志军：《中国农业起源概述》，《遗产与保护研究》2019年第1期。

[2] 《山海经·海外东经》："汤谷上有扶桑，十日所浴，在黑齿北。"《山海经·大荒东经》："汤谷上有扶木，一日方至，一日方出，皆载于乌。"

方为东，日落方为西"[1] 的唱词。对于东方，昆明近郊的倮倮叫"日出地"，福贡的栗粟叫作"日出洞"。对于西方，昆明近郊的傈僳叫作"日落地"，福贡的栗粟叫作"日落洞"。生活在川滇之间泸沽湖地区的纳西族称东方为"尼迷突泽给"，意为太阳升起的地方，一般用日形符号表示东方；称西方为"尼迷经给"，意为太阳落下的地方[2]。郑文光先生说："人类社会的早期，是只粗浅的认识东、西两个方向，那就是日出和日落的方向。云南的佤族，也只认识东、西两个方向，东称为'里斯埃'，西称为'吉里斯埃'——即'里斯埃'的反方向 [3]。"考古学的证据也不少，如以考古发掘的远古墓向、头向推测，可证以日出日落为依据确定二方位始于新石器时代早期。我们检阅考古报告中国境内新石器时代早期的墓向和头向，向南和向北的不多。较普遍的是东、东南、东北、西、西南、西北等方向。例如：公元前7000年的澧县彭头山遗址编号M37墓，一次葬，墓向285°（西偏北），M27墓，二次葬，东西向 [4]。公元前6500年的澧县八十垱遗址晚期围沟内的墓葬，方向为西南——东北向，接近东西向[5]。公元前5400～前4800年的高庙遗址下部地层发掘墓葬1座，头向80°（东稍偏北），仰身屈肢[6]。多次发掘公元前7000～5000年的舞阳贾湖遗址，发现墓葬的头多西向或西南向，少数偏西北[7]。浙江义乌桥头遗址发现公元前7000～6500年上山文化两座墓葬，编号M44、M45，为竖穴土坑墓，侧身屈肢葬，头向东，面朝南或北[8]。公元前6000～前5000年的临潼白家村遗址Ⅲ区两座侧身屈肢葬的头向东或东南。仰身直肢葬的头向基本朝西，西偏北或偏南的较多，一般在220°～330°之

[1] 马学良：《彝族文化史》，上海：上海人民出版社，1989年，第656页。

[2] 陈凌：《由东尊西卑看尚右思想实质》，《襄樊学院学报》2009年第1期。

[3] 郑文光：《中国古代的自然哲学与天文学思想》，中国哲学编辑部编：《中国哲学》第二辑，北京：生活•读书•新知 三联书店，1980年，第19页。

[4] 湖南省文物考古研究所、澧县文物管理所：《湖南澧县彭头山新石器时代早期遗址发掘报告》，《文物》1990年第8期。

[5] 湖南省文物考古研究所：《湖南澧县梦溪八十垱新石器时代早期遗址发掘简报》，《文物》1996年第12 期。

[6] 湖南省文物考古研究所：《湖南黔阳高庙遗址发掘简报》，《文物》2000年第4期。

[7] 河南省文物研究所：《河南舞阳贾湖新石器时代遗址第二至六次发掘简报》，《文物》1989年1第。

[8] 林森等：《浙江义乌桥头遗址发现距今9000年左右上山文化环壕-台地聚落》，《中国文物报》2019年8月13日，第1-2版。

间，正西向的有三座，还有东向和偏东的二座[1]。公元前5800～前5300年的甘肃秦安大地湾遗址第一期文化11座墓葬头向东北，4座头向西北或北[2]。公元前5100～3700年的宝鸡北首岭墓地是头西面东，王因墓地是头西脚东，公元前3500～2500年的大汶口墓地是东西向等[3]。东、东南、东北、西、西南、西北等方向是一年中不同时段的日出、日落方位。学者对贾湖335座墓葬的墓坑方向进行统计，"发现墓坑方向和死者头向完全一致，有329座墓葬的地平方位角位于西方240°～300°之间，正好与贾湖时期冬至到夏至的日入方位相对应，其中112座墓葬为270°，正好与春秋分的日入方位完全相同"[4]。墓葬人头特意朝向日出方的礼仪行为可能赋予祈祷人死后灵魂像日出般再生。而特意朝向日落方可能出自日落方为亡魂归宿处即俗说"人死归西"的神话联想思维。（新石器时代早期很多遗址的墓葬已与生活区分开，当也体现了时人视活人如日出归阳，逝者如日落归阴的阴阳二分思想）。既然新石器时代早期墓头向已因神话信仰而选择日出方或日落方，那么认为新石器早期因由日常生活需要已产生以日出为一方、日落为另一方的空间标识是完全符合逻辑的。

《汉典》收录的甲骨文的南多写作"𡴎""𤯥"等形，金文多作"𡴂"形，甲金文下部都象形深厚之方地形，上面象形草木茂盛。南方是日照最强方，南方草木和农作物生长茂盛，古人以之为南方。《说文》释南为："草木至南方，有枝任也。"太阳一天的运行经过东南西三方，北方是日不到之方。《说文》释北："从二人相背。"究"从二人相背"本义是"死者北首，生者南乡（向）"（《礼记·礼运》）之意，"死者北首"，是将北方认同为阴间地狱的方位。殷商早期墓穴及祭祀坑为南北向构建模式，《礼记·檀弓下》载："葬于北方，北首，三代之达礼也，之幽之故也。"既然将人生死相逆分为两界，以南为生，为阳界，以北为死，为阴界，故甲金文的北字写作"𠤎"形，是以人的生死为二人相背，以从二人相背的北字指代北方。甲金文保留的文化信息已昭示，从东西两

[1] 中国社会科学院考古研究所陕西六队：《陕西临潼白家村新石器时代遗址发掘简报》，《考古》1984年第11期。
[2] 郎树德：《甘肃秦安县大地湾遗址聚落形态及其演变》，《考古》2003年第6期。
[3] 宋兆麟：《中国原始社会史》，北京：文物出版社，1983年，第431页。
[4] 胡大军：《伏羲密码》，上海：上海社会科学院出版社，2013年，第53页。

方位增衍到东西南北四方位是以地方为范型，以太阳为标尺而确立的。其中东西二方位确立在先，南北二方位确立在后。

新石器时代早期已出现或绘画或刻画的"十"形表四方的纹饰符号。如距今8500年的河南贾湖第一期遗址和距今7800～7300年的洪江高庙遗址陶器上有"十"形纹[1]，"⊕"符见于距今8000年前的彭头山文化和距今7800年的高庙文化早期[2]。距今7800～7300年的大地湾文化在贴近陶器口沿部位以红色或白色颜料描画"十"形纹[3]。距今约7000年前的蚌埠双墩遗址许多陶器上刻画"十"纹[4]，距今7000年左右的灌云县大伊山石棺墓遗址，出土的红陶钵底部刻画的图案，其中一图案，是一个圆中间有十字交叉的"⊕"符号[5]。新石器时代中晚期的"十"形符号增多，红山文化、大汶口文化、马家窑文化、上海马桥良渚文化层、杭州良渚文化。齐家文化、辛店文化、四坝文化、寺洼文化、卡约文化等陶器上均多见。至商代的十字形刻划纹更多，如郑州商代二里岗陶符，郑州商代南关外陶符，江西清吴城陶符一期（属商代中期）、二期等都有十字刻画符号。上述十形符号可证对宇宙的东、南、西、北四方分割始于新石器时代早期，其后一直传承，直至今日仍以十形符号标识前后左右四方四面。

新石器时代早期的"十"形四方符号可能有过两种定位法，一种是聪明人以地方为范型，早上面对太阳，以前方为东方，以后背为西方，又向左右伸直两手，以左手边为北方，右手边为南方，这近似于是平分日出日落之东西直线而得南北直线成东西南北的"十"形四方位。之后又用立杆测日影法"辨方正位"而定四方。《周礼》开篇说："惟王建国，辨方正位。"汉唐人注疏说："谓建国之时。辨，别也。先须视日景（影）以别东西南北四方，使有分别也。正位者，谓四方既有分别，又于中正宫室朝廷之位，使得正也。"注疏辨方正位的具体做法是："……先于中置一槷（柱），恐槷下

---

[1] 袁广阔等：《河南早期刻画符号研究》，北京：科学出版社，2012年，第24页。贺刚：《湘西史前遗存与中国古史传说》，长沙：岳麓书社，2013年，第235-236页。

[2] 贺刚：《湘西史前遗存与中国古史传说》，长沙：岳麓书社，2013年，第234页。

[3] 刘莉、陈星灿：《中国考古学——旧石器时代晚期到早期青铜时代》，第161页。

[4] 转引自冯时：《文明以止——上古的天文、思想与制度》，第53页。

[5] 南京博物院：《江苏灌云大伊山遗址1986年的发掘》，《文物》1991年第7期。连云港市博物馆：《江苏灌云大伊山新石器时代遗址第一次发掘报告》，《东南文化》1988年第2期。

不正，先以县（悬绳）正之。槷正，乃视以景。景谓于槷端，自日出画之，以至日入，即得景为规，识之，故云为规识日出之景与日入之景，规之交处即东西正也；又于两交之间，中屈之指槷，又知南北正也。仍恐不审，昼参诸日中之景，夜考诸北极之星，以正朝夕，乃审矣。"[1]这种置槷（柱）视影辨方之法是利用一天中"杆影扫过平坦地形的图形是对称的"这一特性而发明的，是古代成熟的"十"字形定位法。陆思贤先生研究，认为半坡遗址先民在地面上立"羊角柱"图腾柱，构成了最古老的地平日晷。他们白天在此观察晷影，夜间在此观测星空。为控制方位，在地面上，即晷影盘上通过立杆画正"十"字线。又辅以四隅的分角线，即半坡彩陶符号"✳"所表示的，具有四方四隅的概念；又，太阳一日内的晷影，走过了一个扇面形的弧形圈，为之需围绕立杆，在地面上画一个圆圈，以便观测太阳在一天内的移动；圆圈与十字线的关系，便是先民们绘画四分圆"⊕"形的依据[2]。

"⊕"符号形象地表示太阳运行与四空间方位的关系，所指代是在一块平坦的地面画一个大圆圈，圆圈中心立一根垂直于地面的杆，通过测杆影而定"十"形之四方，所以它既是四方位空间符号，又是太阳的符号。研究中国原型哲学的叶舒宪先生说：原始人留下的象征太阳的符号往往是一些十字形，卐形，或⊕形，它们一方面代表原始宗教自然崇拜的一种特殊形式，另一方面又是原始科学和原始哲学空间方位观念的物化形式[3]。甚是。

在物象为方，在纹饰为方格，方形的四边（面）已包含数字4的意义了，方形是宇宙数4的原型。甲骨文的"方"叫"四方"[4]。《汉典》收录金文除有数字笔画之"≡"字，又有表以方形为模式的空间四方位之"⊕"字，"囗"内之")("表示对分或曰背分，彰显方形四分之意。"囗"与"四"形是形与数的对应关系。湖北随县出土的战国时期的磬匣上有编号四。磬匣上的前三个编号是用算筹形式写成的，分别用一道竖杠、两道竖杠、三道竖杠写成，分别表示一、二、三，由此推之，接下来的四应该用四道竖杠的形式表示，但是在此处却用"囗"代替了，意思是四方[5]。笔者在

---

[1] 阮元校刻：《十三经注疏》上册，扬州：江苏广陵古籍刻印社，1995年，第639页。

[2] 详见陆思贤：《神话考古》，北京：文物出版社，1995年，第149—158页。

[3] 叶舒宪：《中国神话哲学》，第156页。

[4] 详见肖春林：《殷代的四方崇拜及相关问题》，《考古与文物》1995年第1期。

[5] 于星兰：《方形文化与上古中国数学的起源》，《科教文汇》2014年11月（上）。

《五行的产生与发展过程》文释甲骨文的 "𣎴" 字表义交通四方的道路，现任教于美国达特默思大学的艾兰教授和南京大学范毓周先生先后释此字为方[1]。此释的出处是四方道路之源在方。地方模式衍生空间四方定位后，四方成为宇宙空间方位的基型，故数字 "四" 成为中国史前文化模式数字。表现在新石器时代图符中可见多种构形的四分符号，如学界熟知的半坡类型仰韶文化彩陶盆上的鱼纹或人面鱼纹是相对称的四个，其文化内涵与空间四方相关。在仰韶文化、河姆渡文化、红山文化、大汶口文化、马家窑文化、齐家文化、辛店文化、四坝文化、寺洼文化、卡约文化等陶器上都可见到多种构形的四分符号。如马家窑文化彩陶有的在方框内绘四个对称的三角形，有的在大方图案里绘四个黄色小方块，有的绘四个相对称的点，动物图案和复合图案多绘成相对称的四个（组）[2]。四作为模式数字在商代及其后很盛行。甲骨文中有四祖丁、四子、四百、四千、四人、四羊、四牢、四牡、四月、四告、四日、四旬等以四为模式数字的合文。《尚书·尧典》载："询于四岳，辟四门，明四目，达四聪。" 一连串的四模式数字。原始宗教有 "四拜" "四望" "四类" "四灵" 等；王族和土大夫有 "四类" "四辅" "四美" "四殆" "四凶" "四厢" 等；儒家有 "四行" "四教"等；道家有 "四大" "四梵天" 等。《说苑·辨物》说古代的数 "发于一，周于四"。古文字学家于省吾教授说："初民数字观念仅多至四，与之相应之次数仅由甲至丁，……左氏昭三年传齐旧四量：豆、区、釜、钟四升为豆，各自齐四以登于釜，釜十则钟。此即初民以四进位，后改为十进位之证。" [3]古人视人死安葬归土为人生最重要的礼仪，4 与 "死" 同音，可能音出挖 "长方形" 地穴埋葬 "死" 尸。

先秦的古人并未满足于仅利用方定天地四方的方位，为了满足生产生活、权力的形成稳固和人们不断增长的精神需要等，以四方为基形不断增加空间方位，下文就此一一论及。

（二）方形与平面五方。东、南、西、北四方及其中央为平面五方，以中央为第五方。

[1] 艾兰：《龟之谜》，成都：四川人民出版社，1992年，第82页—89页。
[2] 详见张朋川：《中国彩陶画谱》，北京：文物出版社，1990年，图谱篇。
[3] 于省吾：《甲骨文字粹林》，北京：中华书局，1979年，第95页。

新石器时代早期用人体测日影或以杆测日影的人们，虽然测日杆或人体作为中心的实际存在，但人们是否关注和认识到其是中心而生出五方观念尚很难说。从考古材料看，中心观念的萌生似乎与人类社会的集体活动有关。如约公元前6200～前5400年的内蒙古敖汉旗兴隆洼遗址，早期房址均在环濠包围之中，聚落中间有两座房址达140余平方米、较其他房屋更大的房子，室外的空地也比较大，这很明显是以两座大房屋为中心的凝聚式统一体的聚落形态。在黄河流域，仰韶前期的聚落特征可概括为内部有分划的向心式联合体。陕西西安半坡、临潼姜寨、宝鸡北首岭和甘肃秦安大地湾甲址都有比较完整的聚落。其中房址均分为若干组并围成圆圈，门朝中心，而中心为广场或墓地[1]。其中距今6600～6400年的陕西临潼姜寨聚落遗址有明确的规划。居住区的中心是中央广场，面积约4000平方米。广场的周围分布着基本同时存在的房址100多座，分为相对集中的五群，即东、南、西、北，西北5个建筑群。每个建筑群中都以大型房屋为主体，中、小型房屋围着主体而建，门均朝向中心广场[2]。考古学家普遍认为以上聚落遗址中心区的"大房子"是氏族长者议事和举行宗教仪式的地方；中心区较大的空地，各组房屋的门都朝向的"中心广场"，当是氏族长者组织族人集会、祭祀的地方。还有如公元前6000年的辽宁阜新县查海文化聚落遗址的中心是大房子，将被氏族视为图腾而崇拜的大型石龙摆塑在大房子和墓地的中间这个最为显要的地方[3]。笔者认为距今6000年前及稍后，很多平等的农耕聚落社会遗址的中心区已经受到氏族的重视而加以利用，除了中心区与四周的距离相等有举行集体活动的便利，也有通过在中心区的活动能获得氏族所需要的内聚力和团结力。从文字前具文字功能的纹饰符号研究，因不见这时有表四方及其中心的五方符号，说明这时还没有产生五方观念。但这时的聚落中心受到了聚落人们的重视，这应是之后以地中为重为尊的地理空间五方观念产生的早期原因。

著名考古学家严文明先生在《略论中国文明的起源》一文中，认为"铜

[1] 严文明：《近年聚落考古的进展》，《考古与文物》1997年第2期。
[2] 详见考古杂志社编著：《二十世纪中国百项考古大发现》，第62—63页。
[3] 详见杨升南、朱玲玲：《远古中华》，上海：上海世纪出版股份有限公司、上海书店出版社、上海人民出版社，2015年，第106—107页。

石并用时代早期：以黄河流域的仰韶文化后期、大汶口文化后期、马家窑文化、辽河流域的红山文化后期和小河沿文化、长江流域的大溪文化后期、屈家岭文化、樊城堆文化、薛家岗文化等为代表，还包括良渚文化的早期，年代约为公元前3500至前2600年"，似应属于黄帝、颛顼和帝喾时期[1]。研究远古中华史的杨升南、朱玲玲先生也认为，"五帝时代应相当于仰韶文化中晚期，黄帝时期的文化应从仰韶文化的中期（即庙底沟类型）始到龙山文化"，时间为公元前3500年至前2500年间[2]。笔者认为将四方四面之"地中"定义为"五"，以地中为重为尊的地理空间五方观念产生于距今5000年左右的黄帝时期，这有考古资料和古文献记载的证据。

以聚落考古材料为证。黄帝时代及之后较黄帝前的聚落有三大主要特点：一是聚落中心区的"大房子"面积更大，建筑质量更高；二是最高等级、最高级别的政治实体的首领将宗教、政治的权力机构，将居室以及死后墓地都安排在聚落的中心区；三是出现了地域面积较大的聚落群团，出现了早期国家位地中的中心城邦及位城邦中心的宫殿宗庙区。例如，公元前3500年左右的辽宁凌源牛河梁红山文化遗址，其主体部分大约有十平方公里，包括有近20处遗迹地点。它的中心也许是位于山坡较高处的"女神庙"和祭坛，这里应该是举行大规模的宗教活动的场所。其余十几个地点都有积石冢，每个地点有一两个或五六个冢子。每个积石冢的中心有一个大墓，周围有若干小墓，有的还有两三座中等墓。从这些墓葬的规模和随葬品来看，"可以设想大墓的主人应是首领级人物，而与他葬在一起的中小墓的死者当是他的近亲或侍从"[3]。换句话说，所有大墓的首领级人物都是以"女神庙"和祭坛为中心；而大墓之首领级人物位积石冢中心，其他中小墓的贵族都围绕中心的首领级人物；这样的安排凸现出地中的神权统治地位与人权的层级关系。再如，仰韶文化庙底沟时期的灵宝西坡遗址面积达40万平方米，发现灰坑、蓄水池、房基、墓葬、壕沟等遗迹。特大房基F105占地面积516平方米，四周设回廊，地基、居住面、柱础等的处理十分考究。特大房基F106占地面积296平方米。F105与F106位聚落中心区，仅相距50米，门道共朝着一

---

[1] 严文明：《略论中国文明的起源》，《文物》1992年第1期。

[2] 详见杨升南、朱玲玲：《远古中华》，第135页。

[3] 严文明：《近年聚落考古的进展》，《考古与文物》1997年第2期。

个中心。在F105和F106相对应的地方，也有两座大型房基，它们的门道共同朝向中间的大广场。考古学者经对大房址的考察，推测聚落中心区的"大房子"当是部落首领议事或举行宗教活动的场地；聚落中心的"大广场"极可能是他们公开举行某种仪式或祭祀的场地[1]。还如，约公元前3000年的秦安大地湾仰韶文化晚期的F901房址在整个聚落中具有核心的地位，它占地420平方米，在房前还有一个近千平方米范围的广场[2]。F901因为前有殿堂后有居室，左右有厢房，地面似今日的水泥，一般认为该建筑应是部落首领间有居住、集会议事，又是族人举行宗教仪式的公共建筑；"大广场"也是举行重大集体活动时使用的神圣的空间。再还如距今5100年左右南佐"古国"都邑遗址，聚落中部是由9座方形夯土台及其环壕围成的面积约30万平方米的核心区，"九台"及核心区位于聚落中心，"宫城"位于"九台"中心，主殿位于"宫城"中心，大火坛位与主殿中心。学者认为"宫城"区部分侧室（侧殿）"有可能作为首领人物的居所"[3]。这里明显是以聚落中心为王者居住及举行祭祀活动之处。再还如，浙江余杭的良渚古城建于公元前3000年前，该城以余杭良渚遗址群中的莫角山遗址为中心，城墙的范围南北长约1800—1900米，东西宽约1500—1700米，总面积约290万平方米。占地30余万平方米为良渚文化整个社会最高权力中心的宫殿宗庙区是莫角山，位城内正中心。王震中先生认为"良渚古城也是早期国家文明的都邑"[4] 杨升南、朱玲玲先生认为"黄帝族是当时最强势的一个部族，他建立的城邦是处于中心地位的中心城邦"[5]。裴安平先生则认为以莫角山群团为核心的"这个聚落组织的属性很可能是一个跨血缘的早期国家"[6]。良渚文化约于公元前3300～2300年间，在其分布区内，还有其他较大但不如莫角山遗址的中心，如江苏武进寺墩、昆山赵陵山、上海福泉山等，其遗址聚落的各个中心是大大小小部族

---

[1] 参见苏溪：《黄帝时代》，北京：清华大学出版社，2007年，第54—58页。

[2] 王震中：《中国古代国家的起源与王权的形成》，北京：中国社会科学出版社，2013年，第142页。

[3] 韩建业：《南佐"古国"：黄土高原上最早的国家》，《光明日报》2023年1月8日第12 版。

[4] 王震中：《中国古代国家的起源与王权的形成》，第352页。

[5] 杨升南、朱玲玲：《远古中华》，第114页。

[6] 裴安平：《中国史前聚落群聚形态研究》，北京：中华书局，2014年，第360页。

（"部族"是部落与氏族的合称）首领的个人权力中心。许多大小不一的中心围绕着莫角山良渚城邑这个最高权力之中心，形成重瓣花朵形的向心结构。良渚文化墓葬反映的也是如其聚落中心的重瓣花朵向心结构，高踞于土筑金字塔顶端的是集宗教、军事与民政等最高权力与一身的部族首领，顶端之下的各个中心是最高首领之下的大大小小的部族首领。良渚文化不论是城址还是宫殿宗庙区的建筑，不论是遗址聚落还是墓葬，都凸显出地理中心的神权和人权等级关系[1]。既然黄帝时代及之后，大小不一的政治实体的首领居住各自统治区的地理中心，在地中实行对较其弱小的四方部族的神权和政权统治，这必然会产生以地中为至重至尊的政治地理五方观念。

以文字前纹饰符号为证。距今5000年左右的大汶口文化中、晚期的邳县刘林遗址，新出在菱形纹的中心增加一圆点的纹样，似乎是标示"地方"之中心。距今5000左右的仰韶文化大河村类型，新出在四方之中心增加一个有椭圆形点的图像。似乎是源出标示"四方"之中的符号。距今5000年稍前的马家窑文化石岭下类型及其后的马家窑类型、半山类型和马厂类型等的彩陶，在呈"十"形或"×"形纹的中心（交点），有的留出空白、或填充纹饰，有的在"十"形的交点绘示圆点等等（图7），这类纹饰符号当是《说文》曰"×，古文五省"之五字的前身，意涵地理空间五方位观念。从数讲，将本内含于四方四面之地中单独列为一方，当只能定义为"五"了。

以文献记载为证。史籍以"黄"名"黄帝"，"黄"色是太阳的颜色，古史一直以此色居中为贵，是黄帝居地中的文化符号。商卜辞有"帝五"的文字，如"癸酉，贞：帝五……"（《合集》34149）"王又岁于帝五臣，正，隹亡雨。辛亥卜，帝五臣□。"（《粹》13）；"癸酉，贞：帝五丰（臣），其三[小牢]。"（《合集》34149）等刻片。甲骨文往往主谓语倒置，"帝五"即"五帝"，指的是各主一方事的五天帝五行之神。战国时期以五帝之首的黄帝居中，太皞居东方、炎帝居南方、少皞居西方、颛顼居北方的五行帝说，是出于以黄帝居中为尊的思想。古籍载子贡问孔子曰："古者黄帝四面，信乎？"[2]长沙马王堆汉墓出土佚书《黄帝四经》说："昔者黄帝质始好信，作自为

---

[1] 戴尔俭：《从聚落中心到良渚酋邦》，《东南文化》1997年第3期。

[2] 《太平御览·卷79《皇王部四》引《尸子》，北京：中华书局，1985年影印本，第1册，第369页下栏。

图7-1

图7-2

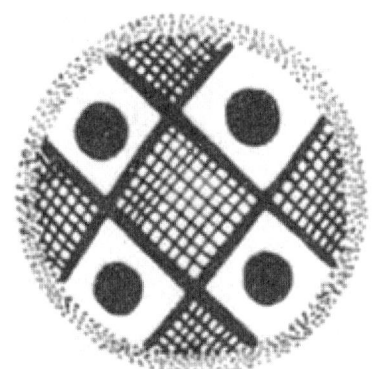

图7-3

图7-4

图7-5

图7-6

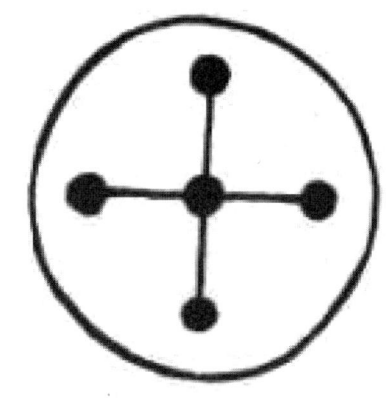

图7-7   图7-8

图7 彩陶上的五方纹样

图7-1大汶口文化邳县刘林、图7-2仰韶文化大河村类型、图7-3马家窑文化马家窑类型、图7-4马家窑文化马家窑类型、图7-5马家窑文化马厂类型、图7-6马家窑文化马厂类型（均采自张朋川《中国彩陶图谱》文物出版社1990年版，分别为研究篇第116页、书之前图19、研究篇之第56页插图7、第176页插图99、第177页插图100、第178页插图100、第175页插图98）

象，方四面，傅一心。"《淮南子·天文训》载："中央土也，其帝黄帝，其佐后土，执绳而制四方。"这类神话涵义黄帝是居地中而制驭天下四方四面的主宰者。黄帝为何以地中为政治地理中心呢？《易经·否卦·象》说："上下不交而天下无邦也。"意思是上位者与下位者不相往来，天下就没有国家的产生和存在。在黄帝时代，无疑上下交首先是道路的交通。黄帝不论是出战征服较其弱小的部族，行最初"封建之法"的"册封仪式"而建立中国早期国家 [1]，还是实行对所辖部族的管理，都得以从其居住的地中（都邑）开辟和修建与东、西、南、北四方各部族相通的水陆之道为重要基础，这一重要基础必然因由时人膜拜的政治地理五方观念而产生政治地理交通五行观念。换言之，黄帝的政治地理五方观念是其政治治理实现交通五方的五行观念产生的思想基础。至商、周广域王权国家仍依据夏至影长或大地测量技术将王都建在四方各诸侯国之地中区。卜辞有："商、东方、北方、西方、南方。"（《屯南》1126）《诗·商颂·殷武》："商邑翼翼，四方之极。"郑玄笺云："极，中也。"卜辞还有："勿于中商。"（《合集》7837）"庚辰卜，尊中商。"（《合

[1] 焦培民：《黄帝封建说与中国早期国家》，《中原文化研究》2016年第3期。

集》20587）"□巳[卜]，王，贞于中商呼御方。"（《合集》20453）"商"为殷人首都，"中商"犹言"中央商"等等，可知商代王都是建在四方各诸侯国之地中。从这也显示出，在五方五行观念中是以四方之中央为"五"。五甲骨文写作"⊗""×"为二绳相交，与已含中心观念的"十"之交点义同。"⊗"义为天地间东南西北四方之相交的中心为"五"。距今5000年左右的上海马桥良渚文化陶器符号、屈家岭陶符、河南龙山文化陶符，其后的宜昌杨家湾遗址刻画符号、郑州商代遗址、江西清吴城商代遗址等都有"⊗"刻符，有的写作"▷◁"。五音"午"，是借"交午"之午音。《仪礼·大射仪》："两楹之间疏数容弓，若丹，若墨，度尺而午，射正莅之。"注："正方圆者，一纵一横曰午。"疏"午，十字。"表示天地、阴阳、四时交午。《史记·律书》："午者，阴阳交，故曰午，午与五通。"

（三）方形与立体六方。东、南、西、北四方和上下二方位为立体六方。

甲骨文合字为"合"形，下面的"口"像器皿之口，上面像盖形，用盖盖上口，本义就是"盒"，这种盒子是方形的。《说文解字》曰："合，合口也。"意为立体六方的盒子是相合的。"合"即今天的"盒"字，它们是古今字的关系。古人把天地空间想象为这种盒子，六方是东、南、西、北四方平面空间，后来添加代表上和下的天、地二方位，成为三维立体之六方。在中国古代典籍中，对三维立体六方有多种叫法。叫得最多的是"六合"。《庄子·齐物论》："六合之外，圣人存而不论；六合之内，圣人论而不议。"成玄英疏曰："六合者，谓天地四方也。"《山海经·海外南经》说："地之所载，六合之间，四海之内，照之以日月，经之以星辰，纪之以四时，要之以太岁，神灵所生，其物异形，或夭或寿，唯圣人能通其道。"郭璞注："四方上下为六合也。"《淮南子·地形训》："地形之所载，六合之间，四极之内。"除"六合"，还有别的多种叫法。《庄子·应帝王》称天地四方为"六极"："出六极之外，而游无何有之乡。"《楚辞》称"六漠"。屈原《远游》："经营四方兮，周游六漠。"《荀子》称"六指"。《荀子·儒效》："宇中六指谓之极。"《汉书·礼乐志》载古诗称"六幕"。"专精厉意逝九阂，纷云六幕浮大海。"还有"六区""六幽""六虚"……等。就"六"的音读而言，甲骨文、金文"六"皆作"∧""∩"等形。康殷先生认为："人，草庐之形，借声以为数字六。" 草庐是由四面墙，以及屋顶、地面两面构成的有六方的房屋，故借"庐"音为数字"六"[1]。考虑到甲骨文已有"人"字，属商代中期的江西清吴城陶器上也有"人"刻画符号[2]，无疑商代已有六合空间观念。笔者认为六方空间观念也可能始于商代以前，因为观念的产生应早于符号和文字的出现。

就六方空间的文化意义而言，"六合"空间与太阳神崇拜不可分割地联在一起，在六合之内，是太阳神给予穿透上下四方之光明的。在原始的祭祀仪礼中，祭坛中央要安放一个纸祇模型：方明。《仪礼•觐礼》上说诸侯觐于天子，祭坛中央"加方明于其上"。贾公彦疏："谓合木为上下四方，故名方；此则神明之象，故名明。"《汉书•律历志》颜注引孟康曰："方明者，神明之象也，以木为之，画六采。"这六采为东方青、南方赤、西方白，北方黑，上玄，下黄。这个涂着六色的巨大的六面体，加诸祭坛之上，象征太阳神明普照天地而形成的多采之象。因由这种得自于天地三维立体六方空间观念的"六"，故《周易》中，把组成卦的一长划或两短划叫作"爻"，一长划是阳爻，两短划是阴爻，重卦六画，称为六爻。前人以六爻为一卦，以"六"具有囊括天地宇宙之数的抽象意义，象征古筮范围的包罗万象，广袤无垠，象征无穷变易的巫术力量。《周易•乾卦•文言》讲"六爻发挥，旁通情也"，正是说由六爻构成的卦，推演下去，变化无穷，与天的本性相沟通，从而具有一种巫术功效。

(四)方形与立体七方。四方增加纵向的地面人、地上天、地下幽灵世界三方为立体"七"方位。

甲骨文和金文的七字作"十"形。数字"七"之所以写成"十"字形，是采用了借形来承担表达抽象数概念的功能，这也是"假借——抽象"造字法（严格说是用字法）。"十"形的交点指人所在的地平中央，垂直"｜"的上方除指南方，也指日行正中的上天为第六方；其下方除指北方，也指北方地下"幽都"为第七方，因以象形法造字时，不可能用一个字符表现立体空间的七方，假借原有的表达平面空间的"十"形符号来表达立体空间的七

[1] 康殷：《文字源流浅说》，北京：国际文化出版公司，1992年，第280页、第506页。

[2] 常耀华：《关于夏代文字的一点思考——兼论中国文字的起源》，中国先秦史学会、洛阳市第二文物工作队编：《夏文化研究论集》，北京：中华书局，1996年，第264页、图九。

方就成了唯一的选择。至汉代为区别以数字"七"代之。班固在《汉书·律历志上》保留了最接近于"七"的神话思维的古训:"七者,天地人四时之始也。""天地人"可还原为神话思维中"上中下"三个方位,即"上"指上天,"中"指地上的人世界,"下"指地下;把春夏秋冬四时认同于东南西北四方,"七"的全方位空间的本义也就昭然若揭了。英国学者汤姆逊追踪以"四"到"七"的进化,举出南美阿兹忒克人的宇宙观为证:上层是天神世界,中层是人类世界,下层是幽灵世界,因此神话想象中世界在横的方面从中心向四方开展,在纵的方面向上下展开,纵横相合恰为数七[1]。甚是。

古文献记载、上古神话及民俗材料也可证古人的七方位分割。南朝梁人宗懔《荆楚岁时记》记董勋《问礼俗》说:"正月一日为鸡,二日为狗,三日为羊,四日为猪,五日为牛,六日为马,七日为人。正旦画鸡于门,七日贴人于帐。"此新春初始更新的七日创世神话,出自太阳运行绕宇宙七方为循环往复的年周期,又以七种动物相配七方位的神话思维。《墨子·迎敌词》记载的一种古老的祭仪活动:"敌以东方来,迎之东坛,其牲以鸡……敌以南方来,迎之南坛,其牲以狗……敌以西方来,迎之西坛,其牲以羊……敌以北方来,迎之北坛,其牲以彘。"可见前四天造的鸡狗羊猪相配东南西北四方。贾谊《新书·胎教篇》与《墨子·迎敌词》的四动物与四方位相配全同,又增牛与中央相配。《易·说卦传》:"坤为地,为母……为子母牛。"可见是以"五日为牛"相配地中为第五方。《易·说卦传》:"乾为天,为父,为良马,为老马,为瘠马,为驳马。"可见出"六日为马"是相配上天为第六方。《楚辞·招魂》:"魂兮归来,君无下此幽都些。土伯九约,其角觺觺些。"王逸注:"幽都,地下后土所治也。地下幽冥,故称幽都。土伯,后土之侯伯也。"见出以北方地下为人死所归的"幽都"为第七方,是因为天地四方等六方的观念产生在先,当只能将地下"幽都"归为第"七"方。据《尚书·尧典》载:"申命和叔,宅朔方,曰'幽都'"。"朔方"即北方,知因北方是日不到之方,山北草木难以生长,尧时已将北方视为人间宅居的"幽都"。《礼记·檀弓下》"葬于北方北首,三代之达礼也,之幽之故也。"三代所指夏、商、周。从文献所载看,将北方视为人间宅居的

[1] 康殷:《文字源流浅说》,北京:国际文化出版公司,1992年,第280页、第506页。

"幽都"为第七方的立体空间七方被认为始于夏代。地下"幽都"的人方较晚出，这与人作为"人"的存在和人的主体意识觉醒相对晚出是契合的。

以地下阴间为第七方的观念衍生出旧时民族民间人初死与生的七日礼俗。汉族人死后有"祭七"的礼俗，死后第一天曰"一七"，七天一祭，祭七个七天，曰"断七"，丧祭结束。维吾尔、哈萨克、柯尔克孜和乌孜别克等族均于第七日祭奠死者[1]。满族人深信人一旦死去，灵魂仍在死者生活过的地方逗留不去，家人要采取供祭仪式安魂，大约七日离去[2]。可见人刚离世逢七日的祭奠礼，是出自认为人魂从阳间转入阴间以七日为周期，行七天一祭能使死者恋世的灵魂入第七方的地下国得以安息的信仰。维吾尔族婴儿出生七日命名，塔塔尔族婴儿出生七日举行摇篮礼，哈萨克族以数字占卜得"七"为大吉[3]。人出生后的满七礼，是谓从阴间刚转生的人魂容易离体或另投胎再生，需要七天才能归附其体成人，此可明创世神话"七日为人"之"七日"是对应阴间第"七"方的神话思维。在不同的地域文化中，"七"总是作为宇宙数、作为宇宙观念的象征而出现的。因而常常与描述宇宙发生的创世神话相联系，或"可用作宇宙树描述中的常数"[4]。由创世神话所强调的圣数"七"具有宇宙常数的意义，因而也常用来表示某种发展的极限或循环的周期。凡数重复到七便可产生某种神秘力量或法术性质，如女娲"七十化"而生成世界的神话。

（五）方形与平面八方。"十"形四正方再分四维方为平面空间八方。

《说文》释北："从二人相背"。北方与谁相背呢？无疑是与南方相背，见出相背而对是分割新方位的一种方法。甲骨文、金文的八，字形为")（"， 为相背形，《说文》说："八，别也，像分别相背之形。""八"与谁相背呢？8是4的倍数，无疑是在正四方的基础上再用相背分的办法分出东南——西北、东北——西南偏四方而成八方。距今7800～6700年的湖南高庙遗址下层已见不少的")（"符号，有的")（"形刻画在圆圈中，且与方形和八角星在同一图像中（图8），约距今7000年的安徽蚌埠双墩遗址陶器有

---

[1] 叶舒宪：《中国神话哲学》，第271页。

[2] 乌丙安：《中国民间信仰》，上海：上海人民出版社，1996年，第275页。

[3] 叶舒宪：《中国神话哲学》，第271页。

[4] 托波罗夫：《神奇的数字》，中译文，《民间文学论坛》1985年第4期。

")("符号等[1]。7000年前的")("不是八字而是象征符号，此符号相背两个半弧的四顶端指向四维方，是新石器早期已将四方用相背二分法分出八方位的证据之一。

史前的八角星符号有二种绘形，一种是将正指四方的四角向相邻的二方平分出东北、东南、西北和西南等四维方而正指日常八方位。如约距今7700～7300年（未校正的碳十四年代）的岳阳坟山堡遗址[2]，约距今6000年的辰溪县松溪口贝丘遗址[3]，约距今5300年的凌家滩遗址等器物上是这种图像（见本书第51页图17-1至图17-3），距今约6000年的仰韶文化庙底沟类型和距今约5300～4000年的马家窑文化器物上多见的是正指四正方和四维方的"＊""※"符号（见本书第52页图17-4图17-6）等。此类表示八方的图形仍遗存于民间，笔者20世纪见贵州省岑巩县傩坛八方图的左边有由"＋"和"×"组合而成的"＊"形八方图形，奇怪的是，在正四方的每条线上又加

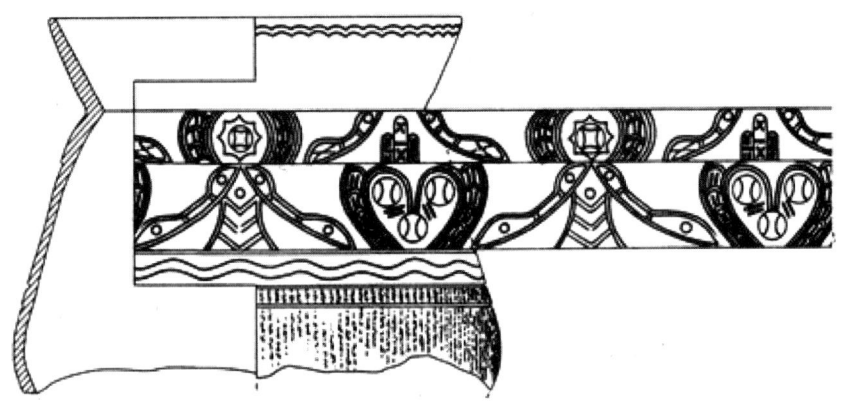

图8　高庙遗址陶罐上的相背二分符号。（采自贺刚：《湘西史前遗存与中国古史传说》，岳麓书社2013年版，第443页）

---

[1] 常耀华：《关于夏代文字的一点思考——兼论中国文字的起源》，中国先秦史学会、洛阳市第二文物工作队编：《夏文化研究论集》，第263—264页。

[2] 岳阳市文物工作队、钱粮湖农场文管会：《钱粮湖坟山堡新石器时代遗址试掘报告》，《湖南考古辑刊》1994年第6集。

[3] 湖南省文物考古研究所：《湖南辰溪县松溪口贝丘遗址发掘简报》，《文物》2001年第6期。

两条短线，巫师说这是表示由四正方的二分而八方（见本书第52页图18）。另一种是将宽十形四方的每一方作二分而八角，图像虽有八角，却并不正指八方，而实际是朝向四方（面），距今约7800年的高庙遗址。距今6500年的湖南汤家岗遗址，距今6500～5300年的上海崧泽文化，距今约4000年的青海乐都柳湾遗址，距今约5900年的泰安市大汶口文化，距今5500～5000年的江西靖安郑家坳遗址等器物上有这类符号（见本书第53页图19）。笔者认为由"□"的每一方生出两个角而八角图案，直观表示的是二分法。这种二分法的涵义可能有二，一是太阳的升降在东、西方的偏北与偏南之间移动，故据太阳的升降点，将东、西各方分为二个方位。进而将其他二方也各分为二个方位而致八方位。另一种可能因为大自然中的二元现象很普遍，新石器时代的原始人已用此二分法图像表现认为是最大科学发现的二元现象，究竟谁是谁非或两者都是尚待研究。

八方在文献中有多种说法，如八纮、八维、八垠、八表、八裔、八柱、八到、八荒、八极等。《荀子·解蔽》："明参日月，大满八极。"注："八极，八方之极，四中四角是也。"《淮南子·地形》："天地之间，九州八极。"注："八极，八方之极也。"作为数，传统文化中"8"是普世吉祥数，今仍如是，此不赘述。

（六）方形与平面九方。八方及其中央为平面空间九方。

三代有国土九方说，九方是方块说，较八方多了个中央。相传禹把全国的疆域划分为九个州，《叔夷钟铭》称："咸有九央，处禹之堵（土）。"《齐侯钟铭》说："奄有九州，处禹之堵（土）。""九州"非夏时已把国土规划为具体的九个行政区，而是泛指夏王禹是居中央统治东、南、西、北、东南、西北、西南、东北八方地的广域王权国家。三代对九方还有"九有""九围""九牧""九垓""九土""九丘""九畴"等称谓。那时也相应地将天分为九块。屈原《楚辞·离骚》："指九天以为正兮，夫唯灵修之故也。"王逸注："九天谓中央八方也。"九天也作"九野"。《吕氏春秋·有始》谓天有九野："中央曰钧天，东方曰苍天，东北曰变天，北方曰玄天，西北曰幽天，西方曰颢天，西南曰朱天，南方曰炎天，东南曰阳天。"《淮南子·天文训》同，唯颢天作"昊天"。后来才出现给天垂直分层的"极天高""九层天""九节天""沓阳天"等。

　　甲金文的九字写作"𝔤""𝔥"形，仅两笔，其中一笔为横折弯钩，居然转了三个弯，这在汉字笔画中是弯曲最多，也是其他数字都不包含的笔形。这种笔形相似甲金文、古绘画符号中弯曲的龙形。弯曲是龙符号基本的一以贯之的构形，5000年前红山文化出土的玉龙是弯曲的圆形，且玉龙上部的造型与九字上部之形相似。龙山文化彩陶和二里头夏文化的龙绘画都是弯曲形，且上部亦有如九字上部之旁出构形。龙符号的弯曲形是来自"龙"运动时的曲折弯绕之态。当代学者姜亮夫先生从文字学和丰富的史料、传说中得出夏人崇龙（龙是夏人崇拜的图腾）崇九，夏禹以龙形九为其形象的结论。他说："九乃夏数者，谓夏族之尚九也。禹字从'虫'从'九'，即后蚪字之本。'九'者象龙属之纠绕，夏人以龙蚪为宗神，置之以为主，故禹一生之绩，莫不与龙与九有关：凿龙门，青龙生于郊，黄龙负舟，神龙为御，父有化龙之传，祖有句龙之名，尊灌用龙句，簾簏以龙饰；洪水既治，即宅九州，封崇九山，决汩九州，披障九泽，丰殖九谷，汩越九原，宅居九隩，洒九浍，杀九首，命九牧，作九鼎，和九功，叙九叙，亲九族，询九德之政，戴九天，为九代舞，妻九尾白狐，天锡九畴，帝告九术，以九等定赋则，以九洛期上皇，东教九夷，飞升九巅，启九道。诸此传说，巧历难尽，虽多后世附会之说，实含先史流传之影。则歌曰《九歌》《九辩》，乐曰《九磬》《九夏》，实与其全部传说脉络相承。"[1] 商周以九为皇权数：聚九鼎以显示其至高无上的权力。 田地规划为井字形九个方块，意为皇权之田。《周礼·考工记·匠人》规划皇城多以九为数："匠人营国，方九里，旁三门。国中九经、九纬，经涂九轨……内有九室，九嫔居之。外有九室，九卿朝焉。九分其国以为九分，九卿治之。"《大戴礼记》第六十七载帝王居住的明堂为九室，如有边框的井字形。《周易·乾卦》以九喻龙，写的全是龙在不同时期的活动："初九：潜龙勿用。九二：见龙在田，利见大人。九三：君子终日乾乾，夕惕若厉，无咎。九四：或跃在渊，无咎。九五：飞龙在天，利见大人。上九：亢龙有悔。用九：见群龙无首，吉。"崇九之俗一直往后传承，直至明清仍以九数喻皇权。

　　夏人为什么以九为龙形，崇龙崇九呢？因九方比八方多了个中央，这中央方非同别方，是人王所居之方。人王居四方之中始出传说史的黄帝。三

[1] 姜亮夫：《楚辞学论文集》，上海：上海古籍出版社，1984年，第276页。

代不啻王城是择中而建，还择地中建象征宇宙模型的明堂，让人王居于其中彰显统治地位 。人王为什么与地中结缘呢？因为认为地中即天中，真龙之身的人王在此可与天地各方神圣交通以统治天下民人。学者对古人称皇帝为"九五"之尊的解说不一。我们认为"五"与"九"都有二维空间之中央方，其数理核心是象征王者居地中统治天下民人的政治地位[1]。九在《周易》中为最大的阳数，所谓阳数是地中交通天地之方位数。《说文》释："九，阳之变也，像其屈曲究尽之形。"神龙通天不是如火箭似的直线上升，而是曲线的，这正是"阳之变也"之义。《周易》以"九五"爻为"飞龙在天"，谓"九五"爻龙处于五行（中央与四方通）之位时，即可跃出水面，一飞冲天，发挥其最大的功能。

往前追溯，史前历法图案中已出现了表空间九方位的数字九。 如约距今5300年的含山玉片图为先夏历法图（见本书第23页图31），玉片图四周钻有圆孔，分别为四、五、九、五之个数，这是宇宙方位之象数，四为四方，五为四方之中央，九为八分及其中央，也称九宫，于天地方位五方和九方中包含中央。 汉代郑玄在《易乾凿度》注中说："太一下行八卦之宫，每四乃还中央。"所谓"每四乃还中央"，即正四方与四维方之中央，术数即为五和九。湖南瑶族巫师在行"开天门"的仪式时，登上"云台"（离地面若二米的高台）后，两眼尽力朝前方望远望宽，然后用头（象征天）于空中画一"井"字符，意为以此符打开"九天"之门。画的"井"字符用交叉的二横二竖分出九个方位空间，以之为"九天"符号，巫师将最后一笔围着井字画圆，意为天是圆形的。历史上较封闭瑶族的"井"字形九天观念应承继史前将天空规划为八方及其中央的九方位[2]。 笔者推测九方也可能始出黄帝时期。

至此，我们可以对以地方为基形的宇宙空间方位的源起与发展做一总结了。其一，四方是以地方为模式的，五、六、七、八、九等方都是在四方的基础上增加方位，换句话说，方形是多种空间方位的基形。其二，新石器时代早期的人们就将地方模式转换为四空间方位模式，从正四方再分出四维方而八方。五方、九方始出距今5000年左右的黄帝时期，七方始出夏代，六

[1] 叶舒宪：《中国神话哲学》，第162—166页。

[2] 张劲松：《中国史前符号与原始文化》，第115页。

方始出于商代或之前。其三，揭示阳数与阴数的象数秘密是：凡是奇数都有中心而可由地中交通上天之数（古巫谓奇数三象征天、地及交通天地之神物或管道），故为天阳之数，九是阳数中最大数。偶数无中心不通天，故为地为阴数。《易经》简单方便的办法，是用一画代表奇阳数，作二画代表阴偶数。我们想这就是阳爻一横（—）和阴爻二横（– –）的由来。其四，因数与象征天地方位的关系而产生对附着于形的数崇拜，视为模式数字、神秘数字、圣数等。

四、多样方形符号的象征及崇拜

学者们谈得最多的早期太阳纹、月亮纹、鱼纹、鸟纹、蛙纹等，是出于对其自然物的具象摹拟与崇拜。新石器时代自始至终存在方形符号，方形符号当是对方形的摹拟与崇拜。如新石器时代早期陶器上见到的方格纹、菱形纹等方形符号，可能是出于对几何方形运用的象征崇拜。新石器时代为什么崇拜方形呢？前文已述距今8000年左右多地聚落遗址的先民开始建造优于圆形的方形房子，在高干栏建筑材料的方桩横凿具有稳固性的方孔，距今7000年的先民开始制作方形农具、骨耜横凿有稳固性的方孔以利翻耕土地。在对自身生存空间的天地认识与利用方面，用圆为天、方为地的形状作出对天地的区别，以之为祭祀天、地的不同符号；为了给天定位，先以地方为模式将天地空间定为四方位，再在方形空间的基础上增加多方位分割，增加方形的中央为五方，增加四方的天方与地方为六方，再增加地下方为七方，四方的每方平分为二方为八方，八方加中央为九方等。下文还会论证约距今6000年后以四方作标准编制四时历。总之，原始先民通过对方形的发现与利用，解决了生产生活和社会发展遇到的很多难题。对今人来说，诸如方形、圆形之类的知识是不足道的，然而新石器时代的原始人却不是如此，他们对方形的每一次运用，都是科学文化的一大进步。那时他们还不能对方形的运用作出几何学和力学的解释，但他们秉持实用的原则，凡是生产生活所依靠而不能作出解释的东西，他们就以之为神，新石器时代的原始人对方形的崇拜当根源于此。

新石器时代方形运用的多样性决定方形符号的丰富多样性，方形符号的多样性意味方形符号象征的多样性，方形符号的象征崇拜又因时代不同其内涵具有变易性。笔者避开新石器时代方形符号研究的复杂性，只论述三类具有普遍信仰内涵的方形符号的原始象征崇拜。

（一）以"十""×""⊕"等符号象征太阳神。"⊕"形是直观地象征太阳照射、运行天地四方。约距今6000年创制四时历后，四方神与四时神复合，这类符号既象征四方神，也象征四时神。对"十"形符号的太阳崇拜始于新石器时代早期。考古材料可见距今8200年左右的湖南彭头山稻作遗址出土了刻有"⋈"形符号的小型穿孔石棒（图9）。石棒长8.5、底宽1.1、厚0.7厘米。刘志一先生认为这样的小石棒应为女巫佩戴之物。他又依据古彝文有"⋈"字及其读音与意义，认为石棒上的"⋈"形符号是一种护身神符，是"后世符咒的祖制和原始形态"[1]。笔者认为彭头山遗址的"⋈"形源出太阳照四方的符号。因为这个符号形象地表现出人们观察到的太阳每日东升西降位置移动的四个极限点。今日有人认为与"⋈"相近的"Ⅹ"是甲骨文之五字，这是不对的，因为8000年前尚无以四方中心为五方的观念，更无"Ⅹ，五行也，从二，阴阳在天地间交午也"（《说文》）之义。在距今7800年的湖南高庙遗址，也出现"十""×""⊕"等符号[2]，这些符号有祈求太阳神护佑的意义。马家窑文化彩陶上"十"字纹主要绘于食器的碗、钵、盘、豆的内部，"十"形为圆的横直两条对称的分割线或内线，有的在"十"形分割的四空间填以别的花纹，使"十"形起着图案骨式的作用[3]。"十"形纹绘于食器上，常与圆形太阳图案及太阳光射线相组合，个别的甚至填以谷粒纹，这充分说明，十形纹是太阳符号，以之祈求对阳光的控制，使农作物丰收，人们得有充足的食物。商王室的中字形大墓以及"亞"字形椁室和铜器上常见的"亞"字铭文实为中空的十字形符号，郑州商代二里岗陶符，

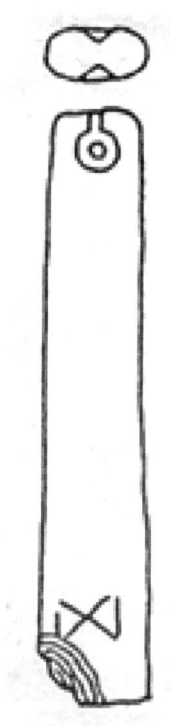

图9 彭头山棒形坠饰及刻符（采自《文物》1990年第8期）

[1] 刘志一：《湖南彭头山刻符考证》，《江西文物》1991年第3期。

[2] 详见湖南省文物考古研究所：《洪江高庙》，北京：科学出版社，2022年1月。贺刚：《湘西史前遗存与中国古史传说》，2013年，第235、256页图。

[3] 详见张朋川：《中国彩陶图谱》，北京：文物出版社1990年，图谱篇之马家窑文化。

郑州商代南关外陶符，江西清吴城陶符一期（属商代中期）、二期等都有十字刻画符号[1]。这些考古材料都是以十字形表现商王为太阳神。文献材料也可证商代有浓重的"十"字形崇拜，甲骨文的巫字作"卍"形，"卍"象征义为巫借太阳光速交通天地四方神祇，旁证是湖南蓝山县古老的过山瑶族度戒仪式中巫师行巫术上天交通天神，需科演名"上光"的科仪，上光就是借太阳光速上下天庭[2]。卜辞中"方"是一个很重要的神，人们可以求年于方：

> 其求年于方，受年。《合集》28244
> 求年于方，有大雨。《粹》808
> 方还可以宁雨、宁风：
> ……丑贞，其宁雨于方。《粹》1545
> ……卜，其宁风，方，惟……大吉。《合集》30258
> 癸未卜，其宁风于方，有雨。《合集》30260

求年于方，求其宁风雨，实为求天地四时太阳神。《周礼·夏官》载周代宫廷傩，文曰："方相氏掌蒙熊皮，黄金四目，玄衣朱裳，执戈扬盾，帅百隶而时傩，以索室驱疫。大丧，先柩；及墓，入圹，以戈击四隅，驱方良。"说的是"方相氏"在朝廷的傩仪和大丧中驱鬼逐疫的仪式活动情况，其中的四方太阳神崇拜非常明显。方相氏蒙着熊皮，戴着黄金铸作四目的假面具，黄金是太阳光色。南美洲印加文化的中心地——库斯科的上圆下方的太阳堂，大殿的四周墙壁从上到下全部镶上较厚的纯金片，所以这座神庙得名为"金宫"，这是以黄金为太阳光色的最典型证据[3]。我国彩陶上的太阳符号多绘黄色，称崇拜太阳的人文先祖为"黄帝"亦可证"黄金"是太阳光色。"四目"源自史前的四方观念，"黄金四目"指的是东南西北四方面的太阳光。太阳之所以称"目"，是因为在以人为万物尺度的原始思维中，常将日月同

---

[1] 转引自常耀华：《关于夏代文字的一点思考——兼论中国文字的起源》，中国先秦史学会、洛阳市第二文物工作队编：《夏文化研究论集》，第262页—264页。

[2] 张劲松等：《蓝山县瑶族传统文化田野调查》，长沙：岳麓书社，2002年，第168—176页。

[3] 参见叶舒宪：《中国神话哲学》，第159—160页。

人的眼睛联系在一起，例如渊源于史前信仰的盘古类型神话广泛流传于南方少数民族中。《述异记·上》载："昔盘古之死也，头为四岳，目为日月，脂膏为江海，毛发为草木。" 湖南新宁县瑶族傩仪中的《座都头歌》说唱盘古化生，其中有"两眼将来做日月"的句子。侗族至今仍称太阳为"达曼"，意为天的眼睛。上古人认为太阳神眼具有辟邪御敌功能，傩仪中方相氏作"黄金四目"的面具，意为以四方太阳眼驱尽四方鬼疫（即"方良"）。关于"方良"，良是罔两的合音，方良即指阴界四方之鬼魅，与前文的"以戈击四隅，驱方良"合起来看，此义更甚明了。《周礼·夏官》说"方相氏：狂夫四人。""狂夫四人"是方相氏下属的四个"驱傩"者，每人负责驱逐一方鬼魅，合为做驱四方鬼疫也即"索室驱疫"的表演。狂夫四人演变为后世傩仪的四大天王、四大元帅、四值功曹等四类型数之神。近世傩仪中方相氏虽只用一人担任，但其神职仍是驱四方鬼疫。民族学材料仍可见"十""×""⊕"等太阳崇拜衍生的吉祥符原始信仰。如羌族巫师预卜，羊骨卜以羊肩胛骨一支，用艾火烧炙，巫师念经后取出，仔细察看，若裂纹纵直呈"十"字则吉；斜倾作"叉"状或作零乱的若干细线，则凶[1]。云南南涧虎街有一个土主庙，每三年举行一次由巫师主持的祭典，杀羊祭祀，剥下颌骨占卜，如颌骨上出现"十"字纹，即象征他们崇拜的虎神将来赴会[2]。傣族文身的护身图案有"十""×"符号[3]。湘西苗族、土家族在婴儿满月那天，母亲抱儿赶集，用锅灰在额门上画"×"，以之为驱鬼邪的护身符[4]。在江华瑶族自治县老城区，笔者亲见巫师将画在白纸上的"⊕"符张贴在马路边的大树上（图10），谓此符为太阳神符，以之解度家中主人或小孩犯的天狗煞、将军煞而得病的难关。这里谓"⊕"符还有一个功用，八月十五日有月食，被认为是天狗吃月，用此符并敲锣可止住天狗吃月。

（二）以方菱形符号象征四方四面神护佑。"◇"四角指向如同"十"形的四方，它又有四面，是象征四方四面神的符号之一。其符号崇拜义含神圣吉祥的四方四面护佑。距今8000年左右的江苏泗洪顺山集遗址出土一件陶

---

[1] 高国藩：《中国民俗探微：敦煌巫术与巫术流变》，郑州市：河南大学出版社，1993年，第8页。

[2] 宋兆麟：《巫与巫术》，成都：四川人民出版社，1989年，第378页。

[3] 徐华龙：《泛民俗学》，哈你滨：黑龙江人民出版社，2003年，第87页。

[4] 张劲松：《千奇百怪的护身护》，《民间文化》199年第3 期。

图10　江华县"⊕"形崇拜（采自张劲松摄）

猴面，其额头出现一个方菱形（图11）。江苏连云港市将军崖岩上刻画有用作"禾魂祭"的傩神头象，傩神的头面刻有"回"形方菱纹（图12）。王仁湘先生在《方菱花额•谁给谁贴的标识》文中列举了72幅方菱额花与方菱图像 [1]。如江苏常州新岗遗址崧泽文化墓葬中出土的一件陶猪，猪额头刻画了两个典型的方菱形（图13）。良渚文化的余杭反山、瑶山玉器中龙首纹鼻梁部位有非常标准的方菱形纹（图14）。石家河文化在动物形象的鸟和蟾的背部刻方菱形。龙山文化和石家河遗址玉鸟的背部刻方菱形。湖南澧县孙家岗

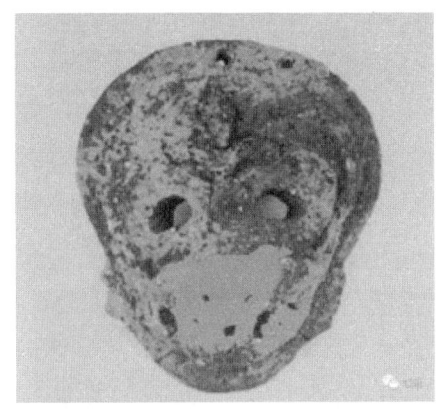

图11　江苏泗洪出土顺山集文化陶猴面（采自微信公众号"器晤"【微信号：qiwu3n3n】《方菱花额—谁给谁贴 的标识》）

图12　连云港市将军崖上的人面头像（采自张劲松：《中国史前符号与原始文化》，北京燕山出版社2001年版，第66页）

遗址出土的一件玉蟾，其背部出现了一个方菱形（图15）。湖北天门石家河文化玉神面镂刻有标准的方菱额花。商周青铜器与玉器艺术出现许多动物图像，如龙虎牛鸟蛙蝉等，都有加饰方菱额花的，说明方菱额花不为某一类动物的专享，它应当具有一种较为普遍的意义。学界对 "◇"纹的象征意义已有研究，如象征"雷和雨"、是"蚩尤：饕餮"的特别标记；"表示人们赖以生存的谷物"；"还有表示天地四方的意义"；是女性"生殖孔"等观点，王先生未认同各说不一的观点，但他自己也未提出十分肯定的意见。我们认为方菱纹源出表示天地四方四面的意义，由对四方天地 神

---

[1]　器晤：《方菱花额——谁给谁贴的标识》，微信公众号3N3N《器晤》，2019年8月25日推送。

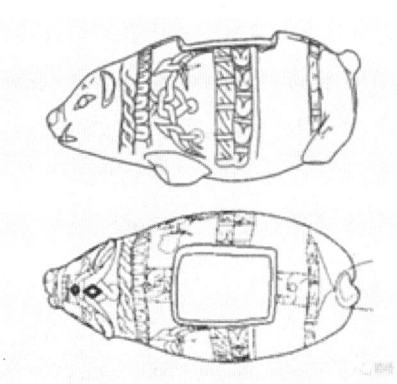

图13　江苏常州新岗出土崧泽文化陶猪线图[采自微信公众号"器晤"（微信号：qiwu3n3n）《方菱花额—谁给谁贴的标识》]

图14　浙江余杭瑶山出土良渚文化玉镯 [采自微信公众号"器晤"（微信号：qiwu3n3n）《方菱花额—谁给谁贴的标识》]

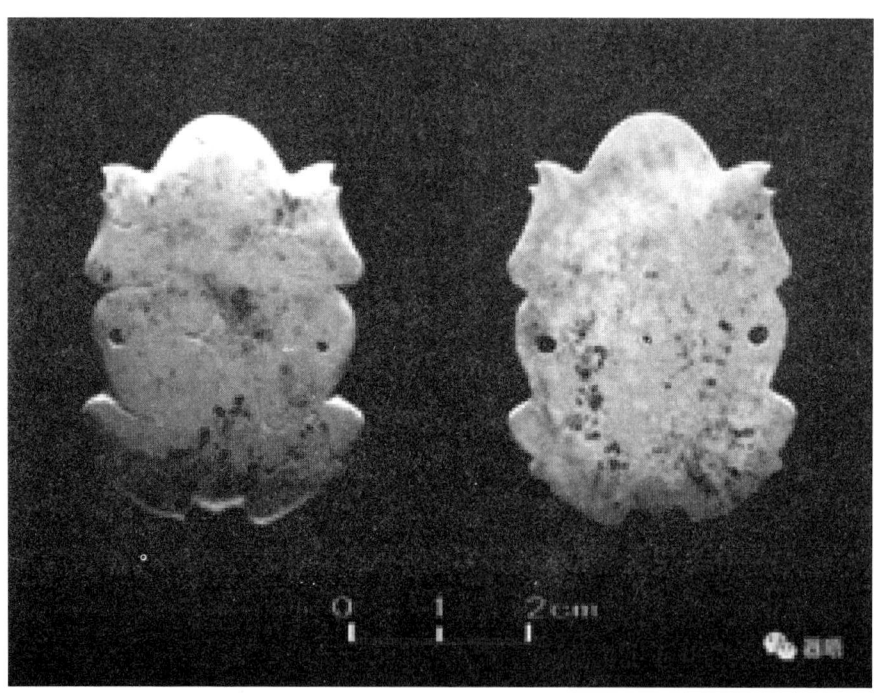

图15　湖南澧县孙家岗瓮棺出土石家河文化玉蟾[采自微信公众号"器晤"（微信号：qiwu3n3n）《方菱花额—谁给谁贴的标识》]

的崇拜转化为神性吉祥符号。之所以说是吉祥符号，是因为方菱花是贴在人们看重的如铜钺、铜铲、玉斧、铜头盔、青铜胄、青铜辕、玉梳、石枕、木鼓、骨埚、青铜鼎、青铜盘、青铜尊、青铜篮等器物上；贴在猴、鸟、龙、虎、猪、牛、马、铜兽面、龟、蟾、蛙、蝉等人们崇拜的吉祥动物神的头额上，以方菱形为神圣、吉祥、四方四面整体护佑的标识意义很明显。

（三）以正方形符号象征王权崇拜。这类崇拜符号始于较晚出的政治实体社会，导由地方模式和四方空间方位的基型，代表整个天地，故人王以正方形为统治天下的符号。这类符号的象征崇拜表现在四个方面。其一是以四方象征帝王统治整个天下。古有"黄帝四面"的神话，何谓"四面"，四面即东、南、西、北四面，黄帝是传说史的第一帝，涵义其是居地中而制驭天下四方四面的人王。夏代已进是广域王权国家，夏王是国家最高统治者的地位已经确立。典籍中夏王启称作"夏后启"，夏王芬称作"夏后芬"，夏王皋称作"夏后皋"等。夏王为什么称"后"呢？《说文》曰："后，继体君也，像人之形，施令以告四方，故厂之从一口，发号者，君后也。"学者认为甲骨文的"頪"字也作帝用[1]。刘向《五经通义》云："诸侯不得观四方，故缺东以南，半天子之学，故曰頪宫（頪者，判也）。""观四方"义为统御四方，诸侯不得观四方是规制诸侯不得行使帝王统治全天下的权力。可见"后"之义如黄帝四面神话一样，象征帝王是居地中而统治四方民的人王。其二是古代人王建模拟太阳仪式历法的"太阳堂"。周代称"明堂"。《周书·明堂》载："明堂者，明诸侯之尊卑也，故周公建焉，而朝诸侯于明堂之位。"《周礼·冬官·考工记下》载周代明堂的建制，为五室，周以后的明堂增至九室。又效法天圆地方观念构建成"上圆下方"形。明堂建五室、九室的方形堂，象征君王居中位统治四方、八方全天下。距今约5300年的仰韶文化后期的甘肃秦安大地湾遗址，发现一座类似后世帝王宫殿的"大房子"建筑，这座殿堂式建筑面在100平方米以上，为四方形，有前庭后堂，左右厢房，大门之前有庭，主次分明。考古学家认为这类大型宫殿式方形多室建筑的作用与三代的明堂的作用是一样的[2]。商代二里头文化有大型宫殿建筑群基址，整体略

[1]　高明：《商代卜辞中所见王与帝》，北京大学考古系编：《纪念北京大学考古专业三十周年论文集》，北京：文物出版社，1990年，第76页。
[2]　王震中：《中国古代国家的起源与王权的形成》，第143页。

呈正方形，东西长108米、南北宽100米，坐北朝南。从檐柱的排列，可以看出是一座面阔八间，进深三间双开间的建筑。考古学家认为这类大型宫殿式方形多室建筑是周代明堂祖型的"世室""重屋"[1]。其三是夏商周三代人王以方鼎为重器象征王权。三代主要用方鼎作礼器祭祀天地祖神，鼎的得失意味着王权的得失。三代最大的方鼎是河南安阳殷墟出土的重875公斤的司母戊大方鼎。鼎上饰有双虎食人纹，虎大口方目，极其狞厉。湖南宁乡黄材出土的人面纹长方鼎，亦是较大的鼎，腹部四面有浮雕的人面纹装饰，四个人面相同，脸亦呈方形。夏文化时代，也有部族首领以陶鼎为权力的象征，如甘肃省玉门市火烧沟出土了四坝文化时期一件三狗钮盖陶方鼎[2]（图16），方鼎通高27厘米、口长23厘米、口宽12厘米，上面绘的全是连体小方格图案，鼎上陶塑三只狗，犬是史前西北犬戎部落崇拜的图腾。火烧沟遗址木炭经树木年轮较正年代距今

图16　四坝文化时期一件三狗钮盖陶方鼎图
（采自张朋川《中国彩陶画谱》，文物出版社1990年版，图谱篇图1335》）

3600±135，相当于夏时期。四坝文化时期的居民是男性在社会生活中起主导作用，氏族首领是由威望高、辈分大的男子来担任。为了显示首领的威严，用陶制成方鼎置于家中，死后随葬于墓中。其四是商周之后，皇权崇拜的象征物有了正方形居多的玉玺，古"玺"字有的偏旁从土，拥有四方国土之义。

五、方形与中国独特的方块字

文字产生之前的漫长时代，原始人是用有象征义和确定名称、但无读音

[1] 北京大学历史系考古研究室商周组编：《商周考古》，北京：文物出版社，1979年，第27页。
[2] 李志钦：《黄河彩陶纹饰鉴赏》，合肥市：安徽美术出版社，2009年，第23—24页。

的符号交流思想，传达信仰和艺术的。如距今9000年的湖南彭头山遗址在棒形坠饰上有" 形刻符（见本书第95页图9），以之交流太阳照四方的思想，传达崇拜太阳的信仰。距今8500年的河南贾湖裴李岗文化有陶器刻符，刻形有" "[1]等。距今7000～6000年前的柳林溪人80件陶器上有刻符，有的刻画于夹砂红陶罐口沿和支座顶部或柱身，有的刻画在泥质圈足与假圈足碗的外底[2]（图17）。西安半坡遗址有不少的陶器刻符（图18）。临潼姜寨文化，大溪文化、屈家岭文化、安徽蚌埠双墩新石器遗址，崧泽文化，良渚文化，大汶口文化，龙山文化等，很多遗址都出土有陶器刻画符号。史前的刻符无疑都具有象征义。笔者在此关注的是，史前无论图形图像符号还是抽象符号的构形都是方形。如出现很早的天圆地方、四方、四时、八方、八时、八卦等表天地宇宙时空的符号都是方形。新石器时代末乃至新中国成立

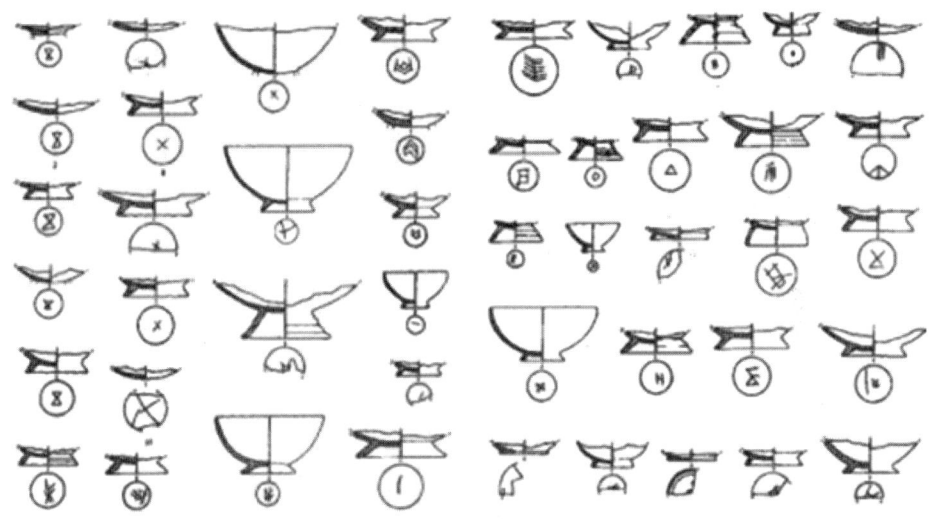

图17　柳林溪遗址陶器部分刻划符号（采自：国家文物局：《秭归柳林溪》，科学出版社2003年版，第124-125页）

以后用方形物刻符号，如距今约3900～3500年的青海省乐都县柳湾原始社会

---

[1]　转引自常耀华：《关于夏代文字的一点思考——兼论中国文字的起源》，中国先秦史学会、洛阳市第二文物工作队编：《夏文化研究论文集》，第262页。

[2]　国家文物局：《秭归柳林溪》，北京：科学出版社，2003年，第116—127页。

末期墓地出土的四十件长方形骨片上有刻口的刻符，被认为"大约是用作记事、记数或通讯联络用的"[1]。直至20世纪50年代，瑶族、卡佤族、云南福贡地区的傈僳族、云南澜沧拉祜族等少数民族地区，仍见在骨片、竹片上刻口记数的习俗流行，刻符材料的骨片、竹片是方形[2]，是在方形材料上刻方形符号。我们用"方形"概括史前符号的构形特点，认为新石器时代的方形文化、浓重的方形崇拜是中国史前符号构形的根基是说得通的。

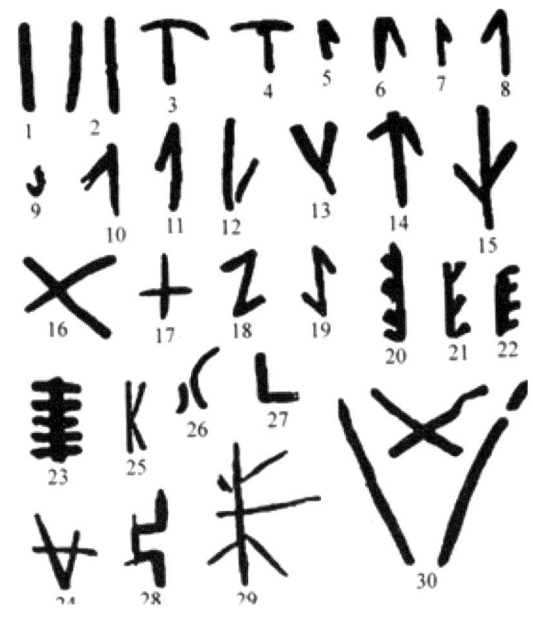

图18 西安半坡遗陶器刻符（采自：中国科学院考古研究所、陕西省西安半坡博物馆编：《西安半坡：原始氏族公社聚落遗址》，文物出版社1963年版，第197页）

我们认为新石器时代的所有符号都是约定俗成的表意之"文"，而非有读语音之"字"。它们至少已表三种象征义：一是记事、指事。如"⊕""8""十""×"等符号在彭头山遗址、高庙遗址、柳林溪遗址、安徽蚌埠双墩遗址、大溪文化、屈家岭文化、西安半坡遗址、仰韶文化、良渚文化、龙山文化等新石器遗址和二里头文化、商代遗址等都存在。前文已论这些符号在新石器时代早期是表空间四方及太阳的符号，距今约6000年之后则成为既表四方也表四时的符号。二是巫文化的犹如近世巫师画的符咒，有的出自灵物崇拜和自然物神崇拜如对天地日月和天地日月神崇拜的符咒。信仰者以神符治病、催生人丁、安家神、安龙神、安灶神、安葬，日常也以之为压惊避邪、驱鬼避灾、祈福寿的护身符等。前文已证"8

---

[1] 参见青海省文物馆理处考古队、中国科学院考古研究所青海队：《青海乐都柳湾原始社会墓地反映出的主要问题，《考古》1976年第6期。

[2] 参见曲彦斌：《神秘数》，石家庄市：河北人民出版社，1997年，第16—18页。

" "十" "×" " ⊕ " 等是作为太阳象征符号有驱鬼避邪、免灾求吉之巫术功用。三是有的可能是族号、族徽或名人符号等。

学界关于中国文字起源的意见众说纷纭，莫衷一是。笔者认为，孕育中国文字的母胎是新石器时代表达象征意义的符号，至殷商时将表意之"文"与语言相结合才创新出甲骨文字。甲骨文字是造字者对传统的纹饰符号进行创造性转化的结果，表现有这样几个方面：一是将史前的书契刻符转化为"文字"，如上文述将史前之"⋀"符转化为"⋀"（六）字。将史前"✕"符转化为"✕"（五）字，将史前之"⟩("符转化为"⟩("（八）字，将史前之"十""✚"符转化为起始义的"甲"（甲）字。将"十"符转化为"✚"（亚）字，将史前之"田"符转化为田土义的 "田"字。本书《五行的产生与发展过程》一文，也实证甲骨文将马家窑文化边家林遗址、半山类型、马厂类型等彩陶在圆圈里绘"艸"形表行意的纹饰转化为"行"字（见本书第135页图5）。马厂类型在圆圈里两个长方形相互斜交叉成五宫格的外四宫格画人足掌，而中宫格不画人足掌的纹样（见本书第135页图5-3和图5-4），甲骨文将之转化为"步"字（见本书第133页图3）。二是将史前刻符转化为甲骨文字的构成元素。如《汉典》收录的甲骨文的"文"字形作 形，是在人形的"文"字中心添加一个"×"符号，史前"×"形符的本义象征时空历法，字中的"×"是以部分代整体的表示以农耕历法为主的农业知识， 字本义是懂得包括时空历法在内的知识就是有文化的人。《汉典》收录甲骨文"学"字多作 " " " " 形，上面画着双手捧着"×"符号或只有"×"符号，下面再画一所房子，表示"学校"的"学"字，是在房子里教授农耕需要的历法知识。《汉典》收甲骨文的"教"多作 " " 形，义为"教"是"父"辈向晚辈传授以农耕为主的知识，等等。三是甲骨文造字者依循史前陶符的方形构式，开始采用间架结构的"田"形格和象形、指事、会意、形声等造字法，造出大批"文"与语音相结合的方块字，用象形独特的方块字保留久远的历史文化传承信息。"取象构形"的独特的方块字造字法，避免了在传统的方形刻符架构外另起炉灶，造出只是表达语言（声）而不表形义的拼音字。只表达语言（声）的拼音字实际是无"文"化。研究至此，世人应该认识到，中国独特的方块字诞生于深厚的方形文化土壤，其历史的攸久与文字的优越性是世界任何拼音字无法相比的。

六、方形转化为做人之本的哲学意蕴

很有意义的是，春秋战国时期的思想家也将新石器时代传承发展而来的方形文化转化为做人之本的道德意义。甲骨文的方多"ϯ"形，甲骨学家徐中舒先生释其为象形字。说："象耒之形，……上短横像柄首横木，下长横即足所踏履处，旁两短画或即饰。"[1]认为是用构形为方形之农具"耒"表"方"的实用义。《易传》和诸子文献开始赋予"方"不少引申和哲学思想义，如《周易·系辞上》："方以类聚，物以群分。""方"指同样的东西。《周易·复卦·象辞》："后不省方。""方"为"省察"义。《益卦·象词》："天施地生，其益无方。""方"为"方式"义。《恒卦·象词》："君子以立不易方。""方"为"道"义。《系辞下》："而揆其方。""方"为"义理、道"义。《论语·先进》载孔子问子路，如有人任用，将怎么治理邦国。子路说："千乘之国，摄乎大国之间，加之以师旅，因之以饥馑，由也为之，比及三年，可使有勇，且知方也。""方"是道义、道理义。《系辞上》："方以类聚，物以群分。""方"指品行方正的人。《韩非子·解老》："所谓方者，内外相应也，言行相称也。"方指正直。《汉书·董仲舒传》："举贤良方正之士。"方指品行端好。中国的传统哲学以方为做人之本，圆是处世之道，"外圆内方"是为人处世的最高智慧，见出新石器时代之方形基因文化发展至战国及其后竟赋以塑造国人方正品格之哲学意蕴。

七、方形与年四时八节

距今1万年前后是我国稻、粟、黍等农作物的孕育阶段，距今8000年左右是农业形成过程的早期，距今7000～6000年是农业形成过程的晚期，距今5000年左右已是农业社会。我们推测在农业的孕育及至农业形成过程的早期，是以虫鸣鸟语和"但候草木荣枯以记时岁"的"自然历法"。我国有些少数民族旧时仍沿用原始的物候历指导农耕，如独龙族以春草萌发时，

---

[1] 转引自高树藩编纂：《中文形音义综合大字典》，北京：中华书局，1989年，第644页。

开始点种小麦、小米；以青草遍野时，开始砍山垦地；以百鸟齐鸣时，放火烧山，种植南瓜；以布谷鸟叫时，开始播种插秧，点种苞谷；以松树枯黄时，开始吃青包和瓜类、收麦子、种荞子等。凉山彝族，当听到布谷鸟叫或树木长出新芽即开始播种；武定一带彝族，以水东冬嫩芽的大小来确定播种荞麦的时间；禄劝一带彝族，听见"月露"鸟叫或见到攀枝花开，便赶快插秧[1]。公元1949年后湖南民间农时仍一段时间传用 "桐花落地，种谷下泥" "农夫懂不懂，桐子开花乱下种"的物候农谚。原始农耕先民虽然用物候历指导作物耕种，但通过做立杆测日影的工作认知天象年周期变化的努力一直没有停息。 冯时先生经对距今6000年的河南濮阳西水坡仰韶时代西水坡45号墓研究，认为那时通过立表测日影已认知到二分二至的日行轨道即认识了春分、秋分、夏至和冬至四时历[2] 。甚是。这一研究与另一考古文化现象相吻合。距今6000年前的山西芮城东庄村的仰韶文化，距今6000～5910年的大汶口文化，距今约6000～5500年的仰韶文化（庙底沟类型），距今6300～5500年的大溪文化，距今约6000～5300年的崧泽文化等多见彩绘花瓣纹图案[3] ，这类彩绘花瓣纹图案，在不到一百年的时间内就广布到我国两大河流域的主要地区，这应是出于崇拜"花开知时"能指导农作物播种的物候历而绘。然而，彩绘花瓣纹在盛行了一段时间后却快速减少，推测其原因，是距今6000年后的上层社会已由花历转用通过立杆测日影而创制出了由四时到八节太阳历，由之减弱了对花历的崇拜。

距今5500年前后的历法创制者是用四方模式决定年四时模式的办法创制四时历的，这种办法属于对方形的转化利用。其具体做法是在平坦的高处建四方形土台（方坛），在方台中央植树（或立杆），通过观天象、测日影而编制时间与空间相混同的年四时历，这有多学科证据。

（一）考古学证据。考古材料知史前红山文化已建方坛，红山文化发掘出的玉方璧，是象征方坛的贵重礼器。良渚古城的外围分布着瑶山、汇观山祭坛和权贵墓地。瑶山是一座海拔约35米的自然山丘，位于良渚古城东北约5千米处。1987年在瑶山的顶上第一次发现了良渚文化时期的祭坛。祭坛的

[1] 史继忠：《中国南方民族的历法》，《贵州民族研究》（季刊）1990年第4期。

[2] 详见冯时：《文明以止——上古的天文、思想与制度》，第13—45页。

[3] 详见王仁湘：《论我国新石器时代彩绘花瓣纹图案》《考古与文物》1989年第1期。

西边和北边是覆斗状的石头护坡。祭坛顶部平整，以挖沟填筑的方式，做出规则的回字形灰土坑，由内而外形成红土台、灰土坑和砾石台面三重结构。祭坛上共清理出13座良渚文化时期的大墓，分两排埋在祭坛南侧。另有汇观山位于良渚古城西边约2000米处，是一座海拔约22米的自然小山。这里发掘出一座形制与瑶山祭坛十分相似的祭坛。瑶山和汇观山祭坛均为方形，方形四面相对称东、南、西、北四面。刘斌先生经过多年的观察与研究，推测瑶山、汇观山两处人工营建的祭坛的性质，是通过观测太阳来测年的，时人利用方坛观测到春分、秋分的日出点和日落点，观测夏至的日出点和日落点，观测冬至日的日出点和日落点，也就是用观察太阳的运行规律，以确定一个回归年的两分两至（图19）。而祭坛侧边墓埋葬的人物是从事观象活动的巫师[1]。这时期也出现在方台中央植树观日影测时的纹样，如距今4800年左右的山东莒县陵阳河大汶口文化M25出土的陶尊上有一图像，图的上部为树木，李学勤先生认为"下部当为土丘或祭坛"[2]（图20），土丘中心植树用于测日影定时。这时期表现四方四时的符号也不少，如青海省乐都柳湾出土的半山型四圆圈彩陶壶，按四方位绘四个相切的太阳圆，其中一个为"⊕"形。青海乐都出土的马厂类型彩陶壶腹鼓按正四方位排列相切的四个"⊕"形旋纹，又在壶下部绘单"十"形。甘肃省广河县地巴坪出土的半山类型陶罐，在罐腹鼓部绘四个对称的"十"形纹，每个"十"形的四端各绘一个"拟日圆"。甘肃省东乡族自治县林家马家窑类型盆，在陶圆盆底的太阳色圆上绘"十"形，在"十"形四端各绘一个拟日圆点。甘肃省康乐县张寨出土的边家林遗址类型盆也是在圆盆底的太阳色圆上绘"十"形（图21）。这类在圆内绘"十"形，有的在"十"形四端位绘圆点或特别的图像，既代表四个基本方向，同时也代表一年中的春、夏、秋、冬四季。

（二）文献证据。《山海经·海外西经》："轩辕之丘，在轩辕国北，其丘方。"《山海经·海内北经》载："帝尧台、帝喾台、帝丹朱台、帝舜台，各二台，台四方，在昆仑东北。"《海外南经》："昆仑虚在其东，虚四方。一曰在歧舌东，为虚四方。"《说文》："虚，大丘也。""虚四

---

[1] 高江涛、李平编：《考古队长现场说·中华何以五千年》，太原市：三晋出版社，2021年，第402—403页。

[2] 李学勤、江林昌：《夏商周文明新探》，杭州市：浙江人民出版社，2001年，第319页。

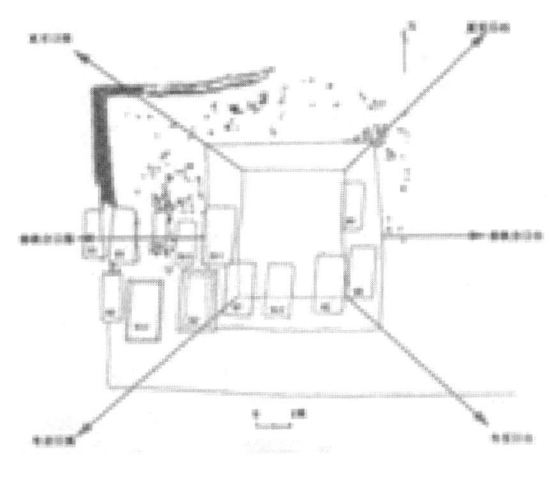

图19　瑶山方坛上的观象示意图（采自高江涛：《考古队长现场说——中华何以五千年》，三晋出版社2021年版，第405页）

图20　莒县陵阳河M25出土陶尊上的图像符号拓本（采自李学勤、江林昌：《夏商周文明新探》，浙江人民出版社2001年版，第319页)

方"即丘四方。五帝为何建方坛？《史记·五帝本纪》载黄帝有"迎日推策""顺天地之纪"的事迹。《淮南子·览冥训》载："昔者黄帝治天下……以治日月之行律，治阴阳之气，节四时之度，正律历之数。"依据前述良渚文化的瑶山和汇观山建方坛观日出日落定四时，大汶口文化建土方丘在其上植树测日影定四时历等推测，黄帝、帝尧、帝喾、帝舜所建的方坛分别朝向东、南、西、北四面，可以之象征大地形状作祭祀土地神的坛台。方坛中心植一棵树或立一根杆子，黄帝等或为他们所用的大巫在方坛上通过观日出日入的方位，和通过午时测日影数的周期性变化而定年四时。《周礼·夏官》载周代宫廷傩的"方相氏"，是在方坛中心植树或立杆测日影定四时的朝官。甲金文的"相"字作"⿰木目"，是以目观木的象形字。《说文》释相字："省视也，从目从木，易曰'地可观者，莫可观于木'。"所谓"莫可观于木"，是说视树影以别时空是简便易行的方法。五十多年前我在农村的时候，因为无手表，便是承袭上辈人以观测树影来测定时间的。此法虽不精确，但于农耕生产生活也够用了。

夏代有了更进步能指导农事的"夏小正"历法后，在方坛立杆测日影编制历法的工作则自然停止，但在社坛植树的传统仍得以传承。《周礼·地官·大司徒》："设其社稷之壝而树之田主。各以其野之所宜木，遂以名其社与其野。"《墨子·明鬼》："必择木之修茂者，立以为菆（丛）

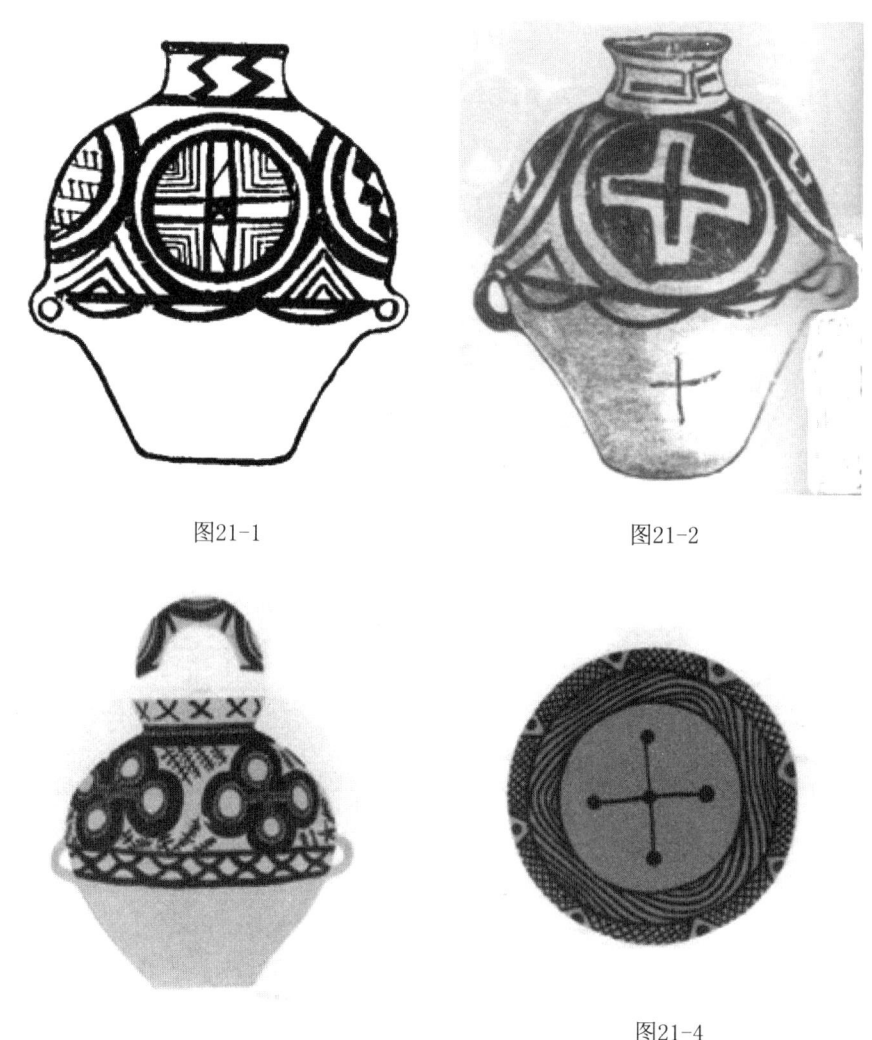

图21-1   图21-2

图21-3   图21-4

社。"笔者调查近世民间仍遗存社坛植树或立杆奉为宗教意义的神主、或神灵交通的凭依物的古俗，有的还遗存有测日影定四时的遗痕。如居住于

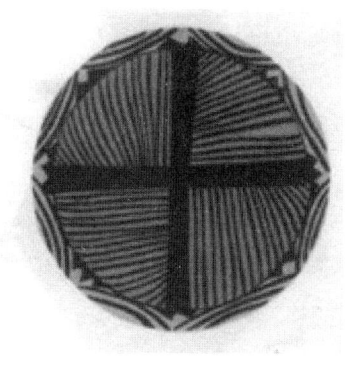

图21-5

图21　四时太阳历纹
图 21-1半山类型壶、21-2马厂类型壶（均采自吴山编著：《中国纹样全集·新石器时代卷》，山东美术出版社2009年版，第147、168页）
图21-3半山类型罐、21-4马家窑类型陶盆底、21-5边家林遗址陶盆底（均采自张朋川：《中国彩陶图谱》，文物出版社1990年版，图谱篇图526、179、344）

云南昆明西山区的彝族，每个村寨的村头都有一个祭祀台，台中央长着茂密的黄栗树，被称之为神树，神树下还供奉着一块心脏形的石头。侗族的村寨也立有祀神的娑坛，娑坛的中央植有茂密的"千年矮树"，并置一把象征太阳的红伞。湖南侗族的社坛是用土石砌成圆形，在圆坛中插一把圆伞，或者栽一株黄羊木，黄羊木长得像伞样的圆形，黄羊木也是"太阳树"。常宁瑶族在梅山坛上插一根木棍子，据说棍子代表树。民间的原始祭仪也在社坛中央立柱，如居住于广西融水苗族自治县的苗族，每年正月要举行一种"跳芦笙堂"的祭祀活动，此祭仪活动一般在村寨中心的"芦笙堂"举行，芦笙堂的中央竖立着一根五六米高的"芦笙柱"，柱子的顶端安置着一只木雕的飞鸟，这飞鸟被视为太阳的运载物。这种被视作"太阳柱"的神圣中柱，其原始是测影柱。所测日影的移动过程，既是时间运动过程，也是方位空间变化过程，这使得春夏秋冬四时与东南西北四方相对应。文献是载传统的时间是以空间方位为标准，年四时与四方是合一的。《礼记·乡饮酒义》载："四面之坐，象四时也。"四方与四时的对应如后：《尔雅·释天》："春为青阳。""青阳"是"初升旭日"的同义语，甲骨文已谓日出之方为东方，是以东方为春。《艺文类聚》卷三引《尸子》："南方为夏。"同书引《易通卦验》："离，南方也，主夏，日中赤气出……"《广韵》："西，秋方也。"《后汉书·祭祀志》："立冬之日，迎冬于郊，祭黑帝玄冥。"这是以北方为冬。这些记载反映春、夏、秋、冬四时是对应东、南、西、北四方。

（三）神话学证据。《山海经·大荒西经》载："西海之外，大荒之中，有方山者，上有青树，名曰柜格之松。日月所出入也。"破译这则语言神话符号的"方山"，应如良渚文化在瑶山和汇观山山顶建的方坛。《说文》：

"柜，木也，从木巨声，"又云："格，木长貌，从木各声。""柜格之松"则是高长的松树。此神话原型是在方坛中央植松树，观测松树投影而定四时太阳历。

（四）科学证据。科技史专家吕子方先生说："远古的农人，每天观察太阳出入何处，用来定季节以便耕作，……一年四季气候不同，按天动学说，是由于太阳从极南到极北，又从极北走到极南，一年之间往返一周而来。太阳走到极南时叫冬至，到极北时叫夏至，到正东正西叫春分或秋分。"[1]《周髀算经》记载的晷影数，冬至丈三尺五寸，为年中最长；夏至一尺六寸，为年中最短。春分与秋分同为七尺五寸五分，为冬至夏至晷影数相加的一半。上古先民在方坛中央植树，通过测树影数，将一年中最短和最长的晷影定为夏至和冬至，将二个相同且晷影为冬至夏至晷影相加数的一半定为春分和秋分，而夏至、冬至、春分、秋分可借南、北、东、西方位加以表示的时空相结合法是合于科学的。

年八节的分割是以八方为标准，由二分二至增加立春、立夏、立秋、立冬四立而来，八节创立的根基当也是方形。连邵名先生研究八卦图中的四种卦名与商代指代四季的四方风名相合，二者殊名同义。[2]可证八卦也是八方与八时相混同的太阳历。在立杆测日影所得太极图中，二分二至和四立八节与东、南、西、北、东南、东北、西南、西北八方完全相对应。[3]彝族近世仍用传统的"八方之年"的纪年法，先将一年分为二个半年，再将两个半年分作四季，而后分为"八方之年"，八方之年是以空间的八方与时间的"八年"对应的，"八年"即"八节"，八节的名称是：东名"布多"、东南名"禄底呼"、南名"依姆"、西南名"育舌姑"、西名"布借"、西北名"起底夫"、北名"依鸟"、东北名"尼舌姑"。[4]彝族"八方之年"的纪年法，是史前先民时间分割以空间四方为标准，将四方四时二分为八方八时的"活化石"。

[1] 吕子方：《中国科学技术史论文集》，成都：四川科学技术出版社，下册，1984年，第28页。

[2] 连邵名：《商代的四方风名与八卦》，《文物》1988年第11期。

[3] 详见田合禄、田峰：《周易基础十五讲》，太原市：山西科学技术出版社，2009年，第51—54页。

[4] 刘尧汉、卢央：《文明中国的彝族太阳历》，昆明市：云南人民出版社，1986年，第86—87页。

　　年八节历始于何时？《后汉书·苏竟传》中云："毕为天网，主网罗无道之君，故武王将伐纣，上祭于毕，求助天也。夫仲夏甲申为八魁。八魁，上帝开塞之将也，主退恶攘逆。"李贤注："历法，春三月己巳、丁丑，夏三月甲申、壬辰，秋三月己亥、丁未，冬三月甲寅、壬戌，为八魁。"《周髀算经》下二："凡为八节二十四气。"注："二至者，寒暑之极，二分者，阴阳之和，四立者，生长收藏之始。是为八节。"从这些记载可推测周先民在史前已用八节历。距今约5300年前的安徽省含山县凌家滩遗址87M4号墓中发掘出一件长方形玉片，玉片长11、宽8.2、厚0.2—0.4厘米。平面长方形。玉片上的图符，围绕着中心刻有同心的外大圆和内小圆各一个。在小圆里，刻方心八角形图案，内外圆之间有八条直线将其分割为八等份。在每一份中各刻有一个箭头（或称圭形纹饰），在外圆和玉片的四角之间也各刻有一个箭头（见本书第23页图31）。我们破译此图从内至外的图案标示意义是：中心的小圆是太阳符号，小圆内的方心八角星符表示天圆空间从方形的四方经二分而八方的二分法。内圆与外圆之间的八个圭形纹饰标示的是时空相对应的八方八节。外圆与方形玉片之间的四个圭形箭头之所以呈"×"形刻画在四角之间，其意涵此时的终点即下一时的起点，反之下一时的起点即此时的终点的时间上的不停止的循环交接观念，这一时间观念正吻合了地球绕太阳公转及自转在地面的太阳投影是无始无终的圆周期现象。总体上看，玉片大圆内十字形正四圭形与方形玉片构成"⊞"形。这"⊞"形符号与田字不同，十字形正四圭与方框不相接，其代表的是相混同的东、南、西、北正四方与春分、夏至、秋分、冬至四时，而偏方四圭代表与其相对应的东北、东南、西南、西北与立春、立夏、立秋、立冬的四节。最后是玉片为何为长方形（略呈正方形）。原始人将含义重要的物件做成何种形状不是随意所为，而是有象征意义的。前文已述，原始人观日影测时空是在方坛上进行的，玉片方形当源出象征天文台的方坛。综上分析，我们认为方形玉片刻图表现的是史前人以地方观念为基型，以空间八方位作标准而确立的年八节历。学者认为玉片上的刻画，对应了"神龟负书"的传说，是先夏历法图。[1]甚是。与凌家滩遗址年代基本相同的马家窑文化有三种绘形稍异的"十"形居中与方框不相接的"⊞"形图符（图22），其义涵相同凌

---

[1] 陈剩勇：《中国第一王朝的崛起》，第105页。

家滩遗址87M4墓出土的长方形玉片表八节的刻符，"囗"内的"十"形表相合的正四方与四时，"囗"的四个角表四维及与之相对应的四立。距今5300年左右的凌家滩和马家窑文化已是农业社会，建立农耕文化的八时历是符合逻辑的。依据考古符号材料，象征八方八时被学者称为八角星符号在距今五千年后从少见到消失，笔者认为其原因是在这时产生了表现时空相合的"囲"形八时历法图符，故表八方八时的八角星符号因没有继续存在的必要而消失。至殷商又有更科学的"夏小正"阴阳合历，这样，史前似"囲"形的八节历符号又没有了存在的必要。殷商创制甲骨文，象"囲"这种史前定型的已接近文字的纹饰符号一般均赋予了语言读音和特定意义而成为文字。十、囲符号被引入殷商甲骨文为甲字，如十（《前》1•24•2）、十（《后》上3•16）、田（《前》7•31•1），字意为"起始，乃作十干之首"[1]。十、囲是观日影所得的四时历和八节历符号，以之为天干之首是合逻辑的。甲骨文也以囲为于商有大功的"上甲"的庙号，陈邦福氏说：'案卜辞有上甲微以德配天……'"[2]。这显然是以"囲"为天符号，用此符将先祖上甲微与天相比并。《说文》释甲为"东方之孟阳气萌动"，"囲"形象征的八节始于东方之春，东方之孟阳气（即春气）是一年中起始萌动之气，故以十干之首的"囲"（甲）释之也是合于逻辑的。因"囲"形历法符是天文符号，故甲骨文的雷字作"𤴐"形，一根曲线穿行于两个囲字之间，象征闪电贯通连接天地。史前人已有神、鬼、人三分世界的分野意识，神在天上，人居地上，鬼处地下。甲骨文的鬼字写作"𩖕""𩖕"，象形人死后为鬼居"囲"天地下。甲骨文中还有不少意义未明的从田形之字，如果细加研究，一些字与"囲"形符号义相关，因篇幅问题，本文不多论及。南怀瑾先生从文字学研究得出结论，认为从田（原型为"囲"）符号之字如"神、申、甲、由、雷、电、鬼"等字含有四通八达或两方相通达及变化的八卦逻辑。[3]甚是。我们还可以从民族民间的古俗中得见囲符号的太阳天地时空原始义。王崇礼先生调查研究：在江陵、长沙一带的楚墓中，还常见一形制华丽，镂有各种纹饰的彩绘木质雕花板。上有如"囲""十""T"形花纹，几何形云纹等，

[1] 王明阁：《甲骨学初论》，哈尔滨市：黑龙江人民出版社，1986年，第53页。

[2] 《殷契说存》第1页，转引自王明阁：《甲骨学初论》，第53页。

[3] 南怀瑾：《易经系传别讲》，上海市：复旦大学出版社，1997年，第401—404页。

图22-1

图22-2

图22-3

图22 马家窑文化半山类"田"形八分时空图像

图22-1 甘肃省兰州市青岗岔、图22-2 甘肃省兰州市土谷台、图22-3 甘肃省广河县（均采自张朋川：《中国彩陶图谱》，文物出版社1990年版，图谱篇图661、695、558）

多用红、黄金色彩绘。此类葬具，应即古文献中的"灵床"。《左传》昭公二十五年：宋元公云"寡人之罪也，……惟是褊柎。"晋杜预注："褊柎棺中笭床也。"《后汉书·张奂传》："光和四年，……遗命曰……措尸灵床，幅巾而已。"汉扬雄《方言》说："床，齐鲁之间谓之箦；陈楚之间或谓第。"如果按楚墓中木质雕花板所设的部位，应为"灵床"无疑，是用作搁置尸体的板木。漆饰和镂孔之作，应是供尸水流放用的，楚人这种设制，显然与中原一脉相承。[1] 灵床上的红色、金黄色彩绘是为太阳色，几何云纹和"田、十"为天（太阳）时空符号。"T"为引亡魂升天的招魂幡符号。此种灵床陈尸其上的宗教功能可能与马王堆汉墓"T"形飞衣帛画导引亡魂升天的宗教用途相同。湘楚巫师至今在仪式中仍书"田"符篆封禁，谓"田是天，是最大的封禁符，能封禁一切鬼邪"。云南僜之亡人火化前，为其设的祭坛是：在住房正门旁边不远处搭一方形小棚，小棚上面平放十字形

[1] 王崇礼：《从楚墓看楚人葬俗》，方培元主编：《楚俗研究》第二集，武汉：湖北美术出版社，1995年，第238页。

小棍，上挂白布条，以防止鬼通过[1]。小方棚上面架设十字形木棍，其架构是取象"⊞"形八分天地时空位符号，以之为天地神符封禁鬼邪。这些古俗无疑是源出史前"⊞"八节太阳历所含的天文义。

因八是史前天文时空数，故传统亦以八为神圣数。周髀长八尺，周人的长度单位以八寸为咫，八咫为寻，倍寻为常。周人的量以二十四溢为一升，十六斗为一庚，半庚为八斗。周人的衡以二十四铢为两，十六两为斤，八两为半斤。均是以八为基数的。其他方面亦多以八为数，如八佾（古代天子专用的舞乐）、八蜡（周代祭祀八种与农业生产有关的神祇）、八成（古代官府治理政务的八种成规，又指八种判罪的成例）、八辟（周代减轻刑罚的八种条件）、八材（八种物资）、八元（相传高辛氏才子八人）、八恺（相传高阳氏才子八人）、八士（相传周代八个有才能的人）、八骏（相传为周穆王的八匹良马）等。民族学调查也以"＊"形八为神圣的模式数字，如彝族按一个人的命星方位的变化来推算病情凶吉，每八年一周。忌日的排列以八年为一个循环周期等。川南珙县彝族用于祭祀的岩画绘"＊"形图案，凉山彝族的花纹多为八角，骨灰石缸盖绘八角图案，服饰银钮刻八角形。新中国成立前凉山彝族氏族部落间发生战争，作战双方的旗帜上绘八角纹，楚雄彝州禄丰、牟定两县彝村所用月琴边为八角形。湖南侗族、土家族、苗族、瑶族近世的织锦、挑花、刺绣、银饰、铜饰、纸剪、竹编、压胜钱等以八分八出类型的图案为主[2]。

八、方形与八卦三阶段

前文已详论上古人坐在方坛上，通过观天象与立杆测日影定四方与八方、四时与八节。古人解释"卦者挂也"，[3]说八卦即挂在天地间八方八节的八种现象。晋王嘉《拾遗记》说："伏羲坐于方坛之上，听八风之气，乃画八卦。"考古和文献反映了八卦生成的根基是方形。孔子说"卦之德，方以知"（《周易•系辞上》），"方以知"是指"方"蕴含的人间智慧。孔子

[1] 中国社会科学院民族研究所：《僜人社会历史调查》，昆明市：云南人民出版社，1990年，第177页。

[2] 参见左汉中主编：《湖南民间美术全集•民间刺绣桃花》，长沙：湖南美术出版社1994年版。

[3] 转引自南怀瑾：《易经杂说》，上海：复旦大学出版社，1997年，第11页。

的话明指方形文化赋予八卦丰富的智慧内涵。

笔者认为，由方形文化基因而生的八卦在先秦文化的路径可分为三个阶段。第一阶段是始源于新石器时代早期的八方位八卦，也即传说中华老祖宗的伏羲八卦。《路史·后纪·太昊伏羲氏》引道家壶子说："伏羲法八极，作八卦"，"八极"是八方极远之地。治易者亦名伏羲八卦为"先天八卦"，"先天"意味最先产生的八卦。此八卦多见新石器时代早中期是指向日常八方位的八角星符号。不过先天八卦图的方位，和现代我们所用地图，上为北方、下为南方的情形恰恰相反，是上为南方，下为北方，左为东方，右为西方。伏羲时代为什么以上面为南方、下面为北方？孔子说"易与天地准"（《系辞上传》），伏羲定方位确是依据天象的位置，阳在上为天，向阳方为南，地上无论植物还是动物，都是以向阳为生长的方向，而与上与南相对的是北方。左东为日出方，右西为日落方。距今7800年高庙遗址首出"八角星纹"，包牺氏（伏羲氏）约公元前5000年以上，与高庙遗址的年代相同，高庙遗址陶罐上的八卦图是《系辞传》载包牺氏"始作八卦"的考古资料证据。现在有学者认为高庙的"八角星纹"已是内涵八时节的八卦，这是不对的。高庙遗址的发掘者贺刚先生说，在距今7800～6700年的高庙下层遗存阶段"未发现明显的稻作农业遗迹，攫取式的采集和渔猎经济是该遗存主人的主要生业方式[1]。这意味那时所用是"物候历"，还没有产生用年四时历八节历较准时指导农耕生产的动因，因此高庙的"八角星纹"还不内涵时间的八节，而只是方便人们交往活动的定天地八个方位的"伏羲八卦"。现在也有学者到距今8000年左右的考古文物中找三画卦、六画卦，这是不可能有的，因为那时伏羲老祖宗还不会有那么高的智慧，达到能够创造出来《易经》三才之道的程度。八卦的第二阶段始于约距今5500年稻作农业社会的时空对应之"八节"八卦。本书稿《阴阳观念的萌生及"阴阳"一词成为抽象哲学概念的过程》一文，用多学科材料论证在距今5500年已编制出年八节太阳历。我国距今5000年左右已进入农业社会，此时的农作生产已有了产生八时节历的需要和条件。八时节是以宇宙方位为标准的时空相对应的八卦，这实际上是将时间也用方形文化模式进行分割。上文论证距今5300年前安徽含山凌家滩遗址87M4号墓出土的玉版上雕刻有"十"与方框不相接的

---

[1] 贺刚：《湘西史前遗存与中国古史传说》，长沙，岳麓书社2013年，第106页。

"⊞"图案，就"⊞"图案本身而言，"十"形象征时空对应的正四方与四时，正方形"□"符的四角象征四维方与四立点，是典型的时空对应之八节八卦符号。八卦的第三阶段是司马迁等认为的周文王"演《周易》"，古今易学家称《周易》八卦为"文王八卦"（亦名"后天八卦"）。《周易•说卦传》解说文王八卦的排列方位与含义有一段较长的文字：

> 帝出乎震，齐乎巽，相见乎离。致役乎坤。说言乎兑。战乎乾。劳乎坎。成言乎艮。万物出乎震，震东方也。齐乎巽，巽东南也；齐也者，言万物之絜齐也。离也者，明也；万物皆相见，南方之卦也；……坤也者，地也；万物皆致养焉，故曰致役乎坤。兑，正秋也，万物之所说也。故曰说言乎兑。战乎乾，乾，西北之卦也，言阴阳相薄也。坎者，水也，正北方之卦也；劳卦也，万物之所归也，故曰劳乎坎。艮，东北之卦也，万物之所成终而所成始也，故曰成言乎艮。

说："帝出乎震，齐乎巽，相见乎离。致役乎坤。说言乎兑。战乎乾。劳乎坎。成言乎艮。"后续补充解说指出震是东方之卦，巽东南方之卦，离南方之卦，坤地之卦，兑正秋之卦，乾西北之卦，坎正北方之卦，艮东北方之卦（图23）。全段文字解说文王八卦的主要蕴义是：天时之帝始出东方震位使万物得以春生，到了东南方巽位使万物抽芽，到了南方离位使万物已长高到能彼此相见，到了地坤之位使万物得到地力的帮助而快速化育成长，到了秋分兑位使万物已苗壮长成，到了西北乾位使万物的阴气与阳气激荡相交而得果实，到了正北方坎位使万物劳苦而现疲倦，到了东北方艮位使万物成功结束。显见文王八卦卦位时序的排列相符包含农作在内的万物春生、夏长、秋收、冬藏规律，是将指导农业生产的"八时节八卦"抽象为万物的生灭周期规律的"八卦"。周文王又将八卦演绎为六十四别卦和作部分卦辞爻辞，周公作象辞，为卜筮赋予六十四别卦的太极回旋，阴阳之变，天、地、人三才之道，数理等内涵，根据时间和空间（方位）的变化来推衍自然现象及与之对应的人间处境。孔子及其门生作《易传》解释《易经》经文，彰显作为《易经》基础的八卦及增衍的六十四别卦的哲理，形成中国传统哲学关

于宇宙天、地、人的系统整体思想，这大概是
孔子说八卦根基之"方"能发挥可分可析有理
的哲学智慧吧。

　　此文至此可以打住，但笔者仍想说几句
多余的话。笔者1996年在《东南文化》第3期
发表《论中国远古的方形文化与八卦之起源》
一文，是就新石器时代方形文化对先秦多方面
原始科技与文化影响探索的开始。于星兰先生
在《科技文汇》2014年11月（上）发表《方形

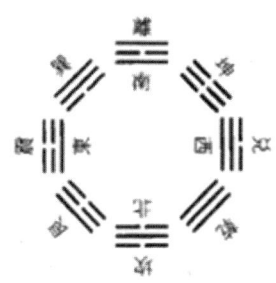

图23　文王八卦图（后天八卦图）

文化与上古中国数学的起源》一文，在论证笔者提出的上古方形文化存在的
前提下，进一步研究论述上古人类对方形的崇拜促进了形与数的概念的形成
和发展，很有学术价值。关于方形文化促进形的形成和发展的研究，我国学
者很早就开始了，如甲骨文的巫字作"巫"形，许慎《说文》认为"巫"形
是两个工字相套，释为："工，巧饰也，像人有规矩也，与巫同意。"意味
商以前或史前巫就发明了形的测量工具，巫是使矩的专家，能画圆方，掌握
天地。公元前的著作《尸子》中记载："古者，倕为规、矩、准、绳，使天
下方焉。"其中"方"的本义是方形的意思，在这里是指具有（量的）准确
性。《周髀算经》谈方与圆的数法关系，说"数之法出于圆方，圆出于方，
方出于矩。……平矩以正绳，偃矩以望高，覆矩以测深，卧矩以知远，环矩
以为圆，合矩以为方。方属地，圆属天，天圆地方"，等等。古人"以方矩
圆"，也包括以方矩圆天方位。然而，方圆之数学关系这一课题需要探索新
问题，如先秦对方与圆的数法关系经历怎样具体历史认识过程？史前遗存物
中有没有或哪些是形测量工具？原始形测量工具始于何时何地？等等。对这
些问题的探究可丰富我们对史前科技文化的认知。笔者在此借于星兰先生的
文章谈点不成熟的感想，意在表明学界对新石器时代的方形文化还须作更深
入的研究探索。从微观角度加强研究史前原始科技文化，有助真正认知史前
历史文化，给宏观与微观相结合的研究打下基础。

2023年3月9日写讫

（原名《中国远古的方形文化与八卦之起源》，首发《东南文化》1996年第

3期，中国人民大学书报资料中心之《文化研究》1996年第6期全文转载。收入本
集改为此篇名，内容有较多增加和修改）

五行的产生与发展过程

影响支配我国传统学术思想极深的五行观念及五行义在文字前就已有产生与发展的过程。因文字史时代的古今学者不甚了解文字前的历史文化，不识五行源流的全貌，就导致了拘泥文献阐释或研究五行思想面临两种尴尬：一是关于五行说的源起众说纷纭，莫衷一是；二是对早期文献未明说的"五行"词义的解读，要么模糊混乱，要么力不从心而存疑。鉴于此，从史前探讨和梳理五行的产生与发展过程的研究就显得很有必要。本文的探索除了重视早期文献资料，更充分利用史前考古资料尤其是发掘纹饰与符号的文化内涵，也利用文化人类学、民族学、民俗学等田野调查资料，将多学科的资料与方法为基础研究的成果相互印证，力求得出较为可靠的结论，诚请各位专家赐教，并祈以此文抛砖引玉，将五行的产生与发过程引向更深入、细致的探讨。

一、五行观念产生的思想基础

以往学者关于五行产生思想基础的"天道历数说""殷商时期的方位观念说""材料说""星辰说""手指计数说"以及"祭祀说"等观点，笔者都不能认同，也不在此详论析错。现只据以史前考古资料为主的研究，论证五行观念产生的思想基础是黄帝时代的政治地理五方观念。

当代学者为了探索中国文明的起源，将考古学文化与古史传说的五帝相联系而确定黄帝时代的大致年代。著名考古学家严文明先生在《略论中国文明的起源》一文中，认为铜石并用时代早期：以黄河流域的仰韶文化后期、大汶口文化后期、马家窑文化、辽河流域的红山文化后期和小河沿文化、长江流域的大溪文化后期、屈家岭文化、樊城堆文化、薛家岗文化等为代表，还包括良渚文化的早期，年代约为公元前3500至前2600年，似应属于黄帝、颛顼和帝喾时期[1]。研究远古中华史的杨升南、朱玲玲先生近著认为，"五

---

[1] 严文明：《略论中国文明的起源》，《文物》1992年第1期。

帝时代应相当于仰韶文化中晚期，黄帝时期的文化应从仰韶文化的中期（即庙底沟类型）始到龙山文化"，时间为公元前3500年至前2500年间[1]。据上面专家学者研究可能是部落集团首领的黄帝的年代在距今5000左右。黄帝之前已经有了"天圆地方"观念。有了对天地空间的"十"形四方分割。"天圆地方"观念是因由上古人为了将天、地的形状加以区别而产生。"地方"模式是因由方体方形能给人以稳定性和可分的秩序感的意象而产生。与"地方"模式同生的四方位空间模式，是基于在广袤混沌的地理空间圆中获得劳作和活动自由的动因而产生。为了使方向的定位更细，也产生了以四方位为基型而再二分的宇宙空间八方位分识。这在《阴阳观念的萌生与"阴阳"一词成为抽象哲学概念的过程》《新石器时代的方形文化与八卦》《先秦天、地、人关系的认识利用到形成"天人合一"思想的过程》等不同系统的文章中已有论证。如约公元前5800年～前5300年大地湾文化的一些彩陶钵内绘有红色的"十""×"符号[2]，约公元前4800年～前4300年的西安半坡遗址和临潼姜寨遗址的陶器上有"十""×"形刻符也是表四正方或偏四方位的符号[3]。为了加强读者的认同，笔者在此再列举约公元前5800年的湘西高庙遗址陶罐上表"天圆地方"的纹样，即在纹饰中心的小圆圈里绘方形纹，在小圆圈外绘似太阳光芒的八角纹，而方形与八角都绘在大圆面上（见本书第68页图1）。发掘及研究高庙遗址文化的贺刚先生认为在小圆圈内套方形的纹饰是"天圆地方"观念的表示法[4]，当是。小圆圈外的呈圆形的八角纹可能是以四方为基型再做二分的八方位符号的雏形。由四方位至八方位的符号在高庙遗址之后的上古文化遗址中有更多更进步的绘式法，表现在将正指四方的四角向相邻的二方平分出东北、东南、西北和西南等四维方而正指日常八方位。如约距今7700～7300年（未校正的碳十四年代）的岳阳坟山堡遗址[5]，约距

[1] 详见杨升南、朱玲玲：《远古中华》，上海：上海世纪出版股份有限公司、上海书店出版社、上海人民出版社，2015年，第135页。

[2] 李志钦：《黄河彩陶纹饰鉴赏》，合肥：安徽美术出版社，2009年，第5页。

[3] 江林昌：《考古发现与文史新证》，北京：中华书局，2011年，第39页。

[4] 详见贺刚：《湘西史前遗存与中国古史传说》，长沙：岳麓书社，2013年，第342-345页。

[5] 岳阳市文物工作队、钱粮湖农场文管会：《钱粮湖坟山堡新石器时代遗址试掘报告》，《湖南考古辑刊》1994年第6集。

今6000年的辰溪县松溪口贝丘遗址[1]，约距今5600～5300年的凌家滩遗址等器物上是这种八角图像（见本书第51页图17-1至图17-3），距今约6000年的仰韶文化庙底沟类型和距今约5300～4000年的马家窑文化器物上多见的是正指四正方和四维方的"＊""※"符号（见本书第52页图17-4至图17-6）等。既然黄帝时代之前已经产生了"天圆地方"、空间四方位与八方位等观念，那么这些观念在黄帝时代应得以盛行。

然而，迄今为止，从考古材料未见黄帝时代之前有如本书第84页至85页图7列举的特意刻画可以确定为表四方四面之中心的纹饰符号，据之可认为黄帝前对本内涵于四方四面的中央方尚未加以特别的重视而产生五方观念。但是，据考古资料，黄帝前已将聚会、议事、祭祀、崇拜的图腾以及墓地等安排在聚落的中心区。如公元前6200～前5400年的内蒙古敖汉旗的兴隆洼遗址，早期房址均在环濠包围之中，聚落中间有两座房址达140余平方米、较其他房屋更大的房子，室外的空地也比较大，

B面

图1 姜寨聚落平面及复原图

A面姜寨遗址平面图、B面复原图（均采自中国社会科学院考古研究所编著：《中国考古学·新石器时代卷》，中国社会科学出版社2010年版，第233页）

---

[1] 湖南省文物考古研究所：《湖南辰溪县松溪口贝丘遗址发掘简报》，《文物》2001年第6期。

这很明显是以两座大房屋为中心的凝聚式统一体的聚落形态。在黄河流域，仰韶前期的聚落特征可概括为内部有分划的向心式联合体。陕西西安半坡、临潼姜寨、宝鸡北首岭和甘肃秦安大地湾甲址都有比较完整的聚落。其中房址均分为若干组并围成圆圈，门朝中心，而中心为广场或墓地[1]。其中公元前4600～前4400年的陕西临潼姜寨聚落遗址有明确的规划。居住区的中心是中央广场（图1），面积约4000平方米。广场的周围分布着基本同时存在的房址100多座，分为相对集中的五群，即东、南、西、北，西北5个建筑群。每个建筑群中都以大型房屋为主体，中、小型房屋围着主体而建，门均朝向中心广场。考古学家普遍认为以上聚落遗址中心区的"大房子"是氏族长者议事和举行宗教仪式的地方；中心区较大的空地，各组房屋的门都朝向的"中心广场"[2]，当是氏族长者组织族人集会、祭祀的地方。还有如公元前6000年的辽宁阜新县渣海文化聚落遗址的中心是大房子，将被氏族视为图腾而崇拜的大型石龙也摆塑在大房子和墓地的中间这个最为显要的地方[3]。按逻辑推理，黄帝前不仅有了四方观念，且聚落中心区也已经受到氏族的重视而加以利用，那么因之会产生以地中为重为尊的五方观念。然而黄帝前却没有产生五方观念。笔者认为，黄帝前末产生以地中为重为尊的五方观念的原因，既不是因为上古先人可能如以太阳运行为尺度坐标四方时，还未注意到观日或测日影的中心点（村寨、高山、树木等）的价值与意义，也不是如人们确认前后左右四面时，往往会勿视以一人或一物为中心点的定位作用，而是因为氏族社会时期社会关系方面的原因。王震中先生说，从遗址发掘的墓葬随葬品和综合聚落各方面情况看，兴隆洼遗址"属于平等的农耕聚落社会类型"；临潼姜寨、西安半坡、宝鸡北首岭和甘肃秦安大地湾二期的遗存，"一个聚落似乎就是一个氏族……聚落在经济上是自给自足的，内部大小血缘集体之间以及个人之间，关系平等和睦。因而，这一阶段依旧属于大体平等的农耕聚落社会。"[4] 笔者据之可认为，在氏族间成员是"平等"或"大

---

[1] 严文明：《近年聚落考古的进展》，《考古与文物》1997年第2期。

[2] 详见考古杂志社编著：《二十世纪中国百项考古大发现》，北京：中国社会科学出版社，2002年，第62—63页。

[3] 详见杨升南、朱玲玲：《远古中华》，第106—107页。

[4] 详见王震中：《中国古代国家的起源与王权的形成》，北京：中国社会科学出版社，2013年，第53页。

体平等"的聚落社会中，聚落中心区受到氏族的重视而加以利用的原因，除了中心区与四周的距离相等有举行集体活动的便利，也有通过在中心区的活动能获得氏族所需要的内聚力和团结力。但是，因为黄帝前在聚落中心组织活动的氏族长者或首领与四周氏族成员还不是统治与被统治的关系，故地理中心还不可能因统治权力的需要而操弄为单独而神圣的一方，黄帝前应是以地中为重为尊的地理空间五方观念产生的漫长萌生与发展期。

将四方四面之"地中"定义为"五"，以地中为重为尊的地理空间五方观念产生于黄帝时代，证据于下：

（一）以聚落建筑考古材料研究。综合史前聚落考古资料，可见出黄帝时代及之后较黄帝前的聚落有三大主要特点：一是聚落中心区的"大房子"面积更大，建筑质量更高；二是已产生了人权的不同等级，不同级别政治实体的首领已将宗教、政治的权力机构，将居室以及死后墓地都安排在聚落的中心区。三是出现了地域面积较大的聚落群团，出现了部落集团首领的居室及宗教活动场所，出现了早期国家的位地中的中心城邦及位城邦中心的宫殿宗庙区。例如，公元前3500年左右的辽宁凌源牛河梁红山文化遗址，其主体部分大约有十平方公里，包括有近20处遗迹地点。它的中心也许是位于山坡较高处的"女神庙"和祭坛，应该是举行大规模的宗教活动的场所。其余十几个地点都有积石冢，每个地点有一两个或五六个冢子。每个积石冢的中心有一个大墓，周围有若干小墓，有的还有两三座中等墓。从这些墓葬的规模和随葬品来看，"可以设想大墓的主人应是首领级人物，而与他葬在一起的中小墓的死者当是他的近亲或侍从"[1]。换句话说，所有大墓的首领级人物都是以"女神庙"和祭坛为中心；而大墓之首领级人物位积石冢中心，其他中小墓的贵族都围绕中心的首领级人物；这样的安排凸现出地中的神权统治地位与人权的层级关系。再如，仰韶文化庙底沟时期的灵宝西坡遗址面积达40万平方米，发现灰坑、蓄水池、房基、墓葬、壕沟等遗迹。特大房基F105占地面积516平方米，四周设回廊，地基、居住面、柱础等的处理十分考究。特大房基F106占地面积296平方米。F105与F106位聚落中心区，仅相距50米，门道共朝着一个中心。在F105和F106相对应的地方，也有两座大型房基，它们的门道共同朝向中间的大广场。考古学者经对大房址的考察，推测聚落

---

[1] 严文明：《近年聚落考古的进展》，《考古与文物》1997年第2期。

中心区的"大房子"当是部落首领议事或举行宗教活动的场地；聚落中心的"大广场"极可能是他们公开举行某种仪式或祭祀的场地[1]。还如，约公元前3000年的秦安大地湾仰韶文化晚期的F901房址在整个聚落中具有核心的地位，它占地420平方米，在房前还有一个近千平方米范围的广场[2]。F901因为前有殿堂后有居室，左右有厢房，地面似今日的水泥，一般认为该建筑应是部落首领间有居住、集会议事，又是族人举行宗教仪式的公共建筑；"大广场"也是举行重大集体活动时使用的神圣的空间。再还如，距今5100年左右南佐"古国"都邑遗址，聚落中部是由9座方形夯土台及其环壕围成的面积约30万平方米的核心区，"九台"及核心区位于聚落中心，"宫城"位于"九台"中心，主殿位于"宫城"中心，大火坛位与主殿中心。学者认为"宫城"区部分侧室（侧殿）"有可能作为首领人物的居所"[3]。最后如，浙江余杭的良渚古城建于公元前3000年前，该城以余杭良渚遗址群中的莫角山遗址为中心，城墙的范围南北长约1800～1900米，东西宽约1500～1700米，总面积约290万平方米。占地30余万平方米为良渚文化整个社会最高权力中心的宫殿宗庙区是莫角山，位城内正中心。王震中先生认为"良渚古城也是早期国家文明的都邑"[4]。 杨升南、朱玲玲先生认为"黄帝族是当时最强势的一个部族，他建立的城邦是处于中心地位的中心城邦"[5]。裴安平先生认为以莫角山群团为核心的"这个聚落组织的属性很可能是一个跨血缘的早期国家"[6]。良渚文化约于公元前3300～2300年间，在其分布区内，还有其他较大但不如莫角山遗址的中心，如江苏武进寺墩、昆山赵陵山、上海福泉山等，其遗址聚落的各个中心是大大小小部族（"部族"是部落与氏族的合称）首领的个人权力中心。许多大小不一的中心围绕着莫角山良渚城邑这个最高权力之中心，形成重瓣花朵形的向心结构。良渚文化墓葬反映的也是如其聚落中心的重瓣花朵向心结构，高踞于土筑金字塔顶端的是集宗教、军事

[1] 参见苏湲：《黄帝时代》，北京：清华大学出版社，2007年，第54—58页。

[2] 王震中：《中国古代国家的起源与王权的形成》，第142页。

[3] 韩建业：《南佐"古国"：黄土高原上最早的国家》《光明日报》2023年1月8日第12版。

[4] 王震中：《中国古代国家的起源与王权的形成》，第352页。

[5] 杨升南、朱玲玲：《远古中华》，第114页。

[6] 裴安平：《中国史前聚落群聚形态研究》，北京：中华书局，2014年，第360页。

与民政等最高权力与一身的部族首领，顶端之下的各个中心是最高首领之下的大大小小的部族首领。良渚文化不论是城址还是宫殿宗庙区的建筑，不论是遗址聚落还是墓葬，都凸显出地理中心的神权和人权等级关系[1]。既然黄帝时代及之后，大小不一的政治实体的首领居住各自统治区的地中，在地中实行对较其弱小的四方部族的神权和政权统治，这必然会产生以地中为至重至尊的政治地理五方观念。

（二）以文字前纹饰符号研究。公元前3000年左右的大汶口文化中晚期邳县刘林遗址，新出在菱形纹的中心增加一圆点的纹样，公元前2330～前2055年的马家窑文化马厂类型时期，或在菱形纹的中心或在方格纹的中心增加一圆点的纹样似是标示"地方"之中心。距今5000年左右的仰韶文化大河村类型，新出在四方之中心增加一椭圆形点的图像，似乎是源出标示四面之中央的符号。公元前3000年稍前的马家窑文化石岭下类型及其后的马家窑类型、半山类型和马厂类型等的彩陶，在呈"十"形或"×"形纹的中心（交点），有的留出空白、或填充纹饰，有的在"十"形的交点绘示圆点等等，（见本书第87页图7）这类纹饰符号当是《说文》曰"×，古文五省"之五字的前身，意涵地理空间五方位观念。细玩这些特意标示四方之中心的五方纹饰符号，当明之处有三：一是这些纹饰符号都始出公元前3000年左右，考虑传达文化信息的纹饰符号的出现当晚于其思想观念的产生，黄帝时代已经产生五方观念，五帝时代的五方观念已经盛行可得以确证。二是原始人的宇宙方位观，地理方位即地理空间方位，地理方块之如同"回"字形的地中与空间四方位之如"十"形的地中是合一的。站在地中的角度言四方，既指东、南、西、北，也泛指各处。三是黄帝前产生的四方四面是方位的定向，合指则是世界整体，黄帝时代将本内含于四方四面之地中单独列为一方，当只能定义为"五"了。

（三）以文字符号入手研究。学界共识最可靠的文字是商甲骨文。学者均知甲骨文和金文是以"十"形为数字"七"字。对为何以"十"形为"七"字，学界的阐释都不准确。笔者认为，"十"形的七方位是从地中"五"增衍而来。"十"形的交点指地中，垂直"丨"的上方除指南方，也指日行正中的上天为第六方；其下方除指北方，也指北方地下"幽都"为第

---

[1] 戴尔俭：《从聚落中心到良渚酋邦》，《东南文化》1997年第3期。

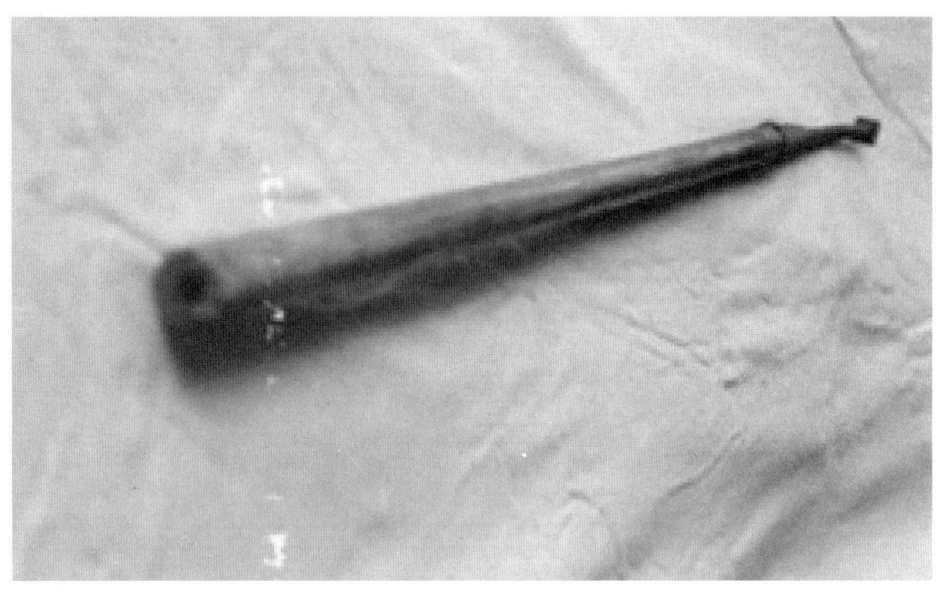

图2　湖南古梅山文化地区巫师的神杖（张劲松1994年拍摄）

七方，商卜辞因用文字不便于表现立体七方位，故仍沿用黄帝时代已使用的"十"形平面五方位符号表达。含地中的五方观念源起黄帝时代。上天为第六方、北方地下"幽都"为第七方的观念是黄帝之后至夏代增衍而来，这可以古神话、古文献记载及民俗材料为据。南朝梁人宗懔《荆楚岁时记》记董勋《问礼俗》说："正月一日为鸡，二日为狗，三日为羊，四日为猪，五日为牛，六日为马，七日为人。正旦画鸡于门，七日贴人于帐。"此新春初始更新的七日创世神话，出自太阳运行所绕宇宙七方为循环往复的年周期，又以七种动物相配七方位的神话思维。《墨子·迎敌词》记载的一种古老的祭仪活动："敌从东方来，迎之东坛，其牲以鸡……敌从南方来，迎之南坛，其牲以狗……敌从西方来，迎之西坛，其牲以羊……敌从北方来，迎之北坛，其牲以彘。"可见前四天造的鸡狗羊猪相配东南西北四方。贾谊《新书·胎教篇》与《墨子·迎敌词》的四动物与四方位相配全同，又增以牛与中央相配。《易·说卦传》："坤为地，为母，为子母牛。"可见是以"五日为牛"相配地中为第五方。《易·说卦传》："乾为天，为父，为良马，为老马，为瘠马，为驳马。"可见出"六日为马"是相配上天为第六方。此观念可能产生于夏代之前，这在后文有详述，此不赘。增衍北方地下"幽都"为第七方的观念始于夏代。据《尚书·尧典》载："申命和叔，宅朔方，曰幽都。""朔方"即北方，知因北方是日不到之方，山北草木难以生长，尧时已将北方视为人间宅居的"幽都"。《礼记·檀弓下》"葬于北方北首，三代之达礼也，之幽之故也。"三代所指夏、商、周。《楚辞·招魂》："魂兮归来，君无下此幽都些。土伯九约，其角觺觺些。"王逸注："幽都，地下后土所治也。地下幽冥，故称幽都。土伯，后土之侯伯也。"可见以北方地下为人死所归的"幽都"观念始于夏代，是由尧时视北方为人间"幽都"的观念衍生而来。之所以以地下幽都为第七方，是因为天地四方等六方的观念产生在先，当只能将地下"幽都"归为第"七"方。以地下阴间为第七方的观念衍生为旧时民间人初死与生的七日礼俗。汉族人死后有"祭七"的礼俗，死后第一天曰"一七"，七天一祭，祭七个七天，曰"断七"，丧祭结束。维吾尔、哈萨克、柯尔克孜和乌孜别克等族均于第七日祭奠死者[1]。满族人深信人一旦死去，灵魂仍在死者生活过的地方逗留不去，家人要采取供祭仪式安魂，大约七日离去[2]。可见人刚离世逢七日的祭奠礼，是出自认为人魂从阳间转入阴间以七日为周期，行七天一祭能使死者恋世的灵魂入第七方的地下国得以安息的信仰。维吾尔族婴儿出生七日命名，塔塔尔族婴儿出生七日举行摇篮礼，哈萨克族以数字占卜得"七"为大吉[3]。人出生后的满七礼，是谓从阴间刚转生的人魂容易离体或另投胎再生，需要七天才能归附其体成人，此可明创世神话"七日为人"之"七日"是对应阴间第"七"方的神话思维。战国时期以五帝之首的黄帝居中，太皞居东方、炎帝居南方、少皞居西方、颛顼居北方的五行帝说，可推知卜辞的五方帝是以黄帝居中，表现出以中央为重为尊的观念。考虑本书第84页至85页图7所列举的公元前3000年已出现特意标示四方四面之地中的五方符号，以中央为重为尊的五方观念应始于黄帝时期。殷商至战国乃至其后以中央为重为尊的观念是黄帝时期以地中为重为尊的承继。

（四）以笔者的田野调材料研究。渊源于黄帝时代的将"五"定义为

---

[1] 叶舒宪：《中国神话哲学》，北京：中国社会科学出版社，1992年第271页。

[2] 乌丙安：《中国民间信仰》，上海：上海人民出版社，1996年，第275页。

[3] 叶舒宪：《中国神话哲学》，第271页。

第五方的地中和对地中虔诚尊崇的巫礼，至当代仍遗存于湖南古梅山地区原始巫用的神杖造型，其做法是：在圆木杖的下端铸一四方形铁块，铁块下有用于插地的锐尖（图2）。巫师谓方形铁块为"四向"，代表"地方"，叫四向之中的木杖为"五方，谓代表"地中"，合称"四向五方"，谓只有中央即"五方"（神杖）才具有交通天神和四方群神的功能，表现出将地中定义为"五"并将之神化的观念。蓝山县过山瑶族原始巫祭仪有"转五方"的舞步，步位先按东、西、南、北四方的顺序对转，面向始终朝着四方之中央并向中央礼敬，转完四方后步至第五方中央的位置，也表现出以地中为"五方"和对地中尊崇的思想。

（五）以文献记载研究。史籍以"黄"名"黄帝"，"黄"色是太阳的颜色，古史一直以此色居中为贵，是黄帝居地中的文化符号。《尸子》载子贡问孔子曰："古者黄帝四面，信乎？"[1]《淮南子•天文训》载黄帝"执绳而制四方。"这类神话涵义黄帝是居地中而统驭天下四方四面的主宰者。至商、周广域王权国家仍将王都建在四方各诸侯国之地中的想法。卜辞有："商。东方。北方。西方。南方。"（《屯南》1126）《诗•商颂•殷武》"商邑翼翼，四方之极。"郑玄笺云："极，中也。"卜辞还有"勿于中商"（《合集》7837）、"庚辰卜，尊中商"（《合集》20587）、"□巳[卜]，王，贞于中商呼御方"（《合集》20453）。"商"为殷人首都，"中商"犹言"中央商"，等等。可知商代王都是建在四方各诸侯国之地中。《周礼•地官•大司徒》载："以土圭之法测土深、正日景，以求地中。……日至之景，尺有五寸，谓之地中……乃建王国焉。"说周代是在"地中"建王都。陕西宝鸡县出土的作于西周早期的青铜酒器"何尊"铭文，其中有"王（指周武王）初迁宅于成周……唯武王既克大邑商，则廷告于天曰：余其宅兹中国，自之乂民"的文字，这里的"中国"指建于四方各诸侯国之"地中"的王都成周。《吕氏春秋•慎势》曰："古之王者，择天下之中而立国，择国之中而立宫，择宫之中而立庙。"王者为什么将王都建在其统治地域的"地中"呢？《诗经•大雅•民劳》："民亦劳止，汔可小康。惠此中国。以绥四方。"是说只有先把恩德加在据全国中央的京城（即"中国"）统治者身上，才可以安定四方各国的诸侯。《荀子•大略》："欲近四方，莫如中央，

---

[1] 《太平御览•卷79•皇王部四•引〈尸子〉》，北京：中华书局，1985年影印本，第1
册，第369页下栏。

故王者必居天下之中，礼也。"《韩非子·扬权》："事在四方，要在中央，圣人执要，四方来效。"从政治价值解释王都为何建在四方各诸侯国之中心区当是因袭黄帝时代以地中为重为尊的政治地理五方观念。而"尚中"思想在中华传统文化的发展中成为追求"中正安和"的重要哲学观。

《易经·否卦·象》说："上下不交而天下无邦也。"意思是上位者与下位者不交通往来，天下就没有邦国的产生和存在。在黄帝时代，无疑上下交首先是道路的交通。黄帝不论是出战征服较其弱小的部族，行最初"封建之法"的"册封仪式"而建立中国早期国家 [1]，还是实行对所辖部族的管理，都得以从其居住的地中（都邑）开辟和修建与东、西、南、北四方各部族交通的水陆之道为重要基础。这一重要基础必然因由时人膜拜的政治地理五方观念而产生政治地理交通五行观念，换言之，黄帝的政治地理五方观念是其政治地理交通五行观念产生的思想基础。

二、黄帝的政治地理交通五行观念

以下列举黄帝政治地理交通五行观念的证据。

（一）以地下考古资料研究。浙江萧山跨湖桥遗址出土了约公元前6000年的独木舟，约公元前5000年左右的浙江河姆渡文化遗址出土了独木舟、陶船模和舟船上使用的木桨，可证黄帝前已有了水路。约公元前4000年前后，中原地区在聚落区内修筑道路已颇为普遍。陕西宝鸡北首岭仰韶聚落遗址，三片住宅群围绕中间一块面积约6000平方米的广场布列，广场一带发现有四层路土的道路遗存，路面较平坦，其中第二层路土是用兽骨渣、碎小鹅卵石、碎陶片羼杂后铺垫起的，厚达8—12厘米，其下层路面还用火烧过，红烧土层厚达2厘米。陕西临潼姜寨一期聚落遗址，道路建设更显出一定规模。居住区内东南西北四面均有人工修建或人们自然踩踏而形成的路面遗迹。广场西侧有两条几乎平行的人工修筑长道，一条残长53.3米，道宽0.7米，路面平整坚硬，是用黄土夹大量料礓石筑起，有10厘米厚；另一条残长12.5米，道宽0.75—0.8米，筑法相同[2]。黄帝前既然在聚落内已修造有较高质量的道路，

---

[1] 焦培民：《黄帝封建说与中国早期国家》，《中原文化研究》2016年第3期。

[2] 详见宋镇豪：《夏商社会生活史》，北京：中国社会科学出版社，1994年，第201—202页。

那么，可推测更具经济、政治实力的黄帝因战争和"封建"需要，至少调集大量人力物力修建从其居住的核心聚落和都城交通四周部族的简易道路，只是聚落考古之外的土路因遗存、遗迹不易为考古人发现罢了。

（二）以文献记载研究。《史记·五帝本纪》开篇先记述轩辕战败炎帝的阪泉之战，曰"炎帝欲侵陵诸侯，诸侯咸归轩辕。轩辕乃修德振兵，治五气，艺五种，抚万民，度四方，教熊罴貔貅貙虎，以与炎帝战于阪泉之野。三战，然后得其志"。王肃集解曰"度四方而安抚之"。黄帝如果没有通四方的道路，是无法"度四方"安抚其距离较近的族系而战胜炎帝的。司马迁接着记述涿鹿之战黄帝战败蚩尤后说："诸侯咸尊轩辕为天子，代神农氏，是为黄帝。天下有不顺者，黄帝从而征之，平者去之，披山通道，未尝宁居。"黄帝如果不"披（劈）山通道"，是无法行军征服四周如早期典籍所载"四帝"[1]之类"不顺者"的较强势部族的。司马迁紧接着上文又说，黄帝："东至于海，登丸山，及岱宗。西至于空桐，登鸡头。南至于江，登熊、湘。北逐荤粥，合符釜山，而邑于涿鹿之阿。迁徙往来无常处，以师兵为营卫。"黄帝如果不开辟和修建交通东、西、南、北远方各部族的道路，是无法对"万国"行封建之法及巡视监控的。《汉书·地理志》说："昔在黄帝，作舟车以济不通，旁行天下，方制万里，画野分州，得百里之国万区。"王子今引《文选》卷一班固《东都赋》："分州土，立市朝，作舟舆，造器械，斯乃轩辕氏之所以开帝功也。"[2]舟车分别在水路、陆路通行，认为黄帝开辟和修建与各处部族交通的道路是其立"帝功"的重要基础无疑是符合历史事实的。

（三）以上古神话研究。1973年长沙马王堆三号汉墓出土战国佚书四种，其中《十六经·立命》篇载："昔者黄琮（帝）质始好信，作自为象（像），方四面，傅一心，四达自中。前参后参，左参右参，践立（位）履参，是以能为天下宗。"[3]"质"有盟约义。如《左传·哀公》二十年赵孟曰："黄池之役，先主与吴王有质。""信"有信符、符契义；"傅"之义

[1] 《孙子·行军篇》："凡此四军之利，黄帝之所以胜四帝也。"

[2] 转引自王子今：《"巡狩"：文明初期的交通史记忆》，《中原文化研究》2016年第6期。

[3] 国家文物局古文献研究室编：《马王堆汉墓帛书》壹，北京：文物出版社，1980年，第61页。

为辅或附；"心"是心脏或中心义；"参"是参稽、参候义；"履"是踏、踩、践履义。将此文译成现代汉语是：古时的黄帝始用符契盟约，他以自己的作为而成的形象，是居地中而统治天下（"方四面，傅一心"），通过去前后左右四面部族行封建之法和巡视监控（"前参后参，左参右参，践立（位）履参"）而为天下所归向（"是以能为天下宗"）。可见此神话表述的不是以往学者解读的别样意义，而是皇帝的统治形象。"四达自中"含义黄帝从其居住的地中与四方部族的道路交通，战国时人以之为黄帝像，足见黄帝的地理交通五行路对他建立早期国家所具有的基础性重要作用。

（四）以符号学的方法研究。甲骨文的"行"字为"𣥠"形；甲骨文的"步"字在"𣥠"形的四方道画人足趾，而中央方不绘人足趾（图3）。如何解读这二个字符的形义呢？先说"𣥠"义，安阳殷墟西北岗王陵区大墓中有一半的墓坑与木室的构形是大墓四边有东南西北四条通道，木室正中安放墓主人的棺椁（图4）。学者称为之为"亞"形[1]。很明显，这种构形是"𣥠"字形于地下的物化形

图3 甲骨文的"步"字（甲四三六）

式，内含中央王灵与四方交通的观念。宋镇豪先生据文献认为"商代晚期已形成了以殷墟王邑为中心的东西横向、南北纵向朝四外辐射的国家道路交通大网络"[2]。《诗经·小雅·大东》："佻佻公子，行彼周行。""周行"是指王都成周通向各地的道路。据这些材料可认为"𣥠"义含地中王都与四方诸侯国的地理交通观念。至于甲骨文"𣥠"（步）字形之中央方不绘表意徒步行的人足趾，可释读为商王巡行四方的出发地是王都，四方诸侯向商王如同后世"四方来朝"的朝拜也是行至王都，而在王都不论是人王还是下级首领必是车载而不用步行。"𣥠"字形之中央方不绘表意徒步行的人足趾，是出于以地中王都道为重为尊的观念。将甲骨文的行字符和步字符对比

---

[1] 详见张光直：《中国青铜时代》第二集，台北市：联经出版公司，1990年，第92—93页。
[2] 宋镇豪：《夏商社会生活史》，第205页。

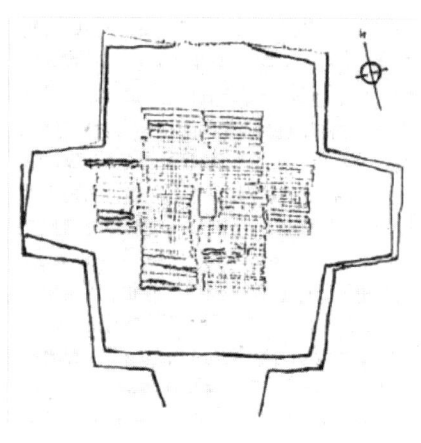

图4 安阳殷墟西北岗1001号大墓墓坑
与木室平面图 （采自张光直：《中国青铜
时代》第二集，联经出版公司1990年版，
第84页)

文字前的纹饰符号，可见马家窑文化的边家林遗址、半山类型、马厂类型等的彩陶有新出且数量较多的在圆圈里绘与"㐅"形密同的纹饰符号（图5-1至图5-3），这些当是甲骨文"㐅（行）"字形的前身。马厂类型有圆圈里在两个长方形相互斜交叉成五宫格的外四宫格画人足掌，而中宫格不画人足掌的纹样（图5-4），其形与甲文"步"字密同，当是"步"字的前身，更象形含义以地中（中宫格为"五"）王都道为重为尊的交通五行观念。

笔者没有查阅到边家林类型彩陶的碳14测定年代，不过研究彩陶的专家说边家林类型"在马家窑类型和半山类型之间"[1]，马家窑类型约公元前3000～前2700年，半山类型约公元前2600～前2300年，那么边家林类型的年代当于公元前2700～前2600年之间。严文明先生将年代约为公元前2600～前

图5-1

图5-2

[1] 李志钦：《黄河彩陶纹饰鉴赏》，第15页。

图5-3   图5-4

图5 马家窑文化彩陶表交通五方的五行道符号
图5-1马家窑文化边家林遗址、图5-2马家窑文化半山类型早期、图5-3马家窑文化
马厂类型早期 、图5-4马家窑文化马厂类型（均采自张朋川：《中国彩陶画谱》，文物
出版社1990年版，图谱篇图273、研究篇171页插图94、研究篇第171页及177页）

2000年的铜石并用时代晚期阶段列为文献记载的尧、舜时代[1]。据这个对应
关系，边家林遗址彩陶在圆圈里绘"⊹"形纹饰符号当出自尧、舜前的帝喾
时代。笔者认为，出于陶工用纹饰符号表达观念信息晚于该思想观念产生的
逻辑推测，"⊹"之初形纹饰符号虽然出现在帝喾时代，但其义含的以地中
王都道为重为尊的交通五行观念应在帝喾之前。考虑黄帝时代已产生以地中
（"五"）为重为尊的政治地理五方观念，黄帝也开始从其居住的地中开辟
和修建交通各处的道路。那么，黄帝时代因由政治地理五方观念应产生了以
地中王都道为重为尊的政治地理交通五行观念。

（五）以田野调查材料研究。连云港地区的古岩画有3个图案是由两个
长方形相交叉组成五宫格（图6），研究者推测其是属于公元前2500年前族群
的刻画，是传说中的"五位图"[2]。湖南遗存原始文化较多的梅山文化地区
有与"五位图"的构形完全相同的图案，却是"五行棋盘"（图7）。这不奇
怪，因为五宫格表位为"五位图"，而用于对弈则为可通行之"五行图"。
五行棋盘"供两人对弈，相对各摆四个棋子。开局后，各由各的棋子所在起
点，顺着直线交叉点，口念金⑴、木⑵、水⑶、火⑷、土⑸的口诀，土字落

[1] 严文明：《略论中国文明的起源》，《文物》1992年第1期。
[2] 详见高伟：《东方古星象岩画研究》，南京：南京出版社，2009年，第59页、第127页。

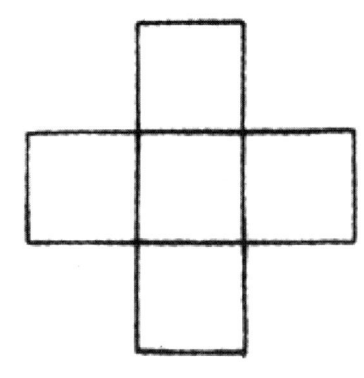

图6　连云港古岩画的"五位图"（采自高伟《东方古星象岩画研究》，南京出版社2009年版，第127页）

图7　湖南梅山文化地区的"五行棋盘"（采自郭兆祥：《中国梅山文化》，天马图书有限出版公司2002年版，第83页）

到对方的哪个棋子上，那个棋子就被吃掉，谁先输完子，谁就是败家[1]。湖南很多地区的孩子用"五行棋盘"对弈，我小时候就玩过。口诀的"金、木、水、火、土"源出战国时期的物质五行说。以"土"字所落的棋子为被吃掉棋子的对弈规则表现出以"土"为中为重的观念，而此观念又源起黄帝以其居处的地中为重为尊的地理五方观念，可证黄帝时代应因由政治地理五方观念而生发政治地理交通五行观念。

（六）以"五行"词义研究。在早期典籍中"五""午"二字通用，如《周礼·秋官·壶涿氏》："则以牡橭午贯象齿而沈之。"汉·郑玄注："故书，橭，为梓；午，为五。"《左传》成十七年有"夷阳五"，《国语·晋六》作"夷阳午"等。但"五""午"二字通用义有二：一是干支逢五曰午；五月五日曰午日、端午等等。这里"五""午"通用，是因出古人以时中为宇宙中心以交通天地的观念。二是"五"与"午"二字都通用以地理中央为枢纽交通五方道路的五行义。《战国策·赵二》："韩守成皋，魏塞午道。"《史记·张仪列传》："今秦发三将军，其一军塞午道。"司马贞索隐引郑玄云："一纵一横为午，谓交道也。"可见"午道"即" 卝 "形之中央道，是以中央为枢纽交通五方的道路。在上古冷兵器时代，"午道"方便军队集结进退，是兵家必争之地。依据古"五""午"二字通用，"午道"

---

[1] 郭兆祥：《中国梅山文化》，香港：天马图书有限出版公司，2002年，第82—83页。

即"五道"，这种"五道"，是许慎《说文解字》"街，四通道也""衢，四达谓之衢"如"╬"形的道路，是西周后王国领土扩大、经济发展、道路交通发达等才有的道路。董仲舒《春秋繁露·卷第十三·五行相生》曰："行者，行也，其行不同，故谓之五行。"释"五行"为"行"的不同方向。刘向《说苑·辨物》称："（数）发于一，成于二，备于三，周于四，行于五。""行于五"实是以中央道为枢纽才能通行五方的五行义。早期文献"五行"一词的五方路道通行义，汉代学者犹抱琵琶半遮面地释"行于五"为五方道路通行义等，当都是因由始于黄帝末名"五行"的政治地理交通五行观念而来。

三、黄帝的政治时间"五行"历

黄帝前使用的时历，本书稿《"太极"破解与其哲学概念的形成过程》一文论证先是借用四方空间表象作为衡量时间进程尺度的四时太阳历，后又借用八方空间为八节太阳历。而黄帝却又作立"五行"历，黄帝作立"五行"历是基于政治地理五方观念之"五"，改四时八节历为五行（时）十月制历，即改四时历为"五行"历，将每行分为二个月全年共十个月，以实行将一回归年的天数与五行相配，每一行72日全年360日，再增5—6天为终年日。证据于下：

（一）众多古文献言黄帝创制"五行"历。《管子·五行》谓黄帝"作立五行以正天时，五官以正人位"。此"五行"是天道时历义。《史记·历书》："黄帝考定星历，建立五行，起消息，正闰余。"说黄帝是依据天空最大的"太阳星"[1]及有关星的运行情况而建立"正闰余"的天道"五行"时历。《汉书·律历志上》："案汉元年不用黄帝调历。"《晋书·律历志中》："逮乎炎帝，分八节以始农功。轩辕纪三纲而阐书契，乃使羲和占日，常仪占月，臾区占星气，伶伦造律吕，大挠造甲子，隶首作算术，容成综斯六术，考定气象，建五行，察发敛，起消息，正闰徐，述而著焉，谓之调历。"说黄帝前的炎帝是四时"八节"的太阳历，说黄帝的"调历"是"五行"十节（月）制"正闰徐"的太阳历。《春秋繁露·卷第七·三代改制质文》："帝号必存五，帝代首天之色，号至五而反……轩辕直首天黄号，

---

[1] 张劲松：《中国史前符号与原始文化》，北京：北京燕山出版社：2001年，第52页。

故曰黄帝云。""首天之色"是太阳之黄色，以之为"（黄）帝号"，且"帝号必存五"及"号至五而反"，可知黄帝号因五行轮回的太阳历数而来。刘尧汉、卢央调研滇、川彝族的旧十月太阳历，是将一年按每季72日分为五季，每季含雌雄（阴阳）两个月共十个月，每月36天共360天，另有五至六天置于岁末作为过年日。此历用十二属相（十二生肖）纪日，一个月36日为三个属相周，一年360日为30个属相周[1]。受其启示，林桂榛先生认为"陈金久等说的《夏小正》《诗经》十月历及《管子》《淮南子》一行主二月72日、全年主30节气的古历记述"，是如彝族的五行十月制纯太阳历，并认为夏历是黄帝五行十月制太阳历的承袭[2]。甚是。古籍也言干支源自黄帝的五行十月制太阳历。《后汉书·律历志上》曰"大挠作甲子"，南朝梁刘昭补并注曰"《吕氏春秋》曰黄帝师大挠……大挠探五行之情，占斗刚所建，于是始作甲乙以名日，谓之干；作子丑以名日，谓之枝。枝干相配，以成六旬。从子至亥取名的十二地支是否来自黄帝五行历，学者意见纷纭却都证据不足，不便肯定。但十天干来自黄帝五行十月制太阳历应是事实。夏朝的王胤甲、孔甲、履癸、禹母修己，都使用了天干字，当是据夏代已有天干而取名的。甲骨文中"商代纪日主要是用六十个干支，有时也用单个天干或地支字纪日的"[3]。《左传·昭公七年》曰："天有十日。"《黄帝内经》曰："天有十日""夫阴阳者数之可十"。《左传·昭公五年》曰："日之数十，故有十时，亦当十位。"杜预因袭前人"十日"注，曰"日之数十"为"甲至癸"。今学者如陈久金、孙新周、何新、田合禄、王先胜、林桂榛等，都言十天干来自黄帝时十月制太阳历，可从。黄帝因出阴阳观念将五行(季)分为十月，以太阳历的十月轮回为"十日"，以"十日"为十天干合于黄帝时代的文化创新之道。

（二）古图符指向黄帝创制五行历。夏代之后在某些事上仍沿用五行十月制历并见其图式。如简帛《日书》涉及的年代从战国中晚期直到东汉晚期，是古代日者选择时日，占断吉凶的实用手册。有学者认为"秦简《日书》所载出行或远归忌日是根据五行之数来确定的。即以一六为水，

---

[1] 详见刘尧汉、卢央：《文明中国的彝族十月历》，云南：云南人民出版社，1986年，第47—49页。

[2] 林桂榛：《"五行"说源于天道历数考》，《光明日报》2013年1月7日，第13版。

[3] 详见杨升南、朱玲玲：《远古中华》，第608—609页。

二七为火，三八为木，四九为金，五十为土，其中一二三四五为'生数'，六七八九十为'成数'"[1]。考古出土的湖北沙市周家台关沮秦简有《日书》"图文勾线图"（图8），晏昌贵先生认为是"以图文结合的形式讲五行、五子占人事吉凶"[2]。当是。此图在"非"中间绘"十"形，所示是"五行"十月制（五方各代表二个月）太阳历。《管子·五行》把一年分为五个"七十二日"，其节气与五行方位相配。《管子·幼官图》用文字载有五方十图和30个节气。十图是五方各分正、副二图，五方十图代表五行（季）分为十个月。30个节气是每月36日分为三个节气，全年十个月为30个节气（相似彝族旧十月历一年30个属相周）[3]。按《幼官图》字载的五方十图勾线成纹饰图，则与《日书》的勾线图相同，都是表现五行再分阴阳的十月制历法。而与《管子·幼官图》《日书》"图文勾线图"相同的图样见于马家窑文化半山类型、马厂类型彩陶纹样，也是于"非"形纹饰中间绘"十"形（图9）。这无疑是表五行（时）再二分为十月的史前历法图。属尧舜时期文化的马家窑文化半山类型、马厂类型的历法图可说明两个问题：一是考虑用于表达信息的纹饰符号应晚于该文化的发生，五行十月制历的产生当在尧舜以前，可为史载黄帝创制五行历提供考古学文化证据。二是始出半山类型的历法图晚于始出边家林遗址表政治地理交通五行观念的纹饰，说明政治时间五行历晚出政治地理交通五行观念，不排除其产生也受到政治地理交通五行观念的影响。

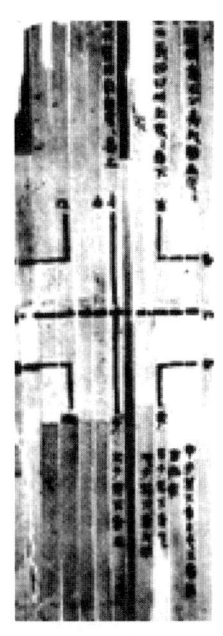

图8 湖北沙市周家台关沮秦简《日书》"图文勾线图"（采自《光明日报》，2006年7月10日第11版）

黄帝为什么抛开遵循自然时序的四时历，而作与四时时序不完全相合的五行历呢？这可从夏禹和孔子对五行历的态度作出推论。《尚书·甘誓》载："有扈氏威侮五行，怠弃三正，天用剿其命，今予惟恭行天之

[1] 刘道超：《秦简〈日书〉五行观念研究》，《周易研究》2007年第4期。
[2] 晏昌贵：《简帛〈日书〉与古代社会生活研究》，《光明日报》2006年7月10日，第11版。
[3] 参见刘尧汉 卢央：《文明中国的彝族十月历》，第53-54页。

图9-1 图9-2

图9 马家窑文化彩陶纹
图9-1半山类型、图9-2马厂类型（均采自张朋川：《中国彩陶图谱》，文物出版社1990年版，研究篇第61页、第178页）

罚。"这话是大禹的儿子启夺益位建传子制王朝，而同姓诸侯有扈氏不满，欲恢复禅让制而起兵造反，启则出兵征讨时的声讨词。此"五行"是最早见于文献的五行名词，林桂榛先生认为："此五行……为天道历数概念。"[1]甚是。细玩声讨词之意：夏启认为"五行"历是合于天道的神圣历法，而有扈氏却"威侮"它，故启定有扈氏为逆天之罪，并以奉行上天之命的正义理由举兵讨伐消灭他。《汉书·律历志下》："言历者以夏时，故周十二月，夏十月也。""周十二月"历较"夏十月"历是更适于农业的古阴阳历。然而，孔子却主张推行夏代的五行十月制历。《论语·卫灵公》："颜渊问为邦，子曰，行夏之时。"《史记·夏本纪》曰："孔子正夏时，学者多传夏小正云。"《四库全书》收录宋人鲍云龙撰《天原发微》曰："孔子尝曰吾得夏时而悦者，以为谓夏小正之属盖取其时之正与其令之善也……孔子之论为邦乃以夏时为正。"孔子身处东周后半期，在大诸侯争霸崛起而否定周室王权的形势中主张从周尊王，他极力主张推行夏代的五行十月制历，是想以之表达令从周天子出的复兴大统一的政治主张。夏禹神化"五行"历，孔子将"五行"历与"为邦"的国家政治相联系，可推知黄帝创制"五行"历是出

---

[1] 林桂榛：《"五行"说再考源》，《光明日报》2016年1月11日，第16版。

自"如何据国以治人之道"[1]的政治目的，即是将天道时行比附政治地理五方观念，以给其实行的地中王权对四方部族的统治披上合于天道的外衣，以在思想精神上巩固王权统治地位的神圣合法性。

四、颛顼的政治巫术通天五行思想

颛顼行"绝地天通"之策，是颛顼用特制的礼器或曰法器，通过操弄其父亡灵在"地中"（"五"）升天与天神合一为至上神，以达独占与天交通的特权和得到统治天下"四方民"的宗教信仰合法权益，可见颛顼的"绝地天通"之策是将黄帝的政治地理交通五行观念衍生出具有政治目的的巫术通天五行思想。证据于下：

（一）以文献记载研究。《尚书•吕刑》曰："乃命重黎，绝地天通，罔有降格。""乃命"的王者是颛顼。《国语•楚语下》："古者民神不杂。……及少皞之衰也，九黎乱德，民神杂糅，不可方物。夫人作享，家为巫史，无有要质。……颛顼受之，乃命南正重司天以属神，命火正黎司地以属民，使复旧常，无相侵渎，是谓绝地天通。"载颛顼的"绝地天通"，是取消民间"巫史"与"天"沟通的资格，而将通天的权力收归只有王者一人掌控。颛顼独掌通天大权的政治目的有史载为据，卜辞谓天上有"帝"或"上帝"，"常常发号施令，与王一样。上帝或帝不但施号令於人间，并且他自有朝廷，有使、臣之类供奔走者曰。"[2]这意味"帝"或"上帝"是人王的始祖神与天神合一之至上神。《史记•五帝本纪》载："舜曰'天也'，夫而后之中国践天子位焉，是为帝舜。"《集解》刘熙曰："帝王所都为中，故曰中国。"将商卜辞与史载联系着看，意味舜必须去地中的都城（"中国"），才能通过祭祀和巫术沟通居天上的"帝"而得到统治"四方民"[3]的王权。帝舜的思想，当是颛顼巫术通天五行思想政治目的的遥远回响。作为此回响的绪余，后世的地上人王仍自称为"天子"。

（二）以礼器造型的文化内涵研究。本书《先秦天、地、人关系的认识利用到形成"天人合一"思想的过程》一文，笔者以距今4800年的良渚反

[1] 葛志毅：《黄帝之道》，《光明日报》2016年5月9日，第16版。

[2] 陈梦家：《殷墟卜辞综述》，北京：科学出版社，1956年，第572页。

[3] 《尚书•洛诰》："公称丕显德，以予小子扬文武烈，奉答天命，和恒四方民，居师。"

山遗址玉琮王及其上"神徽"为主要材料，详证了"神徽"（神像）是颛顼帝操弄其父亡灵与天神合一之至上神，并分析颛顼此种操弄可达三个目的：一是亡父升天为天神，可使天神成为人形人格神。二是因天神是人王祖神，这样有资格与天神交通的就只能是人王或人王指派的大巫，从而合情理地取消了民人和普通巫觋与天神交通的权力。三是至上天神的亡父成为后王的始祖神，后王者可以之彰显"君权神授"的合法性统治。这一箭三雕见出王权政治对神秘宗教利用的奇思妙想。读者可详阅此文。为得到读者的充分认可，笔者在此增加原文没有的颛顼行政治巫术通天五行思想的证据。苏秉琦先生说："至迟开始于公元前第三千年中期的良渚文化，处于五帝时代的前后期之间，即'绝地天通'的颛顼时代。良渚文化发现的带有墓葬的祭坛和以琮为中心的玉礼器系统，应是宗教已步入一个新阶段的标志"[1]。接着他又以瑶山遗址为例，进一步说明巫与礼的关系："男觋女巫脱离所在群体葬地，集中葬于祭坛，是巫师阶层已形成才可能出现的现象。……瑶山等地墓葬最值得重视的现象，是琮、钺共为一人的随葬物，显示神、军权集于一人的事实。玉琮是专用的祭天礼器，设计的样子是天人交流，随着从早到晚的演变，琮的制作越来越规范化，加层加高加大，反映对琮的使用趋向垄断，对天说话，与天交流已成最高礼仪，只有一人，天字第一号人物才能有此权利……这与传说中颛顼的'绝地天通'是一致的"[2]。苏先生说到玉琮是颛顼时代，天字第一号人物专用的祭天礼器，甚是。但未说到颛顼为何制做和使用这种礼器，笔者补充的是，良渚文化的玉琮王作为王权的专用礼器之所以造型为外方中圆（孔），是颛顼以外方中圆（孔）做为地天交通的法器，即通过祭祀和巫术让其亡父亡灵在玉琮象征的地中升天与天神合一为至上神"帝"或曰"上帝"，颛顼就这样利用与至上神的血亲关系独家垄断了与至上神的交通，造出了神权统治天下"四方民"的合法性。与良渚玉琮造型密同的是商、周之"主"。《礼记·檀弓下》曰："殷主缀重焉，周主重彻焉。"郑玄注："缀，犹联也。殷人作主而联其重，悬诸庙也。周人作主，彻重埋之。"孔颖达疏："殷人缀而不即埋，周人即埋，不悬于庙为异也。"《礼记·曲礼下》："告丧曰'天王登假'，措之庙，立之主，曰

[1] 苏秉琦：《中国文明起源新探》，沈阳：辽宁人民出版社，2009年，第123页。
[2] 苏秉琦：《中国文明起源新探》，第126—127页。

'帝'。"《春秋公羊传·文公二年》："丁丑，作僖公主。作僖公主者何？为僖公作主也。"何休注："主状正方，穿中央，达四方。"将祭器"主"奉于宗庙，谓已故君王之灵凭依象征四方之地中升天登"帝"后裔位。与良渚玉琮宗教功能相同的还有笔者调查到的古民间文化证据，湖南古梅山文化地区原始巫的神杖在"四向"之中央"五方"木杖的中央凿一圆孔（本文图2），巫说圆孔是与天神沟通的通道，这种民间神杖的造型及其内涵应是良渚玉琮的延续与改变。

（三）以文字前纹饰符号研究。出自马家窑文化半山类型有两件彩陶罐，图案的主体是下肢间有硕大女阴纹的奇特人物画像，在人像四肢的上方位或旁边描画古巫符号（图10）。见二件彩陶非常精美，图案也十分绚丽，当非社会中下层所用。学者认为"图画上的形象就是一个与天地沟通的大巫"，彩陶"卐"纹饰符号已是甲骨的"巫"字[1]。当是。笔者认为，古"卐"符号中有"×，古文五省"之交叉"十"形表五方之五字（《说

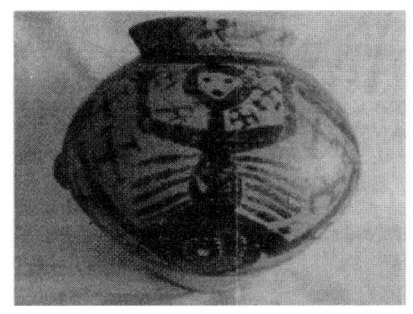

图10-1   图10-2

图10 马家窑文化半山类型陶罐
图10-1、图10-2（均采自《中国文物报》，2011年8月31日第7版）

文》），古文字的"巫"又与"五"通借，陶画大巫形象与古巫符号在一起组合出现，应该是大巫谓以地中即"五"为人王与"帝"沟通的礼器。这种巫术思想还可从民间巫术和支配原始宗教祭仪的神话谓地中是交通天

---

[1] 王志安：《马家窑文化彩陶上发现中国最早可释读文字》，《中国文物报》2011年8月31日，第7版。

神之地得出推论。笔者调查湖南城步县苗族"谢土"仪式有"通五方"科仪，科仪有巫术通天诀、登天诀、登天罡、五通诀、五通印诀、踩独脚五通罡等巫术。"通五方"科仪在神台铺放一个圆箕，在圆箕的四方和中央各放一碗供米，四碗米上各插燃香一炷，中央碗插燃香三炷，巫师说中央燃香三炷表意天地中心是天、地、人等神祇交通之处 [1]。前述湖南古梅山原始巫师的神杖底端用四方（谓"四向"）形铁箍箍住，谓象征地中（"五方"）的神杖具有沟通天神和四方群神的功能。《淮南子·坠形训》曰："建木在都广，众帝所自上下，日中无景，呼而无响，盖天地之中也。"纳西族民间史诗《创世纪》说："东边竖起白螺柱，南边竖起碧玉柱，西边竖起墨珠柱，北边竖起黄金柱，中央竖起一根撑天大铁柱。" [2] 古代阿尔泰神话：在世界的中心，大地的肚脐上耸立着一棵最高最大的枞树，树梢顶上住着至高无上的天神巴依尤勒干。这种世界相，常常被画在萨满的神鼓鼓面上。[3] "大地的肚脐"是神话联想大地的中央，是最高天神与地中相通的天极。原始巫术和神话为何谓宇宙地中是交通天神之地呢？这应是如《国语·楚语下》载颛顼前的少皞时期，民间巫师已有沟通天神以求避凶趋吉的巫术，后因颛顼推行"绝地天通"的政策而不再被允许，但再后，当"绝地天通"的禁令松动乃至消失后，巫教尤其民间巫也行地中与天神沟通的巫术了。随着时间的推移，王者对以地中即"五"交通天神的思想的改变也在在甲骨文有反映。沈建华先生考证甲骨文的圭字，商卜辞记用大圭祭日祭天，认为商王封赐圭田的臣官"圭臣""参予祭祀五方帝大典"。"卜辞中的'帝五'，即'五帝'，可释为五天帝五行之神"，所指是"战国时期五行之说，黄帝居中；太皞居东方；炎帝居南方；少皞居西方；颛顼居北方"的五天帝。再则，《周礼·春官·典瑞》载："王晋大圭，执镇圭，缫藉五采五就，以朝日。"将大圭和镇圭藻饰五种颜色是与五行方位相配。《周礼》的祭祀制度，基本上是继承和保留了殷代的礼仪，从周天子用大圭和镇圭于春日至东郊拜日（天），也可证殷代是用圭礼

---

[1] 张劲松：《巫傩仪式中的原始易符号及价值》，白庚胜、俞向党、钟健华主编：《追根问傩》，南昌：江西人民出版社，2007年，第75页。

[2] 朱桂元等编：《中国少数民族神话汇编·开天辟地篇》，北京：中央民族学院出版社，1984年，第308页。

[3] 乌丙安：《神秘的萨满世界》，上海：三联书店，1989年，第63页。

祀五天帝五行之神。"从甲骨文中看到的殷人在执圭祭天活动中，已构成五行观念的雏形。"[1] 但是，今据对马家窑文化彩陶图画的研究，五行神观念的雏形当早于殷代。殷商谓五方各有一天帝，是出自将死后之古人帝配位天帝的五行说，是颛顼以地中即"五"为其父亡灵与天神合一之方思想的演变。

至此，有一个问题要回答。中国社会文明起源前的漫长时期是没有今人"天"概念的多义内涵，其义只是人头上与地相连的广大圆形空间，可能是以人头之"上"指为天。颛顼谓以居处地中即"五"是其始祖神与天神的交通合一之方，那么，是何时将合一之方"五"分为"天""地"二方的呢？《周礼》载设天官、地官、春官、夏官、秋官、冬官等六官分职。彭林教授认为，"以天地四时命名的六官，是《周礼》设官分职的总纲，是作者'以人法天'的自然主义思想的集中表露，即把社会看作是自然的副本，并把自然界的法则施行于社会。"又说："《周礼》地官具有双重身份：既是与天官阴阳相对的地官，又是与春夏秋冬四官合成五行的中央土，是阴阳与五行的联结点，《周礼》六官之制是以阴阳五行说构筑而成的。"[2] 据此，我们由古人时空混同的神话宇宙观可知六官名与原宇宙方位之对应关系，春夏秋冬四官（四时）对应东南西北四方。地官对应的是地中，因为"地"与"土"古可通用，居五行中央之"土"即地中。地中具有的双重身份，是既与天（阳）相对的地中（阴），又是与东、南、西、北四方合成五行（即前文说的源起黄帝的政治地理交通五行观念）的地中，是天与地之五行的联结点。《周礼·春官·大宗伯》云："以玉作六器，以礼天地四方，以苍璧礼天，以黄琮礼地，以青圭礼东方，以赤璋礼南方，以白琥礼西方，以玄璜礼北方，皆有牲币，各放其器之色。"礼地的黄琮为象征色黄的地中，已由颛顼的通天礼器变为礼地之器，而礼天则由苍璧承担。显然，《周礼》既设地官，也设天官；既礼地，也礼天，可知已将天从天地合一（阴阳合一）之地中（"五"）单独分出为一方，是对颛顼以地中即"五"为天帝与人王为合一之方的巫术通天五行思想的发展分衍，分衍的时间下限当不在《周礼》杂合周与战国制度的时间段。余英时先生从早期文献记载和吸纳傅斯年先生的

---

[1] 沈建华：《从甲骨文圭字看殷代仪礼中的五行观念起源》，《文物》1993年第5期。

[2] 彭林：《〈周礼〉五行思想新探》，《历史研究》1990年第3期。

说法，认为"'天'的观念至少在殷代晚期已出现。"[1] 但据本文第一节的文献研究，夏代已出现了地下幽都为第七方的观念，按序数，较第七方位前的从五方分出为第六方"天"的观念至迟发生于夏代稍前，不过在殷代卜辞中是以"帝"字来表示而已。

五、战国五材质"五行"及其他"五行"说

在春秋战国这个中国古代的轴心时代，政治地理五方观念、旧五行观念及五行义因赖以存在的旧的政治、经济和文化基础的失去而基本湮失。政治地理五方观念湮失的原因，是自周室东迁，大国争霸愈演愈烈，战胜国扩地，战败国削地，疆域常有变动，王国都邑不可能像国土较稳定的东周之前建在"地中"，最明显反映在"中国"一词不再指称建于国土中央的王都，而是将之投射扩大为以最高权力为中心的民族国家的概念。政治地理交通五行观念湮失的原因，是战国时的道路交通已四通八达，各国王者不必以向四方开辟修建道路作为扩大统治地域的重要手段。政治时间"五行"历渐湮的原因，一是因于侯国争霸而周室王权衰微的政局，加给王权政治地理交通五行合于政治地理五方观念的光环黯然失色；二是由于铁器已在农业上使用，农业生产促使历法的进步，战国时已有了干支纪历法，干支法可纪年、纪月、纪日、纪时，二十四节气的制定正在形成发展中。这样，与天时时序不合的政治时间"五行"历受到淘汰。关于颛顼的政治巫术通天五行思想渐湮的原因，读者可参阅本书稿《先秦天、地、人关系的认识利用到形成"天人合一"思想的过程》一文的第七节。春秋战国诸子为了解释王权、霸权和诸侯国易主易位的历史和现实政局，出现了对巫文化"天命"思想的否定。如春秋晚期的孔子对鬼神的不可知论，已开始掩藏着唯物论的因素。老子把天地万物运行的生灭看作纯自然规律，并无人格化神的存在。战国中期的庄子否定只有人君可号称"天子"的特权。战国晚期的荀子更是把天看作只是自然存在的无知之物，根本否认有神性的"天命"思想。余英时先生研究认为，在有神论的"天命"这特殊形态的"天人合一"观饱受批判后，最终被哲学突破的"心"与"道"的合一所替代而成新"天人合一"观[2]。这里需

---

[1] 余英时：《论天人之际—中国古代思想起源试探》，台北市：联经，2014年，第179页。

[2] 详见余英时：《论天人之际——中国古代思想起源试探》，第182—201页。

说句题外话，始于颛顼地中通天的政治巫术通天五行思想虽然在诸子中湮失，但由地中通天的政治巫术五行通天思想而展衍与增衍的天神、地府等迷信思想等因人的精神需求而长期存活于社会各层尤其民间巫文化中。

旧的五行观念及"五行"义虽然湮失，但旧五行以数字五为神圣数和"五行"的世界相通性思想并没有退出历史舞台，而是在继承与发展中，表现在五行内容为适应新时代和新科学的需要而转换为五材质"五行"说。最早明确地将五材相配"五行"，并介绍五材所具有的特点以及与之相联系的五种味道是《尚书·洪范》，文曰："五行：一曰水，二曰火，三曰木，四曰金，五曰土。水曰润下，火曰炎上，木曰曲直，金曰从革，土爰稼穑。润下作咸，炎上作苦，曲直作酸，从革作辛，稼穑作甘。"《洪范》另一处的"初一曰五行"，是箕子将"五行"列为人君治国大法中的第一条，所指是对水火木金土的有效利用。《左传·昭公二十五年》"天地之经，而民实则之。则天之明，因地之性，生其六气，用其五行"，《国语·鲁语上》"及天之三辰，民所以瞻仰也；及地之五行，所以生殖也；及九州名山川泽，所以出财用也"等中的"五行"也是五材质的相配义。多数学者认为《洪范》《左传》《国语》均出自战国，战国时将五材相配"五行"是可以确定的。

五材质"五行"说的产生，最直接得力于春秋战国时期科学知识、科学思想与科学方法的显著进步。如春秋晚期的《墨经》中有形学、力学、光学的研究记录多条，特别是光学的研究仍为现代学者所重视与称道。老子通过对自然和社会两方面的观察与思考抽象出朴素唯物论和朴素辩证法哲学思想。战国时已出现了天文、历算、地理、医药、农业，技艺等学科的专门家。荀子更重视利用物性。在新科学的产生和进步的大背景下，战国时代的思想家将旧"五行"义转换为认识自然初级阶段的新的物质"五行"说是势所必然。战国末及之后，又因五材相生相克的运行状态说的产生，"五行"说便作为哲学原理将事物各按其类别属性纳入其系统中流转运行，如总结春秋战国时期有关医学文章编纂而成的《黄帝内经》将五行原理运用于人的生理和病理之中，建立了一套流传发展至今的阴阳五行中医学体系。

战国时期除了五材质的"五行"说，还相配出其他"五行"说。如：郭店楚简中谓为"天道"的"仁义礼智圣"五种德行的"五行"说。子思和孟子的"仁义礼智信"的人德天德五行说。稍后于孟子的邹衍之流将五材质五行说与人德天德五行说相结合，依以材比德、比德于物思维成五德终始说，宣讲帝王的更替是按照五行相克的顺序进行。邹衍也把阴阳消长与五行相胜合而为一，创立起阴阳五行家。先秦典籍中还有很多用五之数相配的词语，如《尚书·尧典》有五品、五教、五刑、五服、五流、五宅等。《庄子》中有五帝、五音、五官、五采、五色、五臭、五藏、五声、五常、五兵、五德、五谷、五刑、五味等。《荀子》中有五官、五采、五帝、五色、五声、五兵、五疾、五祀、五种、五谷、五刑、五听、五味等。学者当细审的是，不可将相互无动态关联的五方模式配数义阐释为是具同类物质具内在相关变化性的五行相配义。

2017年3月

（原载《地方文化研究》2018年第1期）

八卦与五行结合探源

《周易》一书中，空间与时间对应之"八"被冠以"乾、坤、震、巽、坎、离、艮、兑"等八要素名八卦。原始的五行交通观在战国时转换为以"水、火、木、金、土"的世界五种常用物质相互关系的五行观。八卦与五行这两套本相对独立的理论体系，在解释《易经》的《易传》却已有多处的联系。传本《周易》大量地出现"金""木""水""火"等字样，虽没有"五行"一词，但有用五行解卦理论的简单运用。如《说卦》曰："乾为金""巽为木""坎为水""离为火"；《既济》象曰："水在火上。"《未济》象曰："火在水上。"虽然没有出现"艮为土"或"坤为土"这类艮、坤两卦与土的直接关联，但却有"艮为山""坤为地"的象说。由于山与地都属土，因此艮、坤为土的象意也是非常明显的。马王堆帛书易著中有多处涉及五行的描述，例如帛书《易传·要》曰："故易有天道焉，而不可以日月星辰尽称也，故为之阴阳。有地道焉，而不可以水火金土木尽称也，故律之以柔刚。有人道焉，不可以父子君臣夫妇先后尽称也，故要之以下下。有四时之变焉，不可以万物尽称也，故为之以八卦。"[1] 帛书《周易》中明言"五行"一词者有三处：《二三子》两处："圣人之立正也，必尊天敬众，理顺五行，……德与天道始，必顺五行，其孙贵而宗不灭。"《易赞》一处："子曰：五行□□□□□□□□□□□□用，不可学者也，唯其人而已矣。"[2]

除《周易》，先秦其他典籍也出现一些以坤为土、震为土、坎为水等以八卦与五行结合解卦的文辞。《左传·庄公二十二年》：

> 周史有以《周易》见陈侯者，陈侯使筮之，遇观之否，曰："观国之光，利用宾于王"，此其代陈有国乎？不在此，其在异国，非此

---

[1] 转引自苏永利：《易学思维研究》，北京：北京大学出版社，2013年，第157-158页。
[2] 转引自苏永利：《易学思维研究》，第87页。

其身，在其子孙。光远而自它有耀者也。坤，土也。巽，风也。乾，天也。风为天于土上，山也。有山之材而照之以天光，于是乎居土上，故曰"观国之光，利用宾于王"。

《左传·闵公元年》：

毕万筮仕于晋，遇屯之比。辛廖占之曰："吉，屯固，比入，吉孰大焉，其必蕃昌。震为土，车从马，足居之，兄长之，母复之，众归之，六体不易，合而能固，安而能杀，公侯之卦也。公侯之子孙，必复其始。

《国语·晋语》：

公子亲筮之，曰："尚有晋国？"得贞屯悔豫，皆八也。筮史占之，皆曰："不吉。闭而不通，爻无为也。"司空季子曰："吉，是在《周易》，皆'利建侯'。不有晋国，以辅王室，安能建侯？"……震，车也。坎，水也。坤，土也。……震，雷也，车也。坎，劳也，水也，众也。主雷与车，而尚水与众。

从以上《周易》《左传》《国语》等典籍看，五行与八卦两个系统的联系都只是一些偶然的零星现象，都不固定，也不全面。虽如是，却可见出先秦时期，八卦与五行两个理论体系已经结合在一起，并且可能已经成为学术思维的一种普遍和基本的模式。根据现存文字史料，将八卦与五行两个系统全面而固定的首次结合，是西汉时期京房的《京氏易传》，在该书中，京房通过八宫排序，以乾兑为金、震巽为木、艮坤为土，坎离为水火，一一列举了八卦与五行的对应关系，建立了一套完整的卦爻五行体系。

八卦与五行何以结合？笔者依据对《周易》之前文化的研究，认为二者结合的根据，一是出于阴阳观念，二是"四方四季"。

本书《阴阳观念的萌生与"阴阳"一词成为抽象哲学概念的过程》一文中，论证周代之前先民创制太阳历所用是给测得的太阳视运行晷影逐次分阴阳的方法，此法是因由年二节到八节是太阳阴阳的自然延伸。《周易·系辞上传》将创制八节太阳历的方法转化为："《易》有太极，是生两仪，两仪生四象，四象生八卦"的哲学思想，八卦全部都是由阴阳两爻的不同组合所形成，八卦之间也排列成两两相对的阴阳关系，它们是：乾/坤、坎/离、震/巽、艮/兑。阴阳与八卦之间的关系比较明显，这里无须多说。五行与阴阳的关系复杂一些。五行中的四方四季包含了从一到二分，从二分到四分的分阴分阳观念。不仅如此，五行还进行五行之间的再分阴阳。《管子·幼官图》是以阴阳与五行论人事，通过立阴阳之理、五行之性，来说明君主在一年四季不同时节的生活与施政。《幼官图》以文字的形式载五方十图和30个节气。30个节气是每月36日分为三个节气，全年十个月为30个节气。五方十图在方位上，是将黄帝前已含阴阳观念的东、西，南、北，东南、西南，东北、西北，增加"地中"的五行中央方，谓"地中"也分阴阳，即中央方联通天上、地下二方成十方。在时间段上，是将黄帝前的四时增加位中的"五和时节"。五方与五时的相配是：东方与春相配，南方与夏相配，西方与秋相配，北方与冬相配，方中与"五和时节"相配。五时又二分为十节制，以甲、乙、丙、丁、戊、已、庚、辛、壬、癸为十天干，十天干阴阳是：甲、丙、戊、庚、壬为阳，乙、丁、已、辛、癸为阴。五行之间也分阴阳，木火为阳，金水土为阴。阴阳与五行还有一解：天地之数。天为阳，地为阴。天一生水，地六成之，一与六共宗居北。地二生火，天七成之，二与七为朋居南。天三生木，地八成之，三八为友居东。地四生金，天九成之，四与九同道居西。天五生土，地十成之，五与十相守居中。因为一六为水，二七为火，三八为木，四九为金，五十为土。五行的每一行都分单数与双数，单数为五行生数，为阳；双数为五行成数，为阴。显然，以阴阳为共同理论前提和基础的八卦与五行的结合是人为勉强的。

　　时空对应的八卦中有"四方四季"，五行中也有"四方四季"。换句话说，八卦中包含五行中的四方四季，五行的四方四季被包含在八卦之中。这样，四方四季就成为古人八卦与五行对应的重要根据。四方四季与五行的对应关系是：东方为春，属木；南方为夏，属火；西方为秋，属金；北方为冬，属水。然而，因为八卦产生在先，是双数，无中心观念。五行产生在后，是单数，有中心观念。这样将八卦与五行相配时，自然会产生两个问题，一是八卦与五行相配的不对等问题。二是因为五行历不是遵循自然时序的历法，季夏是与四时时序不完全相合而人为地加进去的，这样就出现对"土"在一年四季中的依次相生讲不通的问题。对于八卦与五行对应的不对称关系，苏永利先生列举了学术界的一些猜测。他说：

> 在八卦与五行的对应关系之中，水、火两行各自对应一卦，而金、木、土三行却分别对应两卦。对于这种不对称关系，项安世提出"形气说"：形旺者为二，气旺者为一。"木、金、土各二者，以形旺也；水、火各一者，以气旺也。"（江慎修《河洛精蕴·卷二》）龚焕提出"正交说"：水、火为阴阳之正，金、木、土为阴阳之交，"正者一而交者二也"（江慎修《河洛精蕴·卷二》）。又如：八卦后天排序坤卦居西南，离火之后为坤土。艮居东北，水之后又为土。对于坎水之后的艮土，先贤们的解释是："万物之所成终，而所成始也。"（《周易·说卦》）万物生于土，复归于土。此其一说，还有一说：坤艮二土，独居夏秋冬春之交，则以火必得土而后能生成金，水必得土而后能生木也（江慎修《河洛精蕴·卷二》）[1]。

关于"土"在一年四季中依次相生讲不通的问题，孙熙国先生以《管子》一书为例说：

> 《四时》篇认为，木、火、金、水主四时，土则辅四时，辅佐四时之转迭更移，故云："中央曰土，土德实辅四时，入出以风雨。"[2]《四时》篇提出了一年四季五行依次更迭相生的思想系列。把"土"分配在四季之中，从夏季之孟、仲两月到季月，再到秋天的孟、仲二月，恰好是火生土，土生金，这没有任何问题。但是，在从秋到冬和从冬到春中，季月之土如何从秋日之金过渡到冬日之水，如何从冬日之水过渡到春日之木，就讲不通了。
>
> 《五行》篇则以金、木、水、火、土主360天，每一"行"主72

[1] 苏永利：《关于八卦与五行结合的根据》，《周易研究》2006年第2期。
[2] 黎翔风：《管子校注》中册，北京：中华书局，2004年，第847页。

天。每一"行"对统治者和老百姓的生产和生活实践都有不同的要求。《五行》篇把阴阳理论与五行相配，并以此说明人事之变化与四时之迁移，但同样没有很好地解决"土"在一年四季中的依次相生的问题。

在这个图（笔者按：指《幼官》）中，五方（方中、东方、南方、西方、北方）与五时相配，即东方与春相配，南方与夏相配，西方与秋相配，北方与冬相配，方中与"五和时节"相配，五时、五方又依次与阴阳、五行相配。阴阳、五行、四时的结合，表明阴阳家所赖以生成的理论基础已基本形成。但是，"五和时节"究竟指代哪些月份，《幼官》并未明言。因此，与《四时》和《五行》一样，《幼官》同样也没有解决"土"在一年四时中的依次相生的问题。[1]

因为"土"在一年四季中依次相生讲不通的问题，当导致八卦之象与五行之象结合也存矛盾和牵强附会的问题。笔者认为，八卦与五行本是两种不同的"象"思维体系，将八卦之象与五行之象结合产生相配不对等的问题是必然的。对产生相配不对等的原因，易学家苏永利先生认为："所谓'象'与'四方四季'，也只是我们在八卦与五行这两种理论已经完美结合的今天对既存现象的分析，在逻辑上或许可以理解，在历史上不一定真实。"[2]甚是。

当笔者将研究的视线投向更久远的史前图像符号并挖掘其文化内蕴，发现八卦之"象"与五行之五种有形物象结合的源头在新石器时代晚期。从考古发现看，八千年以来早期中国文化就是一种将天地宇宙、人类万物统一起来的强调普遍联系的整体性宇宙观[3]。是这种宇宙观，导致距今约5300年的古人实行对八方九宫与交通五行之相关性和互通性的结合。证据有二：

其一，本书《新石器时代的方形文化与八卦》一文中，实证上古先民以太阳运行为标识，在宇宙空间方位上，最始由混沌不分到谓为"东、西"的

---

[1] 孙熙国：《〈易经〉的宇宙观与阴阳五行家思想之渊源》，《周易研究》2006年第1期。

[2] 苏永利：《关于八卦与五行结合的根据》，《周易研究》2006年第2期。

[3] 韩建业：《从考古发现看八千年以来早期中国的文化基因》，《光明日报》2020年11月4日，第11期。

两方，再由二方到"东、西、南、北"的正四方，再后又由正四方到东、东南、南、西南、西、西北、北、东北等八方。八方是新石器时代早期的八卦。我们在《五行的产生与发展过程》一文中，实证黄帝前因部族首领居住于四方氏族之中心而产生中心（中央）观念，黄帝时期产生以中央为枢纽的东、西、南、北五方交通的五行观念，笔者简称之为"交通五行"观。交通五行观至春秋战国转化为五材质之间具生化制克关系的五行说。研究可知，黄帝前八方与五行是两套相对独立的体系。约距今5300年的安徽含山凌家滩出土的一玉片图刻，被学者认

图1 仰韶文化庙底沟类型正四方与偏四方相组合图像（采自张朋川：《中国彩陶画谱》，文物出版社1990年版，图谱篇图1591）

为是八方八时对应的先夏历法图（见本书第25页图30）。笔者细玩此图刻，认为最应引起今学者注重的是玉板图四周的圆形钻孔，钻孔个数为四、五、九、五，这些数都是象数符号。笔者不认同学界对这些符号似是而非的解读。剥离历法图内涵与空间对应的年八时节不论，只说其表现的空间方位，四圆圈表示四方。九个圆圈表示八方及其中央即九宫，其在纹饰上是玉版图的八个圭形纹饰及其内中央圆。五个圆圈表示四方及其中央即五方相交通五行，二个五圆圈表示二个五方五行，其在玉版图上是圭形纹饰用"＋"形与"×"形即正四方与偏四方表示其各与中央相交通的两个五行。可见玉版图是出于"行"的观念，通过在八方中套入中央方，又通过共有中心实现八方九宫与两个五方五行的全部结合。笔者的解读不是凭空乱想，而是参考了汉代易学家郑玄注《易纬•乾凿度》释八卦、九宫的解读，他说：

　　太一者，北辰之神名也，居其所曰太一。常行于八卦日辰之间，曰天一，或曰太一。出入所游，自成于紫宫之内外，其星因以为名焉。

图2－1

图 2－2

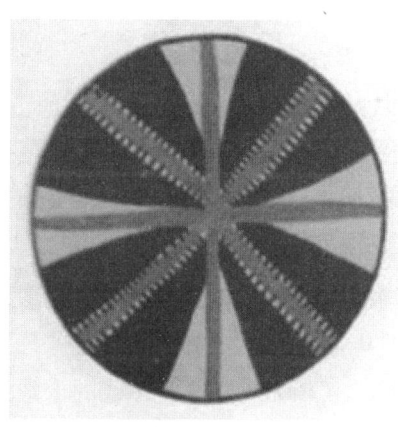

图 2－3

图 2－4

图2　马家窑文化四正方与四偏方相组合图像

图2-1.甘肃省东乡族自治县林家陶壶 、图 2-2.甘肃省陶盆俯视、
图2-3.甘肃省陶钵俯视 、图2-4.青海省乐都县柳湾陶壶（均采自张朋川:
《中国彩陶画谱》，文物出版社1990年版，图谱篇图191、221、589、1010）

故星经曰：天一，太一，主气之神。行，犹待也。四正四维，以八卦神所居，故亦名之曰宫。天一下行，犹天子出巡狩，省方岳之事，每率则复。天一下行八卦之宫，每四乃还于中央，中央者北神之所居，故因谓之九宫。天数大分，以阳出以阴入，阳起于子，阴起于午，是以太一下九宫，从坎宫始。

郑玄所释应不是凭空而出，不能说与远祖前人的传承无关。郑玄说的"太一"（或曰天一）是北辰神，他居"中央"。"天一下行八卦之宫，每四乃还中央"，谓"太一"行正四方与四维方都得至中央，实乃二个交通五行，是八方九宫与交通五行结合之象数。

其二，距今5300年左右用"十"形与"×"形组合的"✳"字形符号，已赋予八方及其中央（九宫）与两个交通五行结合之意。如山西省垣曲县下马村仰韶文化庙底沟类型陶罐上的"十"形线条稍粗，且位圆上的四方位置特意标示四个粗点；而"×"线条却绘得稍细，似有意彰显四正方与四维方；另还特意突出"✳"字形之中心点，似表示正四方与偏四方共有一中心的八方九宫与两个交通五行相配的思想（图1）。再如马家窑文化马家窑类型、半山类型和马厂类型圆圈内的"✳"形符号，"十"与"×"都区别作出两种明确不同的绘示法（图2），意蕴"十"形正四方与"×"形偏四方共有一个中心，八方九宫与两个交通五行相结合的思想。安徽含山玉片图刻约距今5300年，仰韶文化庙底沟类型陶符的年代约距今5280～4955年，马家窑文化马家窑类型至马厂类型陶符约距今5000～4000年，这些年代的上限属于黄帝时代，可证八卦与五行结合的源头是黄帝时代八方及其中央与交通五行的结合。

2019年8月27日初稿

修改于2023年4月

先秦天、地、人关系的认识利用到
形成"天人合一"思想的过程

学界因对无文字时代天、地、人关系认识利用的始源和发展轨迹没有研究和认识，导致对殷商甲骨文"帝"的研究的一系列论述和结论与真实相差甚远，对西周至战国产生的"天人合一"思想的研究也现正确性、深度、与逻辑理解上的不够，这样用包括史前考古学的多学科材料和多学科研究方法，探究和梳理先秦天、地、人关系的认识利用到形成"天人合一"思想的过程就很有必要。兹将我们对这一课题的研究所得陈述于后。

一、农业起源阶段以"天地合一"方式给"天地定位"

据考古学资料，人类在漫长的旧石器时代是完全的狩猎采集，过着飘浮似的无定居的小型"游群"觅食生活。逐渐的半定居始于距今一万年前后的驯化稻、粟、黍等作物时期。距今8000年前后农业起源进入关键阶段，很多聚落已是长年定居的村落。[1]人们定居下的农耕生产需要交流耕作经验和知识，开始时小范围的交往，可能利用地形地貌或别的标志物指定交往地点就够了。后来因交往的范围逐渐变大变远，于是发明了以地方为模型，以天上太阳运行为参照的"天地合一"法给天地划分方位，在有了地理空间方位的基础上再辅以别的标志物，彼此的约会才变得并不困难。以"天地合一"方式给"天地定位"是原始人认识和利用天地关系的开始。

新石器时代先民以地方为模型，以太阳运行为参照确定天地四方位，可能有过两种定位法，起初，人们是以太阳的升起与落下确定东西二方位。稍后可能有聪明人以地方为范型，早上面向太阳站立，并向身子两边伸直两

---

[1] 详见刘莉、陈星灿：《中国考古学——旧石器时代晚期到早期青铜时代》，北京：生活•读书•新知 三联书店，2017年，第三章，第四章、第五章。赵志军：《中国农业起源概述》，《遗产与保护研究》2019年第1期。

手，以前方为东方，背后为西方，以右手边为南方，左手边为北方。显然，因周年日出日落的方位角度是逐日移动的，这种四方分割法是粗糙而不够科学的。其后的进步是发明置槷（表）测日影的"辨方正位"法。《周礼》开篇说："惟王建国，辨方正位。"汉唐人注疏说："谓建国之时。辨，别也。先须视日景（影）以别东西南北四方，使有分别也。正位者，谓四方既有分别，又于中正宫室朝廷之位，使得正也。"注疏辨方正位的具体做法："……先于中置一槷（柱），恐槷下不正，先以县（悬绳）正之。槷正，乃视以景。景谓于槷端，自日出画之，以至日入，即得景为规，识之，故云为规识日出之景与日入之景，规之交处即东西正也；又于两交之间，中屈之指槷，又知南北正也。仍恐不审，昼参诸日中之景，夜考诸北极之星，以正朝夕，乃审矣。"[1]古籍载的立杆测日影虽然见载于《周礼》，但滥觞期是数千年前。不论原始粗略的四方定位法，还是较精确的立杆测日影法，两种方法得出的都是"十"形四方位。距今约8500年的河南贾湖第一期遗址、距今约7800年～7300年的洪江高庙遗址陶器上有"十"形图案[2]，距今约7800年～7300年的大地湾文化在彩陶内绘红色"十"形符号[3]，距今7000年前的蚌埠双墩遗址许多陶器上刻画"十"形符号[4]（见本书第50页图16），这些"十"形纹既是标示地理空间四方的符号，也是象征太阳照射四方的符号。

新石器时代早期的"天圆地方"观念，也可证那时已有地理空间四方的定位。"天圆地方"明说天是圆形而地是方形。"□"之地方为东、西、南、北四个可不断扩大的四个方面，"十"形是可不断延长的四个方向。如果追问"□"形与"十"形的关系，"□"形应是"十"形之母，"十"形四个方向是从"□"形四方转化而来，"□""十"与"四"是形与数的对应关系。约距今8200年的贾湖遗址墓多随葬较圆圈的乌龟的背甲，较方平的腹甲，大多数背甲和腹甲相扣合。学者认为这是以自然物的龟表现

[1] 阮元校刻：《十三经注疏》上册，扬州：江苏广陵古籍刻印社，1995年，第639页。

[2] 袁广阔等：《河南早期刻画符号研究》，北京：科学出版社，2012年，第24页。贺刚：《湘西史前遗存与中国古史传说》，长沙：岳麓书社，2013年，第235—236页。

[3] 刘莉、陈星灿：《中国考古学——旧石器时代晚期到早期青铜时代》，第161页。李志钦：《黄河彩陶纹饰鉴赏》，合肥市：安徽美术出版社，2009年，第5页。

[4] 安徽省文物考古研究所、蚌埠市博物馆：《蚌埠双墩——新石器时代遗址发掘报告》，科学出版社，2008年。

"天圆地方"的盖天宇宙观[1]。高庙遗址早期陶器上以圆套方的核心图形表现的是"天圆地方"观念（见本书第68页图1）。"天圆地方"观念往后传续数千年，如约距今6500年的河南濮阳西水坡遗址挖掘一座编号为M45的古墓葬，墓穴南部边缘呈圆曲形，北部边缘方正，东西两侧呈凸出的弧形（见本书第69页图2）。冯时先生依据M45墓主人脚端有由蚌塑三角和两根人的胫骨组成的图像和《周髀算经》卷上"周髀，长八尺。髀（笔者注："髀"的本义是人的腿骨）者，股也。髀者，表也"的记载，论证西水坡遗址先民用人体或立杆（表）测度有规律改变的日影，记录夏至、冬至、春分和秋分四时因日升日落的视运动而形成的三个同心圆。该墓穴南边圆曲弧形边是取春分和秋分的夜空日道，东西两侧呈突出的弧形代表冬至日道和阳光照射界线。墓葬的特殊形制是表现最原始的盖天理论的盖图，即南方的圆弧形表示以上为天的形状是圆形，与天相对的北方的方正形表现地的形状是方形，其刻意表现天象圆盖扣在方形平坦的大地上的"天圆地方"宇宙思想已相当清楚。[2] 距今约5500～5000年的牛河梁红山文化遗址有一座编号为Z3的圜丘和一座编号为Z2的方丘。Z3整体由规整的淡红色圭状石柱组成三个迭起的同心圆圈，剖面呈拱形。Z2是一个由正中为石筑方台，四周有一重（或许是二重）壝墙组成的方坛（见本书第70页图3）。学界共识Z3的圜丘象征天为祭天坛，Z2的方丘象征地为祭地坛，Z3圆坛与Z2方坛比邻分布是出于"天圆地方"观念。距今约5300～4000年的马家窑文化彩陶上多见以圆套方的图案表"天圆地方"观念[3]。良渚古城外围的瑶山、汇观山在自然山丘上建回字形祭坛（祭坛上清理出多座良渚文时期的大墓），方坛四边分别朝向东、南、西、北四面，将四面四围线的各中点相连则是"十"形正四方。刘斌先生经过多年的观察与研究，推测瑶山、汇观山两处人工营建的祭坛的性质，是通过观测太阳来测年的，时人利用方坛观测到

---

[1] 胡大军：《伏羲密码——九千年中华文明源头新探》，上海：上海社会科学出版社，2013年，第127页。韩建业：《从史前遗存中寻找文化上的早期中国》《光明日报》2020年10月3日，第7版。

[2] 详见冯时：《文明以止——上古的天文、思想与制度》，北京：中国社会科学出版社，2018年，第13—18页，第24—28页。

[3] 张朋川：《中国彩陶图谱》，北京：文物出版社，1990年，图谱篇第141、173、435、540、882、965、1196、1700等图。

春分、秋分的日出点和日落点，观测夏至的日出点和日落点，观测冬至日的日出点和日落点，也就是用观察太阳的运行规律，以确定一个回归年的两分两至[1]（见本书第109图19）。殷商甲骨文字意为"起始，乃作十干之首"的甲字作"十"形，也作"田"形，如十（前1·24·2）、十（后上3·16）田（前7·31·1）。[2]"田"形的十与四框不相接触，其原始义是以"口"为地方模式的四方，以"十"指以太阳运行为参照而定的四正方。

四方的二分为八方。从考古符号看，日常指向八方位的典型图像符号有二种构形。出现较早的是将正指四方的四角向相邻的二方平分出东北、东南、西北和西南等四偏角而至八个角（学界名"八角星纹"）。约距今7700～7300年（未校正的碳十四年代）的岳阳坟山堡遗址，[3]约距今6000年的辰溪县松溪口贝丘遗址，[4]约距今5600～5300年的凌家滩遗址等器物上是这类图像符号（见本书第51页图17-1至图17-3）。另一种是距今约6000年的仰韶文化庙底沟类型和距今约5300～4000年的马家窑文化器物上多见的正指四正方和四维方的"＊""※"符号（见本书第52页图17-4至图17-6）。此类表示八方的图形符号仍遗存于民间，笔者20世纪见贵州省岑巩县傩坛八卦图的左边有由"＋"和"×"组合而成的"＊"形八方符号，奇怪的是，在正四方的每条线上又加两条短线，巫师说这是表示四正方经二分而八方（见本书第52页图18）。

新石器时代早期先民可能无今人单独的"天"概念，只视天是盖在大地上的广大的呈圆形的空间，给这空间所定的四方八面，自然是天地平面相合的四方八面。湖南高庙遗址有在类似人的躯体和双臂图案之上——相当人的头部位，绘圆、方、八角等组合图形（见本书第68页图1），其图形似以人之颠顶呈圆形空间，形义类似甲骨文、金文的"𢎛(天)"字，也合于《淮南子·精神训》人"头之圆也像天"的描述，相似今人的"顶天立地"说，这

---

[1] 参见高江涛、李平编：《考古队长现场说·中华何以五千年》，太原市：三晋出版社，2021年，第402—403页。

[2] 王明阁：《甲骨学初论》，哈尔滨市：黑龙江人民出版社，1986年，第53页。

[3] 岳阳市文物工作队、钱粮湖农场文管会：《钱粮湖坟山堡新石器时代遗址试掘报告》，《湖南考古辑刊》1994年第6集。

[4] 湖南省文物考古研究所：《湖南辰溪县松溪口贝丘遗址发掘简报》，《文物》2001年第6期。

无疑是给天、地做上下的定义，即以人头之上为天，人身之下为地。将圆、方、八角等符号绘于象征人头的大圆里，意味时人头脑里已有了不同符号所象征的观念。以圆套方的核心层图形表"天圆地方"观念。其外的八角星纹表示由四方再分地、天平面空间为八方。该遗址另有图像在阳鸟双翅上绘四方和八角星符号（图1），八角星符号绘在象征天的圆圈中，似表现阳鸟在天上"四面八方"飞行。我国布依族、傣族、苗族、怒族、瑶族、彝族、裕固族、拉祜族、壮族、朝鲜族等神话说用四根柱子从地的东、南、西、北四方把天撑上去；汉族、苗族说用8根天柱从正四方和偏四方把天撑上去 。[1]从地上用四根或八根柱撑天表现出天、地的平面空间方位是合一的。春秋文献言夏代疆域见"九州"一词，如《叔夷钟铭》称"咸有九州，处禹之堵（土）。"《齐侯钟铭》说："奄有九州，处禹之堵（土）。""九州"即九方，较八方多了个地中，地中观念始出传说史的黄帝以地中为居地（见本书《五行的产生与发展过程》文）。"九州"非夏时已把国土规划为具体的九个行政区，而是泛指夏王禹是居中央统治东、南、西、北、东南、西北、西南、东北八方的广域王权国家。历史地理和农业考古专家认为，战国初期的《禹贡》划天下为九州，并依宜农状态，分九州土壤为九等，根据土壤性状确定与农作物的对应关系，是王权国家因地制宜的土地利用形式 [2]。屈原《楚辞·离骚》以"九天"与九州对应，曰："指九天以为正兮，夫唯灵修之故也。""九天"指天之中央与四方四隩九个区域。《吕氏春秋·有始》谓天有九野："中央曰钧天，东方曰苍天，东北曰变天，北方曰玄天，西北曰幽天，西方曰颢天，西南曰朱天， 南方曰炎天，东南曰阳天。"《淮南子·天文训》同。蓝山县过山瑶族巫画字符中"井"字符用交叉二横二竖分出九个方位的空间，是为"九天"符号（亦为天帝符号），是出自天地平面合一观念视地之九方模式亦为天之九方，故称"九天"。巫师将最后一撇围着井字画成圆形，意为天是圆形的。[3] 可知后人的天、地定位源出距今8000

---

[1] 王宪昭：《中国神话母题W编目》，北京：中国社会科学出版社，2013年，第268—282页。

[2] 韩茂莉：《从广度开发到深度开发——中国传统农业的可持续发展》，《光明日报》2002年9 月13日，第11版。

[3] 张劲松《中国史前符号与原始文化》，北京：北京燕山出版社，2001年，第108-118页。

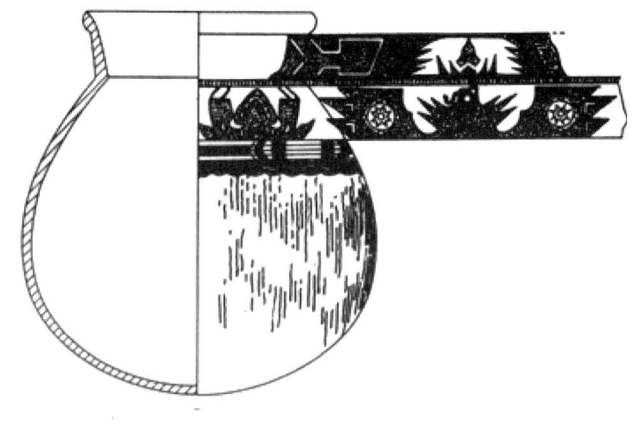

图1 高庙遗址早期后段鸟翅上的八角星符号（采自贺刚：《湘西史前遗存与中国古史传说》，岳麓书社2013年版，第283页）

年左右。

二、农耕文明对"天地合一"的认识利用

农作物生长于地，需要适宜的土壤与地力，农作物生长也需要适合的气温、气候、阳光和雨水等。如天地条件都适合则农作丰收，其中一样不适合则作物歉收或颗粒无收。农耕先民在实践中逐步认知到天和地于农作生产均具有十分密切的关联性合一关系，他们为了播种、管理合符天时，通过立杆测日影知太阳运行规律而创制年历。冯时先生认为大约八千年前，人们已达到了能够测定分至的水平 [1]。笔者用多学科材料论证在距今5500年左右编制出年八时历[2]。依据太阳历较循物候历播种下泥和进行田间管理科学了许多。但是，在生产力和科学十分低下，人力无法战胜天地各种自然灾害的漫长原始农业时期，人们只能将消灾除害的愿望寄托于非科学的巫术、祭仪，行或合祭天地鬼神与天地，或巫为中介角色交通天神求雨，或祈祷物质性的天地交等。

合祭天地鬼神是源起早期农耕先民重要的祭祀仪礼之一。如考古学家在高庙遗址发掘距今7100～6700年的面积达1000多平方米的大型祭坛，解剖清理其中的祭祀坑39个。据发掘者描述，这些形状规则的祭祀坑都是人工有意挖掘的。"坑内上部均夯筑有一层较纯净的浅黄土，下部则瘗埋有螺壳和鱼类等动物（仅见残骨）。绝大多数坑内有一层火烧骨渣和灰烬。" [3] 瘗埋

[1] 冯时：《中国天文考古学》，北京：社会科学文献出版社，2001年，第198页。

[2] 张劲松：《阴阳观念的萌生及"阴阳"一词成为抽象哲学概念的过程》，《地方文化研究》2020年第1期。

[3] 详见贺刚：《湘西史前遗存与中国古史传说》，长沙：岳麓书社，2013年，第六章第五节。贺刚是高庙遗址发掘人。

火烧骨渣和灰烬表明：在当时的祭祀活动中曾将祭牲用柴火堆烧过，行叫作"燎祭"的祭法——"燎祭"是用柴薪烧祭牲的烟气上升祭天。而将"燎祭"天的祭牲埋在祭祀坑里，在其上夯筑一层较纯净的浅黄土，显然又有瘗埋祭地的性质。这就可以确认高庙先民在瘗埋祭地时配以燎祭天，或在燎祭天时配以瘗埋祭品祭地，这两种祭法实质是天、地合祭。高庙遗址先民为什么合祭天地呢？考古人在距今7400年的高庙遗存中发现了二粒稻谷。据遗址出土石磨盘和磨棒上残留的淀粉粒分析，得知当时先民大量食用薏苡、高粱、橡子、栗子和莲藕等植物。[1]那时的先民已开始种稻，又有选择性地食用植物。但他们把禾稻及其他植物遭受天地自然方面危害的原因，错误的想象是天鬼地鬼作祟，故合祭天地也包括天鬼地鬼停止为害。合祭天鬼地鬼有一个实证，该遗址出土的白陶高领罐上有"天梯"图案（图2），"天梯"边有长出狰厉得令人恐怖的两对獠牙的巨口，巨口两侧伸出双翼的图像，象

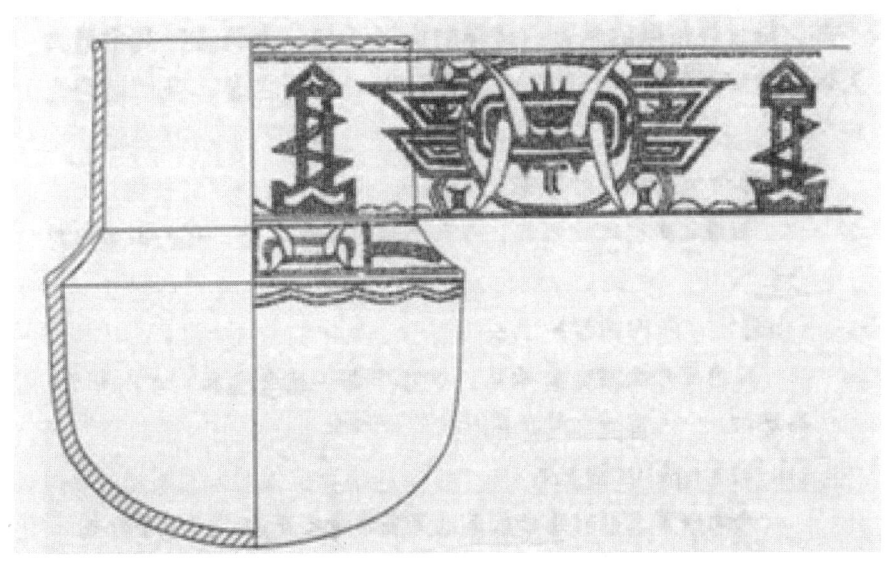

图2　高庙遗址陶罐上的"天梯"图像（采自贺刚：《湘西史前遗存与中国古史传说》，岳麓书社2013年版，第319页》)

---

[1] 湖南省文物考古研究所编著：《洪江高庙》第三册，北京，科学出版社2022年版，第1549页。贺刚：《湘西史前遗存与中国古史传说》，第106页。

图3 蓝山县瑶族的"云台"与"天梯"
（张劲松1992年摄）

征在地上飞来飞去作祟为害农作物的天鬼。该祭坛的主祭场有4个边长约1米的方形大洞，它被认为是建"天梯"的柱洞。高庙先民建"天梯"是出于神话联想以"天梯"送天鬼上天。民间于高处送天鬼久久传承，如榕江水尾区水族信奉的"家者"，意为天鬼，行祭时竖一根约七尺余的竹竿，视竹竿为天鬼升天的楼梯。天鬼在怒江傈僳族那里叫作"高处尼"。白族人叫天鬼为"高处鬼"，在山上或高处祭天鬼。[1] 距高庙遗址不远的蓝山县过山瑶巫仪至今仍建似古高庙演变而来的"天梯"：用木柱搭建一个方台，名叫"云台"，用七把铁刀扎"云梯"（也叫"天梯"），刀梯七步意天有七层，

天梯斜靠"云台"南侧，巫师爬刀梯上云台与天神沟通[2]（图3）。高庙遗址主祭坛距"天梯"送天鬼约1.2米处有一个祭祀坑，坑内堆积含火烧过的牛、羊、鹿、龟和鱼等动物骨骼和大量螺壳，应是瘗埋牺牲祭地鬼之坑，可见是天鬼地鬼合祭。 再如约距今7000年的河姆渡遗址出土一个双耳两面刻画祭祀图像的陶钵(图4)。笔者已实证陶钵A面中心位置的人面图像省略口、鼻、眉，只突出刻画两个形如眼睛的同心双圆圈，表现的是创世巨人两眼化为天眼日月的神话，[3] A面中心刻画的可能是原始傩仪的天鬼面具。冯时先生以古

[1] 张劲松：《中国史前符号与原始文化》，北京：北京燕山出版社，2001年，第249—250页。

[2] 张劲松等：《蓝山县瑶族传统文化田野调查》，长沙：岳麓书社，2002年，第191—194页。张劲松：《中国蓝山县过山瑶度戒仪式过程的信仰意义及度戒之功能》，《地方文化研究》2014年第1期。

[3] 张劲松：《七千年前的"禾魂祭"及其与傩源之关系》，《民间文学论坛》1994年第4期。

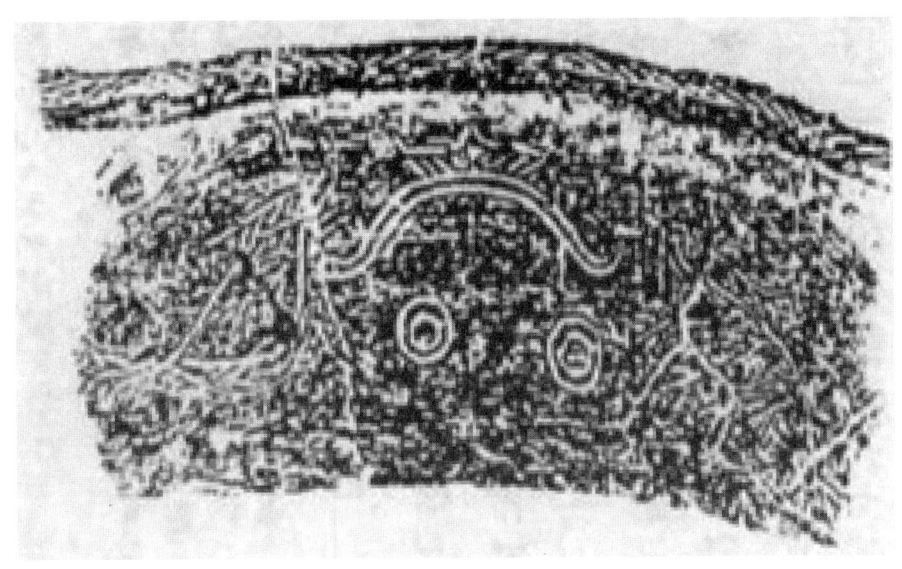

A面

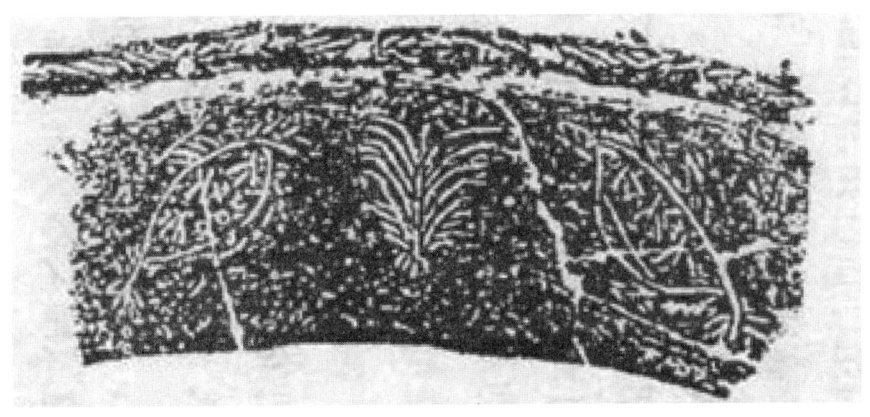

B面

图4　河姆渡遗址陶钵A、B两面的刻划图像（采自《考古学报》1978年第1期）

文"社"字象形立木于土，早期典籍中的社树记载，大汶口文化、良渚文化和含山凌家滩器物上的社树图等为据，实证河姆渡文化陶盆B面中心位置画的是社树 [1]。将笔者与冯先生的研究相合，可证古河姆渡人是将天鬼、地鬼

---

[1] 详见冯时：《中国古代的天文与人文》，北京：中国社会科学出版社，2006年，第94—100页，第140—146页。

图5　城头山古城址的祭坛和祭祀坑（采自《文物》1999年第6期）

（居社树中，河姆渡文化时期无神信仰，只有鬼信仰）刻画于陶钵的两面，显然是为求农作物免受灾害，以之为祭器合祭天鬼地鬼。还如，约距今6000年前的城头山遗址古城内发掘出由黄色土堆筑而成的整体形态呈椭圆形的祭坛（图5），祭坛中间部位（T3079）最高，向周边倾斜，南北长径约16米，东西短径约15米，面积超过200平方米，最厚处0.8米。在祭坛之外，东南和南部分布有40多个坑，深度多在1米以上，边直，底平，大多长方形，也有圆形，方形的，极少不规则形状。坑内有几种祭祀遗存物：第一种是满坑草木灰；第二种是满坑倒置陶釜、钵、罐等器物，多无底；第三种是置放大型动物骨头，甚至在坑底留下土台置放动物骨骼；第四种是平铺满坑红烧土。而H315则更为奇特，为深1米余的圆坑，坑口下为十来件倒置陶器，其下为满坑含大量经过烧灼的炭化米的草木灰[1]。笔者推测它们都是时人合祭天鬼地鬼的巫术与祭仪的遗存物：祭坛堆筑黄色土象征太阳天色，大椭圆形且由中心向四周倾斜，其形状像想象的天盖，可明其用途是祭天坛。祭坑置放大型动物骨头，甚至在坑底留下土台置放动物骨骼是瘗埋祭地的祭品。祭坑里经过烧灼的炭化米的草木灰，在祭坑平铺红烧土，是燎烟祭天和瘗埋祭地的遗存物。满坑倒置多无底的陶釜、钵、罐等器物，是为天鬼离开农作物而留外出

---

[1]　湖南省文物考古研究所：《澧县城头山古城址1997—1998年度发掘简报》《文物》1999年第6期。

回天上的通道。祭坑内倒置陶釜、钵、罐等器物，是如民间巫将天鬼收镇于钵、罐等容器内，并倒置于地不让天鬼出来作祟。再还如，良渚文化的玉璧为圆形，乃天圆之象，为礼天之器，但某些玉璧的边缘却同时刻绘有社树的图像，古人祭天以社配天的观念在此表现得非常明确。[1] 牛河梁红山文化遗址Z3祭天圆坛与Z2祭地方坛比邻分布，也是出于合祭天地所需。最后看殷商卜辞：

> 甲寅卜，殷贞：燎于又（右）土(社)？《丙编》79
>
> 癸未卜，争贞：燎于土，祓于岳？《乙编》7779
>
> 壬午卜，燎土，徙，巫帝？《合集》21075
>
> 贞：燎于土（社），三小宰，卯二牛，沈十牛？《前》1.24.3

甲骨文"社"字皆作"土"，为土地神。"燎"本为祭天之礼，然殷人行于"燎土"（祭地），这显见殷代仍传续祭地时亦配祭天的天地合祭法。

巫文化认为旱灾是天地不和合、阴阳不调造成的，古巫故用交通天神的法术求雨。张光直教授认为距今6500年的西水坡M45墓主是个原始道士或巫师，而用蚌壳摆塑的龙、虎、鹿乃是他能召唤，能助他上天入地的三蹻形象。认为直至商代青铜器上的饕餮纹及其他动物题材实际上是当时巫觋通天的一种工具和助手。鸟类是动物中沟通天地最重要的一种。[2] 龙是想象的通天神兽，巫谓借助龙之助力登天向天神祷旱求雨，故求雨仪式用龙形器做通天礼器。距今4600～4000年的山西襄汾陶寺龙山文化墓地出土有名的彩绘蟠龙纹黑陶盆，龙纹绘于圆形陶盘内，以红彩套绘，头在外围，微昂起，尾在卷盘的中心，作蟠蜷状，呈一个大旋涡；头部形状很凶猛，口里衔着一株麦秆或禾秆（图6），它明白地表现出龙是司雨水之神。龙作为农作司雨水之神，一直传承，如"其作龙于凡田，有雨，吉。"（《合集》29990）《系辞下》说："震为雷、为龙。"传说的龙形像与云、虹、雷、闪电等气象相关，由此也可看出龙崇拜与交通天神求雨的信仰相关。1949年之前，大旱的

---

[1] 参见冯时：《中国古代的天文与人文》，第123、159页。

[2] 张光直：《濮阳三蹻与中国古代美术上的人兽母题》，《文物》1988年第11期。《中国古代艺术与政治——续论商周青铜器上的动物纹样》，《新亚学术集刊》1983年第4集。

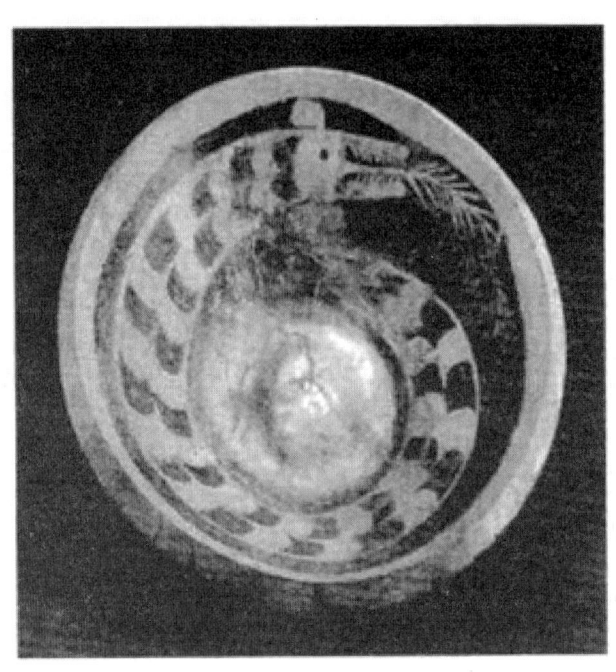

图6 山西襄汾陶寺出土的彩绘蟠龙纹黑陶盆（采自何驽：《怎探古人何所思：精神文化考古理论与实践探索》，科学出版社2015年版，第334页）

时候行求雨的仪式，乡民们把龙抬出来，叫做晒龙王，就是强迫龙王必须下雨。学者认为距今5000年左右红山文化编号N16M4系成年男性墓，此墓属于红山文化晚期墓，位于大型积石冢的中心部位，也在整个山梁的主脊上，这就具有了中心通神的思想，此墓随葬玉凤、玉人，均具有通神敬天的功能，寓上下贯通的玉巫人，更是通神做法时的具体形象。[1] 距今5000年左右的山东地区大汶口文化中晚期的陵阳河、大朱家村、诸城前寨遗址，安徽蒙城尉迟寺等遗址，有一种刻于陶尊上的图像是由多个符号组成（图7）。这个图像在年代稍后的湖北天门石家河文化的肖家屋脊，在良渚文化的玉器上仍偶有所见。我们认为学者对这个图像符号各说不一的解读都不可取。此图像的上面呈现日、月或有翼太阳的图案是表意"天"，下方绘刻的是一山形，"天"与"山"是完全相连的。将此图像与"昆仑山"神话联系，可明其是昆仑山，是地中交通天中之神山，是神巫与众神上下天庭之山，解读此图像是昆仑神话的具象表现当无问题。古人相信"昆仑之邱……或上倍之，是谓悬圃。登之乃灵，能使风雨"（《淮南子·地形训》），将此图像刻于陶尊上，是农作物遭遇旱灾时，巫以之为神器助其登"昆仑山"求雨。《尚书大传》载，为了求雨，

---

[1] 李禹阶：《中国文明起源中的巫及其角色演变》，《中国社会科学》2020年第6期。

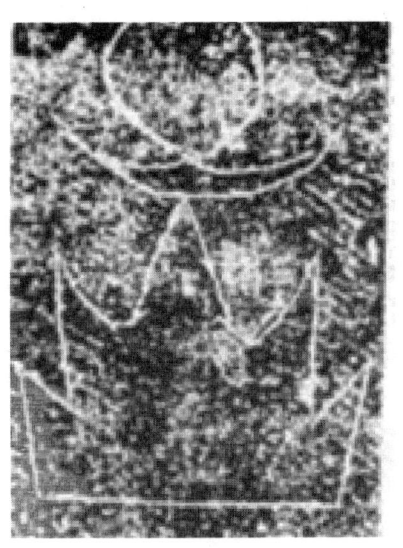

图7-1

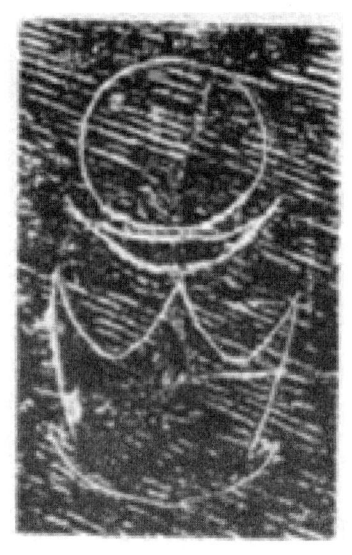

图7-2

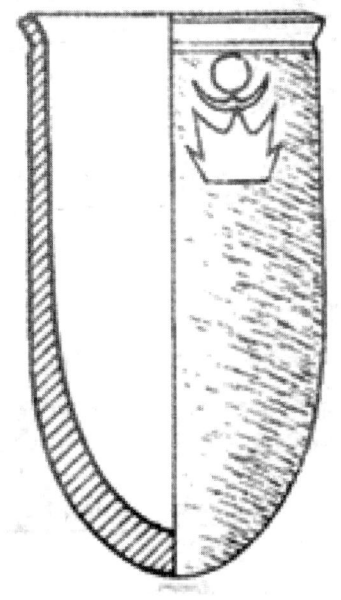

图7-3

图7 大汶口文化中后期陶器图像符号

图7-1 陵阳河遗址 、图7-2 大朱家村遗址、图7-3 尉迟寺遗址（均采自王震中：《中国古代国家的起源与王权的形成》，中国社会科学出版社2013年版，第135、175页）

"汤乃剪发断爪，自以为牲，而祷于桑林之社"。《淮南子·主术训》也载，商汤之时，大旱七年，汤亲自在桑林求雨，准备自焚，以感动上天降雨。由之可推测在殷商之前，天旱求雨是部族首领、酋邦酋长和国家人王亲为之大事。安徽蒙城环壕聚落尉迟寺遗址将此图像都刻画在婴儿或儿童瓮棺的大口尊器具上，可能是兼大巫的部族首领或酋长以贵族小儿为祭礼助其登昆仑山求雨。学

图8　牛河梁红山文化第Ⅱ地点方坛西侧4号墓（采自辽宁省文物考古研究所编：《牛河梁红山文化遗址与玉器精粹》，文物出版社1997年版，第76页）

者研究《周礼》中讲率领群巫跳舞，沟通天人，请天下雨。[1]直至1949年之前的旧中国农村，大旱时巫仍行沟通天地的求雨仪式。

　　到距今5000年左右的成熟农业社会，人们对风、雨、云、雾等与气体的相互转化关系已积累了很多认知，这时已产生了"天地相合，以降甘露"[2]"天气下降，地气上腾。天地和同，草木萌动"（《礼记·月令》）的天地气交而降雨、生物的思想。甲骨文的气字作"三"形，上下两横表天和地，中间一短横表示天地之间充满能上下交的气（风）。牛河梁红山文化遗址编号为Z2和Z3的比邻而布的礼祀天、地的方坛与圆坛，在方坛西侧的埠旁有一座与天地祭坛有关的编号为M4的墓葬（图8），因该座大型石棺墓的规格、墓葬形制以及用玉制度规格都很高，推定墓主人是集巫权与政权于一身的古国首领。墓主人头向正东，仰身直肢，两腿膝部相叠交，左腿在上，右腿在下。随葬三件玉器，一件玉箍形器横枕于头下，斜口朝下向北。两件玉猪龙并排背对背倒置于胸前，吻部向外。我们认为，放置于墓主人胸前的两件背对背的"猪形礼玉"和墓主人两腿膝部相叠交是表现天地二气交合，

[1] 李泽厚：《由巫到礼·释礼归仁》，北京：生活·读书·新知三联书店，2015年，第87页。

[2] 高明：《帛书老子校注》下，北京：中华书局，2020年，第561页。

横枕于墓主头下的一件上下贯通的玉镯形器，是以之为天地二气交通的管道。这意味M4葬式是再现墓主生前兼巫的人王行根源其权能的天地气交而降雨的巫术。祈祷物质性范畴的天地气交而降雨，较巫登天求雨的巫术进步了许多。

三、酋邦社会酋长操弄以始祖配天

"酋邦"（Chiefdom），是西方新进化论在对人类早期社会组织演进图式中运用的概念，美国人类学家埃尔曼·塞维斯以"酋邦"为位于部落到国家之间的社会组织形式。我国学者研究我国约距今6000～5000年间一些地域的平等农耕聚落社会进入到不平等的酋邦社会 。[1] "酋邦的主要特征是其政治分级与亲属制度相结合"。[2] 每个成员的地位取决于他和直系始祖之间血缘关系之远近，高血统的人与氏族部落祖先的关系最近。[3] 中国酋邦社会较前社会有二大变化，一是"家族—宗族"的组织结构，导致始祖及祖先崇拜盛行。二是因农耕已接近进入农业社会阶段，有了较高程度的精耕细作，这时凸显对农作物危害的是水、旱、风等天灾，又加之对高广之天的神秘莫测感，故对天的崇拜开始重于地崇拜。在这种新情势与文化背景下，与直系始祖血缘关系最近的酋长，为了将对祖先和天神的敬畏转移到巩固自身的等级地位上来，以利强化其对酋邦进行非强制性的"权威"管理，就开始了对天神与天崇拜的政治利用，即操弄将始祖与天神相比并的"以始祖配天"礼仪。如下材料可得以证明：

距今6400～5800年的城头山古城内建有3个中间高四周低近后世"圜丘"的土台，祭台内有深超过1米的40多个祭祀坑。属于大溪文化二期的HO11（图9）、H345、H346是3个大的浅平祭坑，均置放大块"祖"形砾石。发掘者认为："这种大砾石，或许就是后来'祖'的象征物。"[4] 刘俊男教授认

---

[1] 详见王震中：《中国古代国家的起源与王权的形成》，北京：中国社会科学出版社，1982，第二章。

[2] 张光直：《古代世界的商文明》，《中原文化》1994年第4期。

[3] 易建平：《部落联盟与酋邦》，北京：社会科学文献出版社，2004年，第145—146页。

[4] 湖南省文物考古研究所：《澧县城头山——新石器时代遗址发掘报告》，北京：文物出版社，2007年，第266—283页。

为"圜丘"土台的用途是祭天，也认为大砾石是"祖"的象征物[1]。笔者认为他的推断是合理的，并且认为将"祖"的象征物置放于祭天坛上，是酋邦以始祖配天之原始祭仪。约距今5600～5300年的凌家滩聚落遗址的98M29号墓出土玉器、石器和陶器计86件，其中12件精美石钺、2件精致的石戈、4件玉璧、3件玉人、1件玉鹰（图10）。据出土器物推测墓主人是掌最高军权与巫权的酋长。王震中先生推测3件双臂刻着八条臂镯纹样的玉人是"高祖"或"远祖"之类的祖先像[2]。玉鹰两翅为猪首形，展翅呈飞翔状，鹰胸部刻

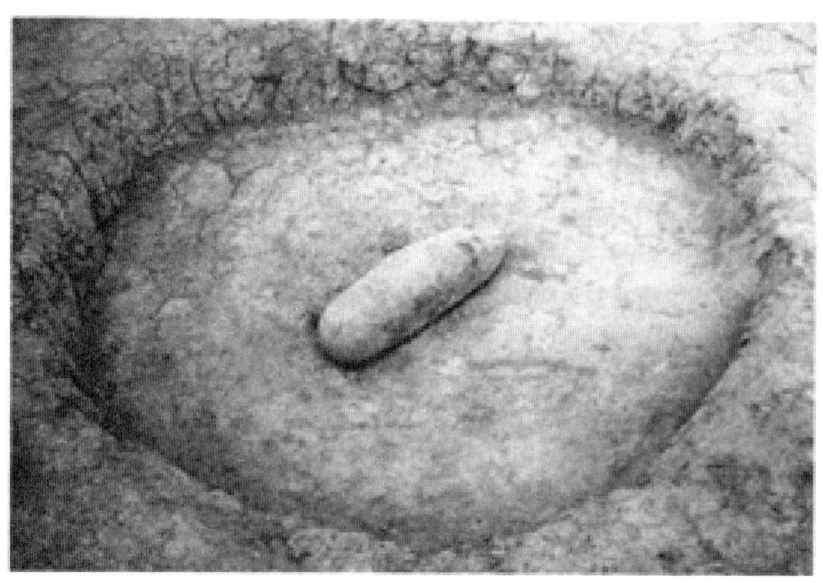

图9　城头山H011巨型"祖"砾石（采自湖南省文物考古研究所：《澧县城头山——新石器时代遗址发掘报告》，文物出版社2007年版，第275页)

正指八方的"八角星"图案。冯时先生论证将头向相反之二猪简化为同体二首猪形象是"古人以猪表现北斗"[3]。笔者前文已证史前的八角星纹是定天平面方位的符号。在刚去世的酋长墓中放置始祖玉人像、八角星、鹰、猪等

[1] 刘俊男：《生业与文明》，北京：中国社会科学出版社，2021年，第66页。
[2] 王震中：《中国古代国家的起源与王权的形成》，第211页。
[3] 详见冯时：《文明以止—上古的天文、思想与制度》，第538-547页。

天神与天符
号，充分证明
酋长生前操
弄"以始祖配
天"礼仪。
牛河梁遗址红
山文化女神庙
那模拟真人塑
造的女神头像
被学者认为是
红山人供祭的
久远的祖先。
此始祖神与
天相比并有
二个实证，
其一是女神
庙位于牛河
梁北之高山
顶，高山被
神话想象为
与天相接；
其二是女祖
头像的双睛
嵌淡青色圆
饼玉石，是以
玉石色为天色

图10　凌家滩98M29号墓出土的玉人、玉鹰（采自尤以德：《古代玉器通论》，紫禁城出版社2002年版，第38页）

的配天。长江流域、黄河流域、辽河流域等地区约距今6000年及之后的很多文化遗址出现数量不少饰有八角星纹的陶器或玉器。我们推测酋长祭祖时很可能将这类精美的器物置于祭坛，以其上的八角星纹配天于始祖。旁证是：笔者田野调察我国瑶族大多支系（特别是"盘瑶"）信仰"盘王"始祖，行最古老的祭"盘王"礼仪时于祭坛必陈用红纸剪的"盘王印",至唱《盘王大歌》时,又在纸剪的盘王印上再加一块用布绣的盘王印(图11)。"盘王印"又名"天皇印",为盘王的身份与权力的象征。"盘王印"的主体是"八角星"图案,瑶民以之表四面八方之天。我们认为瑶族以始祖配天礼仪是史前酋长社会以始祖配天祭礼的遗存。周公戒成王诗曰:"文王在上,于昭于天。"(《诗经·大雅·文王》)《汉书·郊祀志下》载:"王者尊其考,欲以配天,缘考之意,欲尊祖,推而上之,遂及始祖。是以周公郊祀后稷以配天。"[1] 周公郊祀以始祖后稷配天也是酋邦社会以始祖配天的传承。国外斐济本岛的一位贤明酋长,自称他拥有全部部落神的名字。在斐济岛山地民中间相传,最初的祖先卡劳吾布死后进入神的领域而成为始祖神,同时他的灵魂则进入后继者的身体之中,成了神灵附体者。波利尼亚人把酋长称呼为"拉尼"(等于"天"),而且用"麻拉埃"这样的词语同时表现神坛

图11 蓝山县过山瑶的盘王印(张劲松1998年摄)

---

[1] 上海古籍出版社、上海书店编:《二十五史》第1册《汉书·郊祀志下》,上海:上海古籍出版社、上海书店,1986年影印本,第489页。

和酋长之墓。[1]来自国外的材料可旁证我国酋长社会时代酋长曾操弄以始祖配天礼仪。

四、良渚早期国家人王操弄其始祖神与天神合一为至上神

距今5000年左右的良渚社会进入到早期区域性国家形态。早期国家是较酋邦社会更大的血缘与地缘相结合的政治体架构，国家人王依靠神权和军权两手统治国家。因在神权方面操弄"君权神授"的信仰，这导致人王将酋长的以始祖配天礼仪提升为操弄以其父王亡灵与天神合一为人格化至上神的礼仪。证据有三：

（一）良渚古城内的反山遗址M12出土"玉钺王"和13斤重的"玉琮王"(图12)，玉钺是军权的象征，玉琮是神权的象征，可明墓主人是军权和神权共掌的一位王者。我们认为玉琮王是在世兼群巫之长的人王操弄其刚离世的父王灵魂升天与天神合一为至上神的神器。证据有二：一是良渚遗址在40座墓葬中发掘琮百多件，琮的型制高低不一，琮节面神像或繁或简或素面无纹，琮在墓内摆放的位置和置放墓主身体的部位也不相同[2]。从良渚琮的复杂现象推测琮的功用乃处早期多样阶段，不宜据"以苍璧礼天，以黄琮礼地"（《周礼·春官·大宗伯》）解读良渚玉琮都用于礼地。我们认为玉琮王型制的外方象征地，而小于外方很多的中圆（孔）不是象征天圆，而是象征人王亡灵所在的地中与至上天中交通的管道。在许多琮上有动物图像，表示巫师通过"地轴"的中空管道在动物的协助下交通天地。旁证是今湖南隆回县古梅山文化交通天地神祇的神杖（师公棍)造型：一根圆木棍的中心被镂空，在圆木棍的下端嵌一块四方形铁块（见本书128页图2）。巫师说方形铁块代表方地，圆木棍中心被镂空，意以中空为巫魂上下天庭与天神沟通的通道。神杖以方形铁块之中空表方地之中心为通天的管道，这显然是良渚玉琮王外方中空圆造型象征义在民间巫器的造型。二是前述河南濮阳西水坡遗址，在45号墓南方天的位置，特意依次布有让墓主人升天的通途和升天的场景。既然距今约6500年已有大巫亡灵升天的信仰，那么良渚遗址人王用礼器

[1] 王震中：《中国古代国家的起源与王权的形成》，北京：中国社会科学出版社2013年版，第289页。

[2] 详见方向明：《反山大玉琮及良渚琮的相关问题》，浙江省博物馆编：《东方博物》第七十三集，北京：中国书店出版社，2019年。

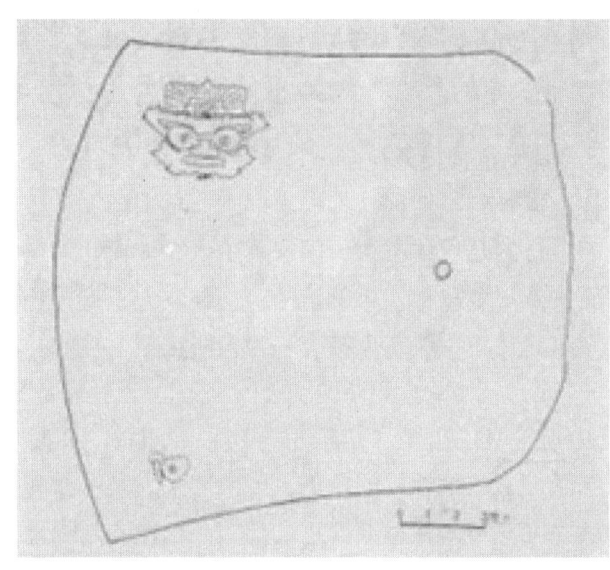

图12　良渚文化反山M12的玉钺和玉琮（采自《文物》1988年第1期）

琮的中空为其父亡灵升天的通道是可信的。

（二）玉钺王和玉琮王上完整的神人兽面"神徽"（图13），是刚离世人王亡父灵魂升天与天神合一为至上神的证据：首先，神人头上呈放射状的高厚鸟羽冠象征高深的天盖。《周髀算经》："天像盖笠。""盖笠"，其平面如斗大小，俗称斗笠，多为竹皮和竹叶编结的用于遮风挡雨的帽子（图14），以之喻天象一顶戴着的斗笠。彝族《彝族古歌·门咪间扎节》："云彩来造天，雾露来造地……造天的时候，天象一顶篾帽，地像一扇簸箕。"[1]苗族有天象斗篷的神话。城步县苗族"还祖师愿"

有天蓬天盖诀。纳西族文字的"天"字取像斗笠（图15）。天盖上介字形纹之尖顶表意天的中央，人头位其下意表升天之王灵居天中。其次，神兽如鸡卵状的两眼关联"天地混沌如鸡子，盘古生其中，万八千岁，天地开辟，阳清为天，阴浊为地"（《艺文类聚》卷一引徐整《三五历记》）的神

[1] 韦兴儒：《论贵州天地神话中的宇宙星云观》，潘定智、朱吉成、韦兴儒编：《贵州神话史诗论文集》，贵阳市：贵州民族出版社，1988年，第69页。

图13　反山M12神人兽面"神徽"（摘自《文物》1988年第1期）

话。[1]有学者据《述异记》《绎书》卷一引《五运历年记》载巨人盘古"目为日月"的神话，倾向认为良渚神兽的"双目即是日月"。[2] 我们认为神兽如鸡卵状的两眼造型可能是这两个神话的糅合。神兽两巨眼间用微凸的短桥形联结，既可象征突出的额头，又可表现"日往则月来，月往则日来，日月相推而明生焉"（《周易·系辞下传》）之日月运动关系。再次，神兽下部作蹲踞状前肢的尖利的三爪是鸟爪。古良渚人崇虎，神兽嘴里上下相扣的尖尖的獠牙，是老虎张口露牙的正面夸张形象。为何神兽复合鸟与虎的元素呢？这可从蓝山县十分古老的过山瑶族的巫具"马棒"上找到答案。"马棒"在一块长条四方木的二面或四面雕刻鸟、虎、龙、马等图像（图16），谓神鸟是通天府的坐骑，神虎是通地府的坐骑，神龙是通水府的坐骑，神马是通阳府（人间）的坐骑。依之，意味神徽上的鸟爪和虎牙代表神鸟与神虎，它们

---

[1] 王宪昭：《中国神话母题W编目》，第244页。

[2] 王宁远：《试论良渚神徽起源及意义》，载《浙江省文物考古研究所学刊》，北京市：长征出版社，1997年，第241页。黄厚明：《良渚文化鸟人纹像的内涵和功能（上）》，《民族艺术》2005年第1期。

图14 斗笠（李永安2021年摄）

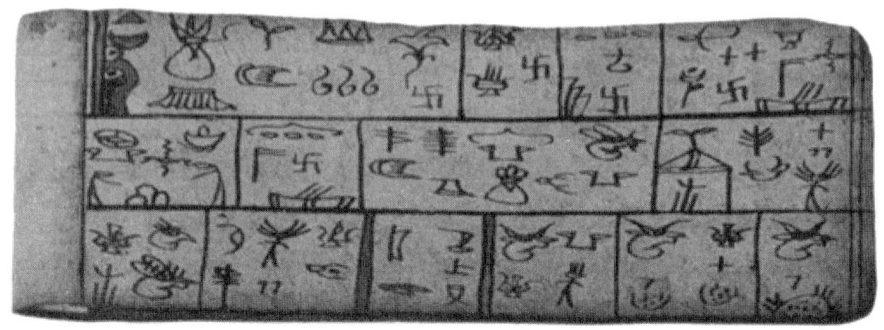

　　图15 纳西族文字。第二行起的是"天"字（采自实录冯时：《从文字起源重新认识中华文明》）

是送王魂升天的坐骑。至此，我们可以对此"神徽"的意象做出描述：神虎先将王魂从地府送至阳府，神鸟接着将之送上天府。人臂、兽体兽肢上密布云雷纹，表意王灵乘坐神兽的升天路。神人弯曲的两只手扶在日月上，头戴标志有天中的天盖，意表亡灵已升至天中为至上神。"神徽"雕刻1毫米5—6

图16　蓝山县过山瑶族巫仪用器"马棒"（张劲松1996年摄）

条线，较头发丝还细，胜今之微雕，如非是时王操弄其父王亡灵升天与天神合一为至上神则不会细雕得如此虔诚至极。良渚人王操弄其父亡灵升天与天神合一为至上神巫仪可达三个目的：一是亡父升天为天神，可使天神成为人形人格神。二是因天神是人王祖神，这样有资格与天神交通的就只能是人王或人王指派的大巫，从而合情理地取消了民人和普通巫觋与天神交通的权力。三是至上天神是后王的始祖神，后王者可以之彰显"君权神授"的合法性统治。这一箭三雕无疑会促成政治权威的崛起与早期国家的形成巩固。

（三）《尚书·吕刑》《山海经·大荒西经》和《国语·楚语下》都载颛顼实行宗教改革的神话，以《国语·楚语下》为详，大意是：少暤前巫觋与普通民人各行各事而不相杂。但这种风习被九黎破坏，乱得人人都参与祭祀，家家都为巫通神，全民性的宗教行为浪费巨大，给人们生产生活造成灾难，也混乱了人们的思想和社会正常秩序。兼群巫之长的人王颛顼则行"绝地天通"之策，"命南正重司天以属神，命火正黎司地以属民"，命官员分别专职管理天、地，这就达到了不再允许一般巫觋和民人与天交通，将与天交通的权力收归王者一人掌控的目的。这与反山遗址那人王操弄刚离世的父王灵魂升天与天神合一为至上神所达目的相同。何星亮先生说："从颛顼帝当时的社会状况和由他发动的宗教变革来看：至上神可能在当时萌芽和产生。"[1]甚是。考古学家和历史学家认为距今5500～4600年是司马迁《史记·五帝本纪》所列的五帝中的黄帝、颛顼和帝喾时期[2]。良渚反山遗址距今4800年较合颛顼帝的年代，这意味反山遗址的"神徽"可能就是颛顼操弄的人王始祖神与天神合一之至上神。颛顼作为第一人操弄其亡父与天神"合一"为至上神时当还不会被社会知晓或接受，更会遭受政敌的反对，他故又用政令行"绝地天通"之策是有必要的。

五、殷商人王始祖神与天神合一的至上神"帝"崇拜

由于学界对良渚早期国家无文字记载的深层文化知之甚少，致甲骨学者对殷商"帝"的研究众说纷呈，莫衷一是。[3]有的学者认为："甲骨文中贞卜殷王祭祀祖先，于其生父每亦称帝。"有的学者认为殷卜辞中的"帝乙""帝甲""帝辛"，"文武帝"等是在死去的父王之日干名前加"帝"字，"文武帝"的日干名是"丁"，"帝"的意义如《礼记·曲礼下》"措之庙，立之主，曰帝"的"帝"，是作庙号或庙主解的，不能认为"帝某"之"帝"是商王称帝。[4]绝多学者如刘复、顾颉刚、胡适、顾立雄、陈梦家、胡厚宣、高明、朱凤瀚、冯时、常玉芝、张桂光、詹鄞鑫、徐义华等认为"帝"是有人格意志的至上天神或曰至上神。有的学者认为商人所谓"上帝"(卜辞多称"帝")，既是至上神，也是宗祖神。[5]也有学者倾向认为"帝"在殷人的观念中既表示宗祖神，也表示天神。[6]后两种意见相近，但均述而未证。笔者认为殷商甲骨文"帝"的真正含义是传承良渚人王以始祖神与天神合一为至上神的"帝"崇拜，证据有三。

[1] 何星亮：《中国自然神与自然崇拜》，上海：三联书店上海分店，1992年，第55页。

[2] 严文明：《略论中国文明的起源》，《文物》1992年第1期。杨升南、朱玲玲：《远古中华》，上海：上海世纪出版股份有限公司、上海书店出版社、上海人民出版社，2015年，第135页。

[3] 胡厚宣：《殷卜辞中的上帝和王帝（下）》，《历史研究》1959年第10期。

[4] 常玉芝：《由商代的"帝"看所谓"黄帝"》，《文史哲》2008年第6期。

[5] 郭沫若：《先秦天道观之进展》，《郭沫若全集》历史编第一卷，北京：人民出版社，1982年，第317—330页。裘锡圭：《关于商代宗族组织与贵族和平民两个阶级的初步研究》，《文史》（第17辑），中华书局，1983年。

[6] 常玉芝：《由商代的"帝"看所谓"黄帝"》，《文史哲》2008年第6期。唐明亮：《说"帝"及其反映的周人天命观》《北京师范大学学报》（社会科学版），2020年第6期。

（一）在古远自然崇拜的漫长时期，天崇拜大概经历了天空观念、天灵或天鬼观念、天神观念这三个阶段。在普通天神观念时期，天神"不是主宰一切，而是诸神之一，或只主宰天界万物"。[1]自然崇拜经图腾崇拜到祖先崇拜，祖先神没有天神之权能，仅主宰宗族人丁，给后代子孙免灾赐福。殷商卜辞的"帝"既有主宰雨、风、云、雾、电（雷）、雹等气象，有支配年成，如令雨足年、令降旱等权能，又有主宰商王人身人事如病患吉凶祸福，建邑、出兵作战等权能，殷商的"帝"统合了自然天神与人王始祖神双重权能当是二者合一之至上神，而不只是单一的天神或始祖神。

（二）《诗·商颂·长发》曰："有娀方将，帝立子生商。"言商人始祖契是帝的儿子，[2]谓商王是"帝子"，是为商提供"君权神授"的根据，这"帝"只能理解为始祖神与天神合一之"帝"。殷商卜辞中"帝乙""帝甲""帝辛"，"文武帝（帝丁）"等称呼，从词义看，"甲""乙""辛"，"丁"等都是"帝"后裔之祖神名，而"帝"是始祖神与天神合一之至上神称。殷商占辞中有"下上""下上若""下上弗若"等语，用于卜问商王征伐、病因、礼乐等事，也屡次出现"下上若，授我祐"祈祷套语，请求"下上"授权护祐。例如：

贞：不隹（唯）下上肇王疾？

贞：隹（唯）帝肇王疾？

……帝肇王？

……曰，吉……肇余……《合集》14222

…■…〔今〕旱王伐土〔方〕，下上若，…我…《合集》6428

贞：今时王勿作，从望乘伐下危，下上弗若，不我其受又（祐）？

《合集》6505、6506、8498；《英藏》587、588

…再（稱）册，王比，下上若，受（授）我又（祐）。《合集》7428

"下上"复合词，当指王族始祖由地升天与天神合一之至上神，与"帝"同义，一物二名，古今都多见。又商甲骨文：

---

[1] 参见何星亮：《中国自然神与自然崇拜》，上海：上海三联书店，1992年，第47-52页。

[2] 高亨：《诗经今注》，上海：上海古籍出版社，1980年，第53页。

贞：大甲宾于帝？

贞：大甲不宾于帝？

贞：下乙宾于帝？

贞：下乙不宾于帝？《丙编》39

乙巳卜，贞：王宾于帝，事无尤？《合集》35931

"宾"，字典释古义为"客人""服从"。[1] 大甲、下乙等商王亡灵"宾于帝"，说明"帝"的地位高于一般商王祖神，应是商王始祖神与天神合一之至上神。

（三）甲骨文"帝"字构形表征的是商王始祖神与天神合一之至上神。各种甲骨文献收录的"帝"字常见写法有4种：(1) 𢆶 (2) 𢆶 (3) 𢆶 (4) 𢆶，4种写法的笔形主体都是"米"形。"米"（含"※"）符号在距今约6000年的庙底沟类型和约距今5300～2000年的马家窑文化器物上多见（见本书第52页图17-4至图17-6），表意天神与天。"米"符号在苏美尔、巴比伦楔形文表达的也是天(音an)与神（音Digin）。[2] 甲骨文帝前三字在"米"形上面加一横表天盖，意在"帝"居至上天。第4个字在表天盖的一横上增加一横，特意强调帝居天上，可释为"上帝"的合文。再看第2字经中心点横线两端各带短竖，表意落在两竖线中的"米"形的中心交点，第3字和第4字围中心交点绘"口"形方框，也意在"米"之中心交点，都表意中心交点是人王始祖神经地中升天中为至上神的通道，这意象来自良渚反山遗址的"玉琮王"以中空为通道，让居地中的人王始祖灵经地中升天为天神。年代大约与夏代同时或稍早的河南汝州洪山庙遗址编号为W136:1陶缸上腹刻有极似商甲骨文的"𢆶"字（图17），稍早于夏代已出现"𢆶"字，那么推测"帝"崇拜始出反山遗址"神徽"之至上神是合乎史实的。从国家形态说，商王是商复合制国家的"共主"，比早期区域性良渚王具有更大更高的权威，其承继良渚王权至上神崇拜及将之提至神权更高境地是合乎逻辑的。

六、周初产生因为政治理性进步的德性"天人合一"思想

夏商奴隶主贵族残酷杀害奴隶，用大量奴隶陪葬。商朝后期的贵族尤其

---

[1] 高树藩编纂：《中文形音义综合大字典》，北京：中华书局，1989年。

[2] 于殿利：《巴比伦与亚述文明》，北京：北京师范大学出版社，2013年，第63页。

帝辛生活非常奢侈腐化，政治腐败，对人民十分暴虐，国内矛盾十分尖锐，而且还连年对外发动战争，以致商军在牧野之战倒戈拥戴周武王，将商王自认为享有永久"帝令"的商王朝转到周王朝。周初统治上层认知到人民力量的强大，为永固周王朝统治而认真思考总结商政权被亡的教训，结果产生了政治理性进步的"德"性"天人合一"新思想。梳理新思想产生的逻辑于下：

（一）"天命靡常"的新认识。殷人的"帝令"至周代演变为"天命"，"天命靡常"是从表层总结商王朝因持永享"帝令"

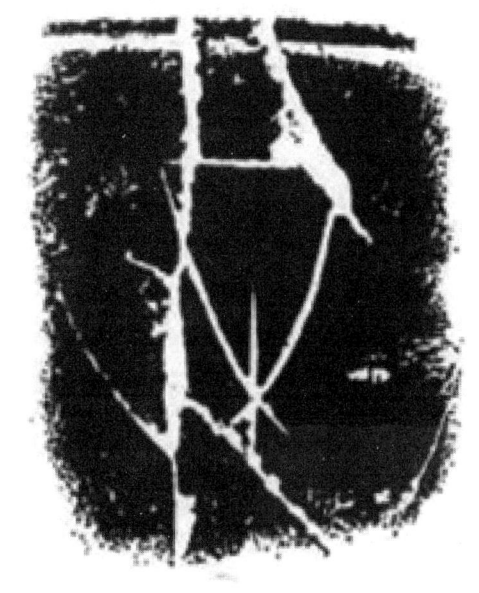

图17 河南汝州洪山庙遗址陶缸上的"帝"字（采自袁广阔等：《河南早期刻画符号研究》，科学出版社2012年版，第30页）

王权思想而丧国的教训提出的。周公告诫康叔治理殷民的诰词有"惟命不于常"。（《尚书·康诰》）意思是天命不只帮助一家。周公用"天命靡常"（《诗经·大雅·文王》）的话劝导周统治者。周公劝导诸侯国君和大臣只有同心协力才能平定叛乱。说："弗造哲，迪民康，矧曰其有能格知天命。"（《尚书·大诰》）意思是我们需要的是能指导老百姓安定下来的明哲人，不要相信说会有能度知"天命"的人。周公甚至引召公"天不可信"（《尚书·君奭》）的话告诫周王族子孙。足见周公对"天命无常"认识的重视。

（二）民心即 "天命"的新认识。这是从深层总结商王朝因不得民心而丧国提出的。周武王告诫友邦诸侯和治事大臣说，"天矜于民，民之所欲，天必从之"（《尚书·泰誓上》）、"天视自我民视，天听自我民听"《尚书·泰誓中》。周公代表成王对众诸侯国君臣的诰词说："天惟时求民主"，意思天是为民求主的，只有能"保享于民"的，才能"享天之命"（《尚书·多方》）。《尚书·皋陶谟》记舜帝的大臣皋陶说："天聪明，自我民聪明。天明畏，自我民明威。达于上下，敬哉有土！"今译为："上天的视听依从民的视听。上天赏罚依从民心赏罚。天意和民心是相通的，要谨慎啊，有国土的君王！"《皋陶谟》是记舜与大臣皋陶谋事，文中多见周人才有的至上神"天"，如"天命""天工"（天命的事）"天叙""天秩"（天的规定）"天讨"（天的惩罚）等，但由于《皋陶谟》是周初成书或周初整理的作品，这民心即"天命"的认识应是写作或整理该篇的周人改写前人的思想，见出王朝顺民心才得天命的新认识已是周初上层的共识。《左转·襄公三十一年》载：春秋时郑国人常聚集在乡间的学校里议论政事，身为执掌郑国国务大权的大夫子产坚持不毁这样的"乡校"，让"庶人"自由议政。这是对周初统治上层重视民心民意思想的承继。

（三）统治上层要有"以德配天，敬德保民"的新思想。这是在前二层新认识的基础上，周上层集体为王朝制定的治国之道。《道德经》五十一章说："道生之，德畜之，……万物莫不遵道而贵德。"《系辞下》说："天地之大德曰生。"《庄子·天地篇》说："物得以生，谓之德。"这些话是解说道与德是一体二面的关系，意思是天道循环不息运动呈现出世界充满"生生"活力的"德"义图景。"德"字见于西周金文中。西周上层提出"以德配天"，是要王家的"心"上通天道得"天德"，像"天德"般给民以"生生"。西周早期有"元德"（《历方鼎》）一词。《尚书·酒诰》是周公命令康叔在卫国宣布禁酒的诰词，曰："兹亦惟天若元德，永不忘在王家。"元、天二字古义相通，如元命（天命）、元父（天帝），此语告诫官员们只有行"天德"，在王家才将永远不会失去禄位。《尚书》中的《吕刑》是周穆王采纳吕侯关于刑律的意见所颁文告，中有"惟克天德，自作元命"的话，说尧皇帝肩负上天仁爱的"天德"，是自己造就了天命。《尚书·召诰》载召公郑重叮咛成王："王其德之用，祈天永命。"即王该用德政，向上帝祈求长久的天命。周公出于"敬德保民"思想，用"制礼"建立一套"礼"的秩序规范周王朝的"德"行（如恤民、慎刑、勤政等），企求以之永固周王朝统治的"天命"。

循题名行文至此应该打住，但笔者认为有必要就德性天人合一思想的后续作简要交代。西周天子重视"封建亲戚"，因诸侯的被封国完全与"天命"脱钩，致"德"变成人事关系而得以独立发展，其发展的路径是两条，

第一条是"德"由周初王朝的集体性格渐渐向个人化转向，春秋在朝廷上已议论诸侯、卿大夫只有"修德"才能保有国家的安全，从而扩展了"修德"的政治人物层级。至孔子大力倡导社会普通人也要"修德"或"修己"，这使"德"又脱离了与政治的关系，成为个人的内心美好修养，致"德"具有了全社会普遍性的哲学品格。第二条路径是，因"德"是"道"的自然延伸，故"德"成为最高哲学本体。春秋战国诸子由"道德"衍生出善、孝、信、仁、义、礼、智等一套德目，儒家的"德治"思想不仅对中国封建社会的稳定起到了重要作用，于今的精神文明建设仍具有重要意义。学界对这些已有一些研究。

七、春秋战国产生因为正确认识到的和人的主体意识觉醒的自然性"天人合一"思想

原始人类除了用神话的"想象"认识自然和社会现象，将欲望投射到宗教的神身上，也基于自身生存发展的现实需要，以原始科学的态度认识和对待自己的实践活动，从而逐步获得正确的认识和运用，如本文论证的用"天圆地方"观和二分法给天地定位；为农耕生产合于天时，用立杆测日影法编制太阳历等。西周的经济有了较快发展，正确认识自然或社会现象的成分也加速增多，这是学界的共识，因篇幅有限，在此不赘。于下略述西周春秋时人的主体意识的觉醒。

远古人类在思维上相当长时间未能将自己与动植物分离或完全分离，谈不上人的主体意识。新石器时代早期的河南新郑裴李岗、郏县水泉、舞阳贾湖等许多裴李岗文化遗址已存在族葬习俗，这反映出对耕作知识代代传人祖先价值的看重。[1]红山文化既盛行自然崇拜也盛行祖先崇拜，酋邦社会的酋长"以始祖配天"，良渚早期国家人王操弄其始祖神与天神合一为至上神，殷商提升为人王始祖神与天神合一的至上神"帝"崇拜等，反映贵族阶层的天神信仰中已有了人的位置。晚商商王宗庙四时常祭先王和先妣的"周祭"制度推崇自身血缘传承，祭祀中的关注重心开始由"帝"转向人祖。[2]周代人的主体意识更有加

---

[1] 韩建业：《从考古发现看八千年以来早期中国的文化基因》，《光明日报》2020年11月4日，第11版。

[2] 李双芬：《卜辞"帝"观念的转变与商末政治理性的进步》，《齐鲁学刊》2016年第5期。

速。周王称为"天子"，这意味周代已将人王从天人合一之"帝"中分离，战国时转为人王称"帝"。周代用"人"旁的驱鬼逐疫的"傩"字取代甲骨文焚巫求雨义的"堇（nuo）"字，反映周人由商时期原始浓重的媚神信仰转向隐于宗教思想中的人的主体意识的觉醒[1]。周武王伐纣，对友邦诸侯说"惟人万物之灵"（《尚书·泰誓上》）；齐国名相管仲对齐桓公说"夫霸王之所始也，以人为本。本理则国固，本乱则国危"（《管子·霸言》）等，反映两周不啻有了人的主体意识觉醒，也有了"人本"思想。

在西周春秋逐渐减少传统巫文化神话思维，对天地自然正确认识增多和人的主体意识觉醒的文化背景下，春秋末期的老子提出"道"哲学概念。《道德经》第二十五章开篇说："有物混成，先天地生，寂兮寥兮，独立而不改，周行而不殆，可以为天下母。吾不知其名，字之曰'道'。强为之名曰'大'，大曰逝，逝曰远，远曰反。"这段话阐释"周行而不殆"的运动方式是"道"，"反"也是指"道"的周行回复运动[2]。《道德经》第十六章："天乃道，道乃久，没身不殆。"意思是天的"周行而不殆"是永恒之道。老子又说"人法地，地法天，天法道，道法自然"（《道德经》第二十五章），这句话从农耕文明的角度解读："人法地"义涵人的生产生活方式是顺应农耕的春种、夏耘、秋收、冬藏的周期律。"地法天"义涵作物的春生秋死是遵循周年天时的变化。"天法道"义涵天时运行是遵循圆周循环之"道"。[3]"道法自然"义为道效法或遵循的是天地万物自身固有的运动方式。可见，老子提出的是以"周行而不殆"的天道为本，人道和地道效法天道，天道涵括人道和地道的三道合一理论。《系辞传》解释《易经》六爻为一卦的蕴义是天、地、人"三才之道"（"三才"即宇宙间三种最重要的材料），云："易之为书也，广大悉备，有天道焉，有人道焉，有地道焉，兼三才而两之，故六；六者，非它也，三才之道也。"可见，《系辞传》所循是《道德经》视天、地、人关系是相互关联性的合一思想。先秦文献言天地人关联性合一义有三：一说人和万物是天地的产物。如"天生烝民"《诗·大雅·烝民》）"天地感而万物化生"（《易·咸·象》）等。二

---

[1] 详见张劲松：《中国史前符号与原始文化》，第204—223页。

[2] 许抗生：《帛书老子注译与研究》，杭州：浙江人民出版社，1985年，第13页。

[3] 《周易·说卦传》："乾为天为圜。"意为天的运动方式是圆圈转。

说人也参与天地化育，《老子》第42章："道生一，一生二，二生三，三生万物。"意思是：宇宙万物的本源"道"产生混沌状态的元气（"一"），元气经长期分化，清的部分和浊的部分分开成为阴阳之气，清轻的阳气上升形成天，重浊的阴气下沉凝结成地（"二"），天地阴阳二气交感氤氲生人（"三"），天地与人的活动共成化育万物。《荀子·王制》："天地生君子，君子理天地。君子者，天地之参也。"王先谦集解"参，谓与之相参，共成化育也。"[1] 三说人事的成功需要天地的条件，天地人缺一不可。《国语·越语下》说："夫人事必将与天地相参，然后乃可以成功。"义同人们常说人事的成功需要天时地利的条件。后常以天指代包含"地"在内的自然界，将"天地人合一"简称"天人合一"即人与自然的合一。天人合一思想在历史上对中医学、美学、生态文明等方面的影响极大，至今仍显见其重要价值。2021年4月22日晚，习近平总书记在北京以视频方式出席各国领导人气候分会，发表题为《共同构建人与自然生命共同体》的重要讲话，向全世界郑重宣告："中华文明历来崇尚天人合一、道法自然，追求人与自然和谐共生。中国将生态文明理念和生态文明建设写入《中华人民共和国宪法》，纳入中国特色社会主义总体布局。"这是以我国传统的自然性天人合一思想彰显我国对生态文明的承诺与担当。

2022年10月完稿
（原载《地方文化研究》2023年第2期）

---

[1]《诸子集成》第2册《《荀子集解》，北京：中华书局，1986年（重印本），第104页。

引用文献简称

《佚》商承祚：《殷契佚存》，金陵大学中国文化研究所丛刊甲种，1933年。

《粹》郭沫若：《殷契粹编》，日本东京文求堂石印本，1937年。

《屯南》　中国社会科学院考古研究所：《小屯南地甲骨》，中华书局，1980—1983年。

《合集》郭沫若主编：胡厚宣总编辑：《甲骨文合集》，中华书局，1978—1983年。

《前》罗振玉：《殷虚书契》，影印本，1913年。

《后》罗振玉：《殷虚书契后编》，《艺术丛编》第一集珂罗版影印本，1916年。

《丙编》张秉权：《殷虚文字丙编》，历史语言研究所，1957—1972年。

《乙编》董作宾：《殷虚文字乙编》，历史语言研究所，1948—1953年。

《英藏》李学勤：齐文心、艾兰：《英国所藏甲骨集》，中华书局，1985—1992年。

《甲》董作宾：《殷墟文字甲编》，中央研究院历史语言研究所，1984年。

附　录

《中国史前符号与原始文化》序

乌丙安

　　我国考古学的突破性成就，集中表现在近二十年来对史前古文化遗址的挖掘、发现方面。许多人文学科的复兴与繁荣，几乎无一例外地从考古学的新成果中得到启发并寻找到可靠的科学依据。过去争论不休的问题和难以破解之谜，也相继找到了确切的答案或接近了破译的边缘。尤其对于当代研究中国文化史的、研究中国民俗史的学者们，在他们对古代民俗文化考古探幽的努力中，起到了不容忽视的先导作用。这正是近些年来中国原始文化研究形成热潮的一个无法否认的背景和条件。

　　但是，如果没有大量的古代民俗文化的遗产作印证，如果现实生活中缺少了古文化传承厚实的积层，只凭借有限的出土遗址和文物，也无法全面清晰地解析原始文化的形态与特征，更无法探索他们对于当代人类还具有什么样的价值。而近些年民俗文化史的研究家正是借助综合科学实力发展的强劲势头，扎扎实实立足于本土文化、本民族的民间文化的基点，展开了全新的原始文化探索的。以研究楚文化根基为切入点进而研究中国原始文化的张劲松同志就是这样的年富力强的学者。他的代表作《中国史前符号与原始文化》一书正是这方面的突出成果。

　　这部著作的主要学术特色，表现在以下两个方面：

　　一是把中国远古上古时代的文化，有机地、紧密地与楚文化的古俗文化传承紧密联系起来探索。而楚文化的古俗文化根基又以楚地瑶、苗古民族鲜活的原始文化传承为最有说服力的实证。使原始文化的研究几乎充满了新鲜的令人耳目一新的"活化石""活古代"资料、展示了一个又一个的全新视角的动人论题。其中，最值得注意的是古史瑶族的神话系统与瑶、苗族巫傩信仰系统的若干论题，都为探索中国原始文化提供了坚实有力的佐证。这些佐证的绝大部分是在汉文典籍中无法找到的，即使从文献中偶尔找到片纸只字的有关记录，也都是支离破碎的一些似是而非的线索，远没有现在仍在瑶、苗族生活中积存的原型文化更具有科学说服力。

二是把中国远古上古时代的文化，形象地、具体地与楚文化元素中的诸多象征体系结合起来探索，从而破译原始文化的内涵及本质特征。这是张劲松同志在本书中颇具特色的重点论述部分。他借用符号学的方法与手段，从多角度攻取原始文化之谜的答案，使宏观的论题在微观中求解，让原始文化的全部在局部、细部或特写中更加醒目地显现出来。只要读了本书中关于"方形"符号，"阴阳""八卦""五行""三画卦"符号、"九"的象数符号，"傩"符号，"玉璧"造形与纹饰符号，"火"符号和"鬼"字符号的探究，就不难看出作者探索中国远古上古文化中"原符号"的努力及其精到之处。

张劲松同志的学术成就是从本世纪80年代后期脱颖而出，到90年代中后期走向成熟并做出突出贡献的。在这段学术经历中，有一阶段的专业理论深造是他学术生涯中的良好转机。1987年，他从《楚风》刊物的岗位上，不远几千里来到东北辽宁大学，在民俗学专业攻读硕士学位课程。先后研修了《当代民俗学原理》《文化人类学》《中国民俗学及方法论》等多门学位课和专题课，并以优秀成绩结业。在研修其间他已经在一套民俗百科丛书中编著了有关专题论集。当时，他已经对探索楚文化的渊源做了理论上的全新准备。如今，他以充沛的研究精力，向原始文化的深度、广度开掘，取得了突出成就。

《中国史前符号与原始文化》的出版是作者近些年学术研究的硕果，也应看做是作者走向新世纪的新的起点。我相信在他踏上新征程的不久的将来，还会有更多更好的成果问世。

2000年国庆节，第八次访德前夕

（作"序"者系辽宁大学教授，著名民俗学家、民间文艺学家，已故）

原始文化研究的重要贡献

——读《中国史前符号与原始文化》

林 河

　　我国近20年来由于在史前遗址的挖掘、发现方面有了很多的收获，导致寻找中国文化的"原生态"受到重视，于是一些人文学科研究家对考古成果进行多学科研究以探究中国史前原始文化。张劲松研究员新近由北京燕山出版社出版的《中国史前符号与原始文化》一书是这方面的突出成果。

　　这部学术力作具有如下突出特点：

　　一、攻难解秘，创见叠出。由于史前离我们过于久远，又无文字记载，故许多史前遗址和出土文物的文化内涵很难确认，其中的未解之谜非常多。而史前许多器物造型的源起和象征，陶器、玉器、骨器、雕塑、岩画、地画等刻划、绘画中的神秘符号的文化内涵更是谜中之谜，只有破译了未解之谜，史前文化的研究才能突破和深入。说道破解史前神秘图像符号之秘，纵有高深的学问，难度也是很大的。劲松研究员知难而进，他借用符号学的方法与手段，从多角度攻取原始文化尤其是隐性（也叫无形）的精神文化之谜的答案，如从日月明暗图、方形、菱形、十字形、×形、○形、田字形、八分八出形、井字形、三角形、三点等纹饰符号探究出《易经》初创时期的"原符号"及其象、数、理，从史前三尖及三尖冠符号探究出火与太阳信仰的象征系统，从距今7000年前的陶符和原始语根探究出傩信仰的起源，从玉璧造型及其符号探究出原始农作信仰仪式，从瑶族长鼓造型探究出太阳树神话的原始宗教艺术表现，从原始神器探索西王母神话原型等等，还从近世民俗符号探究史前"原符号"象征等等。充满新意的探索都是对原始文化研究的重要贡献，尤其该书的重点论述部分即对史前《易》符的系统探究，填补了学术研究的空白。

　　二、留连田野，苦中求新。劲松研究员研究原始文化较别的学者不同的是，他留连地处偏僻、原始文化传承蕴藏量非常丰厚的楚地瑶、苗等古民族，长期、深入、细致地做田野调查工作；也喜好考察地下地上的古文化遗址遗存。我与他共事十多年，那时我俩经常同行。他比我年轻20多岁，在爬那比蚌壳还陡的瑶山苗岭的时候，他是我的保护神，上山时走在我后面，防我失足滑倒，下山时走在我前面防我栽下深渊。我认识的年轻人中，有一些爬山过岭一两次就认为吃这苦头太不值，费力多而成果少，又回到书斋做"文抄公"，走捷径成名成家去了，唯有他啖苦如饴、默默地一步一个脚印地走到现在。他积累鲜活的原始文化传承材料1000多万字，拍摄的照片数千张，在海内外发表田野调查报告数十万字。长期的田野调查才使他今天有这部对原始文化的内涵及本质特征甚多发现的"新探"专著问世。关于田野调查与原始文化新探之关系，劲松研究员在书中说："对于致力于原始文化新探的研究者来说，基于自己的知识与兴趣，在田野工作中，通过观察可能会获得被所有民族志和民俗志所忽略但却具有新价值的材料，新材料必然引发和加强新的思考及认识，而新的认识会促成继续观察中获得更多的新材料，并加深和丰富对其潜在学术资源的理解，这种过程循环往复，就会发现原始文化中的'新大陆'。"他的这一经验之谈对于原始文化研究确实非常宝贵。

三、研究方法更新，手段多样。研究家更新和丰富研究方法，借用多学科研究手段，是使研究结论逐步靠近客观真理之必须，劲松研究员为之专章论述了史前原始文化新探之方法与手段。如在案头研究中，他不仅运用传统的"三重证据法"，还借用较先进的信息论、系统论、控制论，简称"三论"的研究方法。在研究史前阴阳观念起源之轨迹这一课题时，首先是获取上古远古尽可能多的与阴阳观念有关的信息，如阳光有无，日月相连崇拜，以太阳出入为标志的时空二分绘画、刻划符号等；阴阳二字本义及引申义，与阴阳相关的神话传说等等。同时借用控制论，分辩信息的来源、质量和时间先后，最后构筑阴阳观念起源之纵向轨迹系统。用"三论"方法研究盘瓠与盘古神话，认为过去关于"盘古与盘瓠"是一神二名还是二神二名之争是完全不必要的，认为二者是一母所生，都是源于葫芦（盘或舟）崇拜，都是伏羲神话之后的神话。盘瓠是图腾崇拜时代的图腾神，盘古是祖先崇拜时代的祖先神，一个在先，一个在后，一个是兽神，一个是人神，清楚明白之至。再如劲松研究员运用宏观与微观相结合的研究方法，他的这种研究方法如著名学者乌丙安先生在该书《序》所说："使宏观的问题在微观中求解，让原始文化的全部在局部、细部或特写中更加醒目地显现出来。"劲松先生此著至少借用了人类文化学、符号学、民族学、民俗学、天文学、神话学、历史学、哲学、民族语言学、艺术学、原始宗教学等多学科的理论和知识攻难解谜。如此多样而先进的研究方法与手段自然较传统的只用文献加训诂，或加上一个考古学的研究方法要强，能解决学者曾长期争论不休而仍未解决的难题，提出的新见也更具有科学说服力。

尽管劲松研究员是用潜心求实的精神铸成《中国史前符号与原始文化》一书的，但是由于原始文化研究对学者的要求很苛刻，而学者们的知识都有局限性，不可能是"万能博士"。知识的不足、"信息"的混乱，就会导致"信宿"的错误，因此研究的难度极大，就是学术大师也不可能做到百分之百的正确。劲松研究员的"新探"也免不了会有失误之处，某些观点可能有争议是正常现象。毕竟，科学研究总是在前进的道路上不断地纠正错误才得以完善的。在前进开拓的道路上犯错误还可以纠正，而固步自封却只能使我们的学术研究走进死胡同。

（原载《中华文化论坛》2001年第4期。作者系湖南省文联研究员，湖南省文史馆馆员，已故）

踏实的作风·探索的精神·崭新的贡献

——评张劲松《中国史前符号与原始文化》

刘爱梅

在科学研究的旅途上，学者的两大品质是最为至关重要的：一是踏踏实实地进行科学研究的作风。搞科研不是为了哗众取宠，得一时之名利，而是切切实实地想解决一些问题；搞科研也不能急功近利，为了尽快得出结论，不惜臆测甚至弄虚作假；搞科研还不能一味地畏苦怕难，幻想可以坐在书阁中毫不费力便能轻松摘取成功的果实。这些图名利、图快、图省事的作风都不是严肃的、踏实的学术作风，在学术界有之者却也不乏其人。二是勇于探索的创新精神。探索精神是推动人类进步的一种重要原动力。正因为有了探索精神，人类才得以一步一步地加深对我们所处世界的了解，加深对人类自身的了解，才得以发现许许多的新事象，创造发明出许许多的新事物，才有了我们今天高度发达的人类文明。在科学研究的过程中，如果没有勇于探索的创新精神，我们就难以跳出前人的藩篱，从而有所发展，整个科研活动也就因此失去了存在的价值。创新，实则是科学研究的灵魂。然而在学术界，却有这么一种不良倾向，有的人为使自己的文章看起来有点儿新意，往往别寻捷径，装点一些新名词，实质却是新瓶装旧酒、换汤不换药；有的作者甚至连自己也不太了解一些新名词的实际内涵，便匆忙抓来撑起门面。可喜的是，在《中国史前符号与原始文化》这部著作中毫无学术界所存在的上述陋习，从中我们所看到的是一位踏踏实实进行科学研究、勇于探索的学者的身影，从而造就了这一部著作的特殊价值。本书的最大点正在于它所展现的作者的踏实的科研作风与积极的探索创新精神。

作者踏实的科研作风，主要表现在以下两个方面：

首先，作者没有安享案头的舒适，而是深入山野田间，了解、收集到了许多第一手古民俗文化资料，为进一步的科学研究打下了坚实的基础。由于中国各民族地区发展的不平衡，在偏僻的山野之中，往往藏有远古民俗文化的"活化石"。这些"活化石"，对于原始文化研究而言，或能弥补典籍文字记载之不足，或能订正现存之种种猜想；因此，它们的采集，具有重大的史料及科研意义。如果不及时采集到这些"活化石"，一旦它们随着时间的消逝，则无法再现于我们的视野，而我们与原始文化对话的一条重要途径也就随之断绝了。作者的田野调查工作，正帮助我们很好地保存住了一些珍贵的"活化石"。

其次，踏实的作风带来了本书充实的内容。可以说，这是一部几乎不含什么水分的著作，没有哗众取宠的招牌和华而不实的内容，只有丰富的材料、切实的观点和翔实的论述。全书紧密围绕史前符号做文章，熟练而综合地运用了符号学、语言学、人类学、考古学诸多学科知识，结合作者自身的田野调查，既作宏观考察，又作微观分析，努力真实地再现中国原始文化之面目，以揭开它神秘的面纱。论证材料相当翔实，论证过程相当严密，没有毫无科学根据的臆测，而只有谨慎的科学态度。由此得来的观点，自然也是具有很高的可信度的。

正是本于这么一种踏实的作风，使得作者的学术创新成为有根之木，有源之水，而非空中楼阁，水中花月。

在踏踏实实做学问的基础上，积极探索的精神进一步使作者在对这一课题的研究中取得了可观的成绩，有了不少新的科学发现，最终成就了本书的创新价值。作者积极探索的精神表现在如下方面：

第一，作者不囿于现成的研究资料，通过田野调查，作者采集到了一些新的民俗文化资料。恰如作者所言，新的材料必然引发和加强新的思考及认识，有助于新的论点的发现。正是在这些新的民俗文化资料的帮助下，作者一方面对现在的种种学术观点作了进一步的论证或修正；另一方面，又做出了一些新的学术猜想并进而论证之。如基于湖南桃源县的巫傩仪式，城步县苗族的谢土安龙仪式，蓝山县瑶族的许多风俗等，认为《易经》的基本原理在史前已经产生了，八分时空图象是上古人心目中的宇宙图、宇宙大神。

第二，作者不囿于传统的研方法。本书除运用一些传统的研究方法，如通过对上古的文化研究来追溯原始文化的面貌。通过采集少数民族或偏僻落后地区的民俗文化来窥测原始文化的状况，还成功地运用了符号学的研究方法与手段，使得其对原始文化的研究取得了突破性的进展。人类是通过各种各样的文化符号来进行交流的,这些符号既包括文字符号,也包括图案符号及造型符号等等。可以说,人类的文化符号实际上是人类进行各种文化活动的一个缩影;因此,通过对原始符号的研究,必然能够在一定程度上再现原始文化;本书正是从这些原始符号着手,通过收集、整理、考察大量的原始符号,以及那些发源于原始符号的仍然存活在我们现代社会中的民俗符号,为作者打开了通向了解原始文化的一扇大门,提出了许多颇有新意的见解。如在第二章中便从方形、圆形、十字形、田字形、井字形等几何图形中探究出了《易经》初创时期的原符号及其象数义理,让我们眼前不禁为之一亮。

第三,作者不囿于传统的研究视角。在对史前文化与原始文化的研究上,作者另辟蹊径,开拓了一些新的研究领域,填补了前人学术研究上的一些空白。如为了加深对《易经》的了解与研究,作者将探索的眼光投向史前。通过比较史前文物符号与现存的八卦、五行、阴阳、三画卦等符号,考察保留原始文化较多的民族神话和上古神话以及文献记载,民俗宗教事象,研究古文字的形义与《易经》的象、数、理,参考今人(如巫师的解释,以确定史前始原易符号及其文化内涵),以探求原始《易经》的存在与内容。此外,作者还尝试着从民俗符号的角度探索史前原符号及其文化内涵,从史前和原始器物的造型探求古神话思维及信仰,从远古"傩"的语言文字符号和祭仪符号探讨傩信仰源流等等。新的视角,必然为本书带来一系列全新的发现。同时,新的视角,对于其他的研究者而言,也极具参考和启发意义。

第四,作者还能不囿于传统的观点看法。作者在对材料进行全面、细致、周密地分析与考察的基础上,在许多方面提出了与前人完全不同的看法。既能不受民间流行观点的误导,又没有一味地采信古代典籍的记载,同时也并不盲目地追随学术权威们的论断,敢于提出自己与众不同的见解。例如,关于《易经》中阴阳观念的起源,不少前辈学者认为阴阳观念的基型为男女性器官,这种观点影响极大。作者通过考察中外各民族的光明崇拜事实,并联系考古发现与文字典籍,为我们描画出了史前阴阳观念起源之轨迹:阴阳观念始源于原始人类因对光明的需求而产生的光明与黑暗,白天与黑夜、日与月,天与地的二分观念。阴阳观念的发展形态是原始人类因出于对有序的时空生活秩序的需求而产生的以日出日落为标志的时空两分观念。从而有力地反驳了传统的"生殖器象征"说。又如,关于瑶族长鼓的起源,瑶族传说与始祖盘王有关；作者则认为它是从"太阳树"神话中得以产生和定型的，并对此作了详细的论述。再如在傩文化研究中，学者普遍认为傩起源于远古时代的图腾崇拜；作者却从"傩"语音的来源及远古傩符号与古傩字着手，最后得出了"傩"起源于新石器时代早期巫术信仰的呼咒语的结论。此外，在鬼信仰的起源、盘古与盘瓠之原符号意义等方面也都提出了自已独特的看法。

最后，我们可以用一个字来为本书作一个总结——"新"。在本书中，新的材料、新的名词、新的见解随处可见，采用的是符号学的新研究方法，展现的是新的研究视角。"新"，成为本书的一个最大特点。作者在学术界首次从符号的角度，考察、探索了《易经》、傩、鬼与一些原始器物造型等，独出机杼，使其著作富于创新性，具有相当的学术价值，为原始文化研究作出了崭新的贡献，是值得赞赏的。

（原载湖南省民间文艺家协会编：

《湖南民间文艺通讯》，2008年1月。

（作者写作此文时系古代文学专业硕士，海南琼台师专讲师）

瑶山情结
——记张劲松先生的蓝山县瑶族传统文化田野调查
吴开嫦

　　我生在瑶乡，长在瑶乡，却不喜欢往瑶山跑。可湖南省民间文艺家协会主席张劲松老往生活极艰苦的瑶山跑，在山上一住便是半月。从大城市来的学者，竟那么吃得苦。是什么力量吸引张主席老往瑶山跑？他一身的劲又从何来？从小就有好奇心的我，心痒痒的总想弄个明白。

　　于是，在紫良瑶族乡桐村瑶民举行还"盘王愿"活动时，我向单位领导请了几天假，带了几件换洗的衣服，在一个大雾弥漫的清晨进了瑶山。

　　哗！久居县城，偶进瑶山，那感觉的确不一样。置身在茂林修竹、溪水淙淙的群山中，令人如痴如醉。美中不足的是路不好走，崎岖的山路似一条黄褐色的蛇，从山脚弯弯曲曲地爬到山顶。把个小车整得东倒西歪地喘着粗气，小车犹如农妇推的磨盘不停地在旋转，把我的黄胆水都荡出来了。车到了乡里，不能再往前走，我们只有改坐"11号车"。山路陡峭，走路膝盖撞鼻子，我走了几步，感到有些窒息，心里想起氧吧了。虽是十月山风凉嗖嗖的，但走路耗的能量太多，口干舌焦难受极了。

　　终于到了紫良瑶族乡桐村。好客的瑶民把我们带到了他们的住地用餐。

　　当晚仪式开始。瑶民告诉我们："还'盘王愿'是这里瑶民祭祖、祈求丰收和免灾纳吉的傩仪式。仪式的执行者，主要是由瑶师、六郎、歌娘三位一体组成的"歌堂"班子，相互配合，形成一个整体，共同完成还"盘王愿"科仪。正式仪式自11月19日晚—22日晚结束，历时三天四晚。仪式有'差厨杀牲''收秽净堂''装堂迎圣''瑶师盘鼓''接女抢郎''礼曲''大歌同唱''盘王同庆''酬愿拆愿''勾愿盘厨''撒坛送圣'"。

　　这晚的仪式是"差厨杀牲"。仪式开始。歌主师身着长衫，头戴师帽。

面对大门外闭目启师，然后端给厨师三碗酒，三位厨师一饮而尽。其中一厨师接过歌主师交给的纸捻火引路到猪圈里，猪乖乖地跟着来到神堂内，头往笼子里钻。后面的人一拍，猪进了笼子。四个厨师将笼子抬起，一人试杀，歌主师在一旁手掐"金刀诀"，再换刀杀入猪喉。接着，杀一只公鸡，将猪头和鸡血摆上供案。用像白纱布的猪网油盖住猪头。最后将沾有猪血和鸡血的土刨干净，烧掉猪笼子，把猪毛、鸡毛埋入地里，杀牲仪式才告结束。

据瑶民说，这个差厨杀牲的仪式，来自'偷猪'的传说。

"这些仪式还有那么多的讲究。"我说。

"蓝山瑶族保留的瑶族传统文化是非常丰富的，这里的传说、故事、歌谣、舞蹈、服饰等都有极丰富的瑶族本位文化特征。"张主席向我解说。

在瑶山住了几天，我还没完全搞懂那些科仪，就有点想当"逃兵"了。天天吃豆芽、豆子、豆腐，肚子里在造反了。晚上睡觉也有点烦。山里人的床不比城里人的床，几把稻草，一床竹垫。又硬又凉。几个人挤在一铺床上睡，汗气、脚气、怪味冲鼻。岂睡得着？有时半夜里做法事，睡下又起床，观看的人多，洗澡不方便，一身脏兮兮，但我是陪张主席来的，又岂有半途而废之理？

"看看好，现在已进入了新世纪，瑶民的生活水平日益提高，不再为吃穿发愁。信仰仪式内容有丰富的文化价值和学术价值，伴随瑶族社会的现代化进程将会加速湮灭。你以后想看都看不到。"张主席看出了我的心思，我只好硬着头看下去。

到了21日下午，瑶胞表演"盘王同庆"仪式。只见会首领队做"龙围宅"，后面的人跟着会首走，一会是舞龙队列，一会是三角队列，一会是四角队列。在走三角、四角队列时，后面一人围着前面的一人绕一小圈。接着表演"五朵梅花"，即是依画五角星线条走五条线路的五个方向。然后是依次表演搓绳索、织篱笆、大葫芦、鲤鱼上滩、鸡公斗架等舞蹈动作。搓绳索、织篱笆是边走边双手模拟搓绳索和织篱笆的动作。大葫芦是从左至右转大的顺圈，小葫芦从右至左转反圈。鲤鱼上滩是双手合掌模拟鲤鱼上滩时从下往上跳的姿式。鸡公斗架是两人各持一副大钹，双手合掌似鸡头，两人相对模拟两公鸡斗架。

蓝山瑶族的民间信仰仪式很古老，表演细腻而生动，有趣而神秘。几天的观看，我已与民俗信仰仪式融为一体，蒙蒙胧胧感受到有一种历史氛围扑面而来，忘却了在瑶山，只觉自己脱离了尘缘，返朴归真，物我皆忘。跟着他们走进了历史，走进了刀耕火种年月，跟着他们在那缺吃少穿，缺医少药的艰苦环境下与天斗与地斗。同时，又和他们一起幻想各路神明、祖先能护祐他们从贫苦的生活中解脱出来，过上好日子，共享那种美的升华……

　　身临瑶山，我有点懂得张劲松主席为什么老是往瑶山跑。2002年11月张劲松主席近40万字的专著《蓝山县瑶族传统文化田野调查》（作品在2004年获第五届中国民间文艺山花奖·第二届学术著作奖一等奖）与读者见面后，我又进一步的理解了张劲松老师为什么千里迢迢，不辞辛苦来瑶山进行瑶族传统文化调查。瑶族信仰在历史档案中始源于远古上古时代，在传承和发展中，也受儒家、尤其道教的影响很深，与哲学、伦理、法律、文化、科学、艺术等的关系十分密切，蕴含丰富多样的深层文化。而这信仰仪式从未见于文献典籍，如不及时抢救，瑶族传统文化就会悄然地消失。田野调查可以全面深入弄清瑶族传统文化，有利瑶族地区抛弃妨碍人们发展前进的落后文化，建设具有民族特色的社会主义新文化。

　　像张劲松主席这样一个执着的民族文化研究者，岂有不来之理。

（原载《永州日报》，2004年元月14日第4版。作者系
蓝山县文联原副主席，现任作家协会名誉主席。）

萧兵教授来信摘录

本书作者按：《中国史前符号与原始文化》一书2001年出版后，笔者收到乌丙安、叶舒宪、萧兵、曲六乙、段宝林、刘锡诚、梁白泉、刘城淮、林河、王建章、郑土有……等不少著名或知名教授和专家学者的来信，或评论指导拙著，或鼓励笔者继续深入探索。由于工作繁忙，笔者没有一一回信致谢。今借新著付梓之机，向各位学长学友表示深深的感谢！这里摘录已故萧兵先生来信的部分内容，既以之记念这位为中国楚辞学、神话学、文化学、美学研究作出了突出贡献的著名教授，也借以表达我对所有已故前人学者的记念。萧兵先生来信摘录见下：

(1)要破解中国文化及其根源之奥秘，尤其是像《周易》这样带着神秘性的元典之奥秘，必须以考古学、文字学、语言学的材料与方法为基础，更有必要由"文字前符号"入手，这样有可能获得一些较为可靠的结论。你的著作就在这方面做出可贵的努力，并且取得一定的成绩。

(2)阴阳、八卦、四方五行、河图、洛书……及相关符码，前人做过大量研究，近年"含山龟版"与所谓"八角星"（太阳）符号的发现是最重要的进展。特别是新近湖南史前白陶艺术有许多惊讶的发现，但研究较少，且不深入。你的著作在这方面提出一些新的见解，有重要参考价值。

(3)你的著作一大特征是跨学科性，将文献材料、考古收获跟你亲自参与的一些民族学、民俗学、民间文化学的田野调查所得，有机地结合起来，不但在"史前符号"、数字神秘、上古纹饰等方面，而且在室内研究型学者注意得不够的鬼神与傩信仰、巫词祝语、盘瓠与西王母传说、性与生命崇拜等方面，提出许多新解而重要的意见，对相关学科的研究进展有所助益，本身也具有一定的学术价值。

(4)你书里还有一些独特的选材和见解，例如以湖南巫师"三尖冠"造型来破解上古文物里的类似符号，对于所谓"方圆文化"的构拟以及相关的宇宙时空分割符号的剖析，"禾魂祭"符号，玉璧与太阳崇拜的论述，等等，都是前人做得较少或者难于诠释的问题，你则有独到的见解，必将引起注意并且推进今后的研究。

(5)要之，你的著作视角较新，材料较富，分析较细，采用跨学科的方法对关涉中国深层文化的上古符号群做出有意义的解说，这些对中国民族文化传统，中国文化心理，神话思维，以及"原始宇宙观"的探讨，都是有意义、有价值的。

本书著者与本书内容相关的获奖辑录

专著获国家奖：

《蓝山县瑶族传统文化田野调查》2004年荣获第五届中国民间文艺山花奖·第二届学术著作奖一等奖。

《中国巫傩面具艺术》，合著，1997年荣获第三届国家图书奖提名奖（二等奖）。

《中国鬼信仰》，2001年荣获首届中国民间文艺山花奖学术著作奖·三等奖。

论文获省或国家有关部门或其学术团体的科研成果奖

《端午源头，龙舟故里》，2008年荣获全国党刊研究会评选的全国党刊优秀稿件三等奖。

《七千年前的禾魂祭》，1994年荣获中国艺术研究院与中国傩戏学会主办的傩戏傩文化国际学术研讨会优秀论文奖。

《关注中华文化之根》，2003年荣获湖南省新闻工作者协会评选的好新闻二等奖。

《瑶族度戒调查及初探》，1996年荣获广西瑶学会（全国性瑶学组织）评选的优秀成果一等奖。

《农作信仰符号与古玉璧造型与纹饰之关系》，1995年荣获湖南炎黄文化研究会评选的优秀成果一等奖。

《太阳树神话与瑶族长鼓》，1991年荣获湖南省民族研究学会评选的"科研成果二等奖"。

《论中华巫傩艺术中的火符号》，1995年荣获湖南省文联评选的文艺论文奖。

　　《话说民俗对联》，2013年荣获湖南省民间文艺家协会评选的第一届湖南省民间文艺奖、民间文艺论文奖。

本书著者与本书内容有关的著述研究资料索引

本书著者总计专著9本，论文75篇，文学作品14篇。这里将与本著内容相关的主要研究著述资料索引于下，以供网上或图书馆查阅时参考。

专著

1.《蓝山县瑶族传统文化田野调查》，张劲松为第一著作者，岳麓书社出版，2002年。

2.《中国史前符号与原始文化》，独著，北京燕山出版社出版，2001年。

3.《中国鬼信仰》，独著，中国华侨出版社出版，1991年。

4.《中国巫傩艺术面具艺术》，合著，江西美术出版社出版，1996年。

5.《古今育儿习俗》，辽宁大学出版社出版，1988年。

6.《饮食习俗》，辽宁大学出版社出版，1988年。

论文

一 民间文学、民俗文化研究类

1.《谈当代民间文化建设》，《中华文化论坛》2004年第3期。

2.《民俗和谐文化的地位、作用及科学引导其发展》，《理论与创作》2007年第4期。

3.《弘扬年节文化的精神品格》，《湖南日报》2014年1月26日第7版。

4.《拴住精神世界的圆月》，《湖南日报》2010年9月18日第6版。

5.《湖南民俗文化旅游资源及其开发利用》，白庚胜主编：《文化产业 兰州论战》，民族出版社出版，2004年。

6.《关注中华文化之根》，《湖南日报》2003年10月8日B3页。

7.《端午源头，龙舟故里》，《新湘评论》2008年第6期。

8.《话说民俗对联》，《民间文化论坛》2010年第4期。

9.《巫傩文化的历史轨迹和当代价值》，刘祯主编：《祭祀与傩——中国贵州<撮泰吉>学术研讨会论文集》下册，学苑出版社出版，2016年。

10.《农作信仰符号与古玉璧的造型与纹饰之关系》，《中国民间文化》1995年第1期。

11.《七千年的"禾魂祭"及其与傩源之关系》，《民间文学论坛》1994年第4期。

12.《傩源流新探》，《民族艺术》1997年第3期。

13.《论中华巫傩艺术中的火符号》，《东南文化》1993年第4期。

14.《"鬼"字之原始真义》，《98亚州民间戏剧民俗艺术观摩与学术研讨会论文集》，中国戏剧出版社出版，1994年。

15.《中国原生态鬼魂信仰》，湖南艺术研究所编：《沅湘傩文化之旅》，时代文艺出版社出版，2000年。

16.《论湘楚傩戏傩文化的鬼神文化系统》，载《楚文艺论集》，湖北美术出版社出版，1991年。

17.《论古楚"好鬼"习俗与自然生态环境的关系》，《民间文艺季刊》1990年第4期。

18.《千奇百怪的护身符》，《民间文化》1999年第3期。

19.《略述楚地求子习俗与性崇拜遗存》，巫瑞书主编：《巫风与神话》，湖南文艺出版社出版，1988年版。

20.《从巫词谈苗族鬼信仰的起源》，《民族论坛》1990年第1期。

二　少数民族传统文化调查研究类

21.《走向二十一世纪的瑶族民俗文化》，《民族论坛》1996年第3期。

22.《瑶族传统文化田野调查研究与促进旅游之关系》，广西瑶族学会《瑶学论丛》第一辑。光明出版社出版，2018年。

23.《关于伏羲是瑶族远祖的研究》，莫金山主编：《瑶学研究》第11辑，广西民族出版社出版，2018年。

24.《瑶族长鼓与太阳树神话》，《中央民族大学学报》1991年第3期。

25.《瑶族盘王印八角星图案的远古义与当代价值》，李建盛主编：《瑶学论丛》第二辑，沈阳出版社出版，2019年。

26.《论盘瓠神话的民俗信仰》,《民族论坛》1988年第1期。

27.《法术信仰与瑶族神话传说》,广西瑶族学会编:《瑶学研究》第3辑,广西民族出版社出版,1992年。

28.《瑶族原型傩戏简析》,《中央民族学院学报》1993年第1期。

29.《简析瑶族原型傩戏在傩戏发生学上的研究价值》,《民族论坛》1992年第3期。

30.《瑶族文化中的越文化特征》,《民族论坛》1995年第4期。

31.《寻找瑶族的桃花源——江永县千家洞考察漫记》,《楚风》1986年第期。

32、《瑶族传统文化的阴阳思想》,李建盛主编:《瑶族论丛》第三册,中国书籍出版社出版,2021年。

33.《湖南过山瑶巫师在还愿仪式中的身体技法》,参加日本神奈川大学2005年召开的"所谓非文字资料即为人类文化的记忆与记录"国际研讨会论文,被译成日文发表于该国际研讨会出版的论文集。

34.《中国蓝山县过山瑶族度戒仪式过程的信仰意义及度戒之功能》,《地方文化研究》,2014年第1期。

35.《蓝山县过山瑶族信仰仪式的巫道构成及价值》,始载日本神奈川大学瑶族文化研究所主办并编辑的《第二届国际瑶族传统文化研讨会——资源与创意会议论文集》之头条,2012年。后载广西民族博物馆、广西瑶族学会编:《瑶学研究》,广西人民社出版,2013年。

36.《瑶族度戒调查及初探》,台湾《民俗曲艺》1993年总第83期。

37.《湖南蓝山县桐村瑶民还盘王愿》,台湾《民俗曲艺》1995年总第99·95期合刊。

38.《蓝山县汇源乡瑶族度戒初探》,台湾《民俗曲艺》1996年第100期。

39.《蓝山县紫良瑶族乡的巫术烧尸》,台湾《民俗曲艺》2000年第127期。

40、《湖南省蓝山县汇源乡瑶族度戒科仪》,台湾《民俗曲艺》1996年第100期。

41.《瑶族度戒调查及其傩仪初探》,《长沙水电师院学报》1990年第2

期。

42.《新宁县麻林瑶族乡的"跳鼓坛"》，《民间文化论坛》2005年第4期。后选载于奉恒高主编的《瑶族盘王祭祀大典——瑶族盘王节祭祀礼仪研究》文集中，民族出版社出版，2010年。

43.《湖南宁远县九疑山彪鼠冲瑶民还家愿初探》，台湾《民俗曲艺》1996年总第103期。

44.《新化县梅山文化的特色及价值》，《邵阳师专学报》，2009年第1期。

45.《城步苗族自治县卡田村的庆鼓坛，台湾《民俗曲艺》2001年第133期。

46.《湖南省隆回县沙子坪乡无量冲的还愿庆梅山》，台湾《民俗曲艺》总第113期。

三 先秦哲学主要概念来路初探类

47.《"太极"词义破解与其哲学概念的形成过程》，《地方文化研究》，2015年第1期头条。

48.《阴阳观念萌生到阴阳一词成为抽象哲学概念的过程》，《地方文化研究》，2020年第5期头条。

49.《五行的产生与发展过程》，《地方文化研究》，2018年第1期头条。

50.《论中国远古上古的方形文化》，《民间文学论坛》，1996年第2期。

51.《中国远古的方形文化与八卦之起源》，《东南文化》1996年第3期，同年被"中国人民大学复印报刊资料《文化研究》第六期全文转载。1万3千字。

52.《"九"崇拜与始原八卦方位》，《民族艺术》1999年第2期。

53.《巫傩仪式中的原始易符号及价值》，白庚胜主编：《追根问傩》，江西人民出版社出版，2007年版。

54.《中国奴隶主最高统治者的形象是雷电神》，《炎黄文化论集》（《中国文学研究》增刊），1991年。

55.《先秦"天人合一"思想形成之路径》,《地方文化研究》,2023年第2期。